"十四五"职业教育国家规划教材

城市轨道交通车辆电器

（第3版）

主　编　吴　冰

副主编　吕远斌

主　审　张　莹

人民交通出版社股份有限公司

北　京

内 容 提 要

本书为"十四五"职业教育国家规划教材。全书的项目1～项目10按照从高压到低压、从主电路到辅助电路再到控制电路的顺序,依次介绍城市轨道交通车辆各主要电气设备,包括受流器(受电弓和第三轨受流器)、高速断路器、牵引/辅助逆变器、牵引电机、其他高压电气设备、空调系统及控制用的接触器、继电器、司机控制器;项目11介绍电气设备的监控与管理。

本书适用于职业院校城市轨道车辆应用技术专业的核心课程城市轨道交通车辆电气设备,也可供城轨运营企业开展在职人员和新入职人员开展岗前培训。

本书配套资源丰富,包括PPT课件、教案、视频动画、案例、实训工单等,任课教师可加入"职教轨道教学研讨群"获取(教师专用QQ群号:129327355)。

图书在版编目(CIP)数据

城市轨道交通车辆电器/吴冰主编. —3版
. —北京:人民交通出版社股份有限公司, 2021. 11
ISBN 978-7-114-17739-2

Ⅰ.①城… Ⅱ.①吴… Ⅲ.①城市铁路—铁路车辆—
电气设备—职业教育—教材 Ⅳ.①U239.5

中国版本图书馆CIP数据核字(2021)第247757号

"十四五"职业教育国家规划教材
Chengshi Guidao Jiaotong Cheliang Dianqi

书 名:	城市轨道交通车辆电器(第3版)	
著 作 者:	吴 冰	
责任编辑:	司昌静	
责任校对:	孙国靖 魏佳宁	
责任印制:	刘高彤	
出版发行:	人民交通出版社股份有限公司	
地 址:	(100011)北京市朝阳区安定门外外馆斜街3号	
网 址:	http://www.ccpcl.com.cn	
销售电话:	(010)59757973	
总 经 销:	人民交通出版社股份有限公司发行部	
经 销:	各地新华书店	
印 刷:	北京虎彩文化传播有限公司	
开 本:	787×1092 1/16	
印 张:	21.25	
字 数:	474千	
版 次:	2011年9月 第1版	
	2018年1月 第2版	
	2021年11月 第3版	
印 次:	2024年6月 第3版 第3次印刷 总第13次印刷	
书 号:	ISBN 978-7-114-17739-2	
定 价:	59.00元	

(有印刷、装订质量问题的图书,由本公司负责调换)

前言
FOREWORD

【编写背景】

为适应城市轨道交通行业的快速发展,贯彻落实《国家职业教育改革实施方案》(国发〔2019〕4 号)、《职业院校教材管理办法》(教材〔2019〕3 号)、《职业教育提质培优行动计划(2020—2023 年)》(教职成司〔2020〕7 号)文件精神,进一步办好新时代职业教育,实现职业教育现代化,深化校企合作,为促进经济社会发展和提高国家竞争力提供优质人才资源支撑,我们组织职业院校具有丰富教学经验的专业教师和城市轨道交通制造企业技术骨干编写了本教材。

【教材定位】

教材的编写采取了"校企双元"合作开发的方式,得到了北京、上海、长沙等城市轨道交通运营企业和中车等轨道交通制造企业的大力支持,力求教材的职业性和适用性。本教材既有理论基础,又有实践操作,可适用于职业本科和高等职业教育的贯通培养,是对"职普融通"的探索和尝试。本教材是城市轨道车辆应用技术专业的核心课程——城市轨道交通车辆电气设备的配套教材,也可为城市轨道交通车辆乘务员、检修员岗位培训提供参考。

【特色创新】

1. 对标"1 + X"证书。教材对接最新职业标准、行业标准和岗位规范,紧贴岗位实际工作任务。其中受电弓的检查维护及故障处理、牵引/辅助逆变器的检查维护及故障处理、空调系统的检查维护及故障处理等内容对标本专业"1 + X"证书,即"城市轨道交通列车司机证" + "城市轨道交通牵引设备检修职业技能等级证书"考核方案中相应考核要点,贯彻落实了书证融通。

2. 对标职业技能大赛。教材中受电弓的检查维护与故障处理、牵引逆变器的检查维护与故障处理、辅助逆变器的检查维护与故障处理、空调系统的检查维护与故障处理、低压电气系统(继电器、接触器等低压电气设备构成的电气系统)

的安装与排故等内容对标全国和世界职业技能大赛的城市轨道交通车辆技术赛项的考核要点。

3. 紧密衔接职业岗位。教材内容紧密对接城市轨道交通制造与运营企业的车辆电器装配、调试、售后服务、车辆检修、车辆驾驶等关键岗位。通过对企业岗位典型工作任务的调研和分析,归纳总结上述岗位对专业人才的知识、能力和素养要求,本着"必需、够用、实用"的原则,同时融入行业的新技术、新工艺、新规范进行教材的编写,以培养城市轨道交通行业高质量技术技能型人才为目标,为全面建设社会主义现代化国家提供基础性人才支撑。

```
            ┌──────────┐                    ┌──────────┐
            │ 制造企业 │                    │ 运营企业 │
            │ 对应岗位 │                    │ 对应岗位 │
            └──────────┘                    └──────────┘
         ┌───────┼───────┐              ┌──────────┴──────────┐
    ┌────────┐┌────────┐┌────────┐  ┌──────────┐       ┌──────────┐
    │电器装配││电器调试││售后服务│  │ 车辆检修 │       │ 车辆驾驶 │
    └────────┘└────────┘└────────┘  └──────────┘       └──────────┘
```

教材对接的职业岗位

4. 以学习者为中心的内容设计。为了方便学生及广大读者学习和阅读,本教材撰写"课程导论",对城市轨道交通车辆的电气系统、电气设备进行总体介绍,旨在帮助读者理清脉络,了解各电气设备之间的关联性,以一个清晰的思路去学习后面具体的电气设备,相当于语文文体的总分结构。项目1~项目10按照学生的认知规律和职业成长规律,由浅入深、循序渐进地介绍各电气设备,包括受流器、高速断路器、牵引逆变器等,相当于分的部分。最后一个项目城轨车辆电气设备的监控和管理又帮助大家把思维和视觉由单一设备上升到整车电气系统,了解上层系统是如何监控和管理下层设备的。这种"总-分-总"的结构,能够较好地引导读者理解整本书内容的关联性,使全书内容形成一个有机的整体。

教材的编写遵循学生认知规律和职业成长规律,内容按照高压电流路径进行排序,由浅入深、循序渐进。主要内容包括城市轨道交通车辆受流器、高速断路器、牵引/辅助逆变器、牵引电机、其他高压电气设备、空调系统、接触器、继电器、司机控制器、其他低压电气设备及城市轨道交通车辆电气设备的监控和管理,共11个项目。

每个项目包括"知识分享/工艺流程"、"要点总结"和"能力拓展"三大模块,帮助读者学知识、提要点、开视野,把电气设备讲清楚、弄明白、练娴熟、懂应用。通过多方位职业能力训练和相应任务的综合评价,突出过程性考核,考核评价指标科学有据。

5. 课程思政与职业素养有机结合。教材的编写以立德、树人为根本任务,从学习任务到实践任务,再到思政课堂模块,无处不蕴含对学生爱国、爱党、爱社会主义、爱行业、爱企业、爱专业、爱岗位等爱国主义情怀的植入;弘扬劳动光荣、技能宝贵、创造伟大的时代风尚;加强学生爱岗敬业、自强不息、团结协作、知行合一的品德修养;培养学生刻苦学习、攻坚克难、脚踏实地的奋斗精神;培养具备创新思维、科学精神、工匠精神的高素质创新型轨道交通专业人才。

【配套资源】

本教材配套资源丰富,除了教材上配有丰富的视频、动画、微课等资源外,作者团队还在智慧职教 MOOC 学院建设了《机车车辆电气设备的检查与调试》在线开放课,有大量的 PPT、图片、题库、音频、视频、动画、微课、虚拟仿真等资源,供教学者使用。

【编写分工】

本教材由湖南铁道职业技术学院吴冰老师担任主编,中车株洲电力机车有限公司城轨研发中心主管吕远斌担任副主编。具体分工为:前言、项目 1、项目 2、项目 3、项目 4、项目 5、项目 9、项目 10、项目 11 由吴冰编写;项目 6、项目 7、项目 8由吕远斌编写。吴冰负责编写教材提纲和全书的统稿工作。全书由湖南铁道职业技术学院张莹主审。

【致谢】

本教材在编写过程中,得到了上海轨道交通有限公司林宏老师、北京地铁王老师等专家的专业指导,参考引用了城市轨道交通车辆专业专家、学者的著作和成果,对编写教材和开展教学具有重要的价值,在此向著作者表示衷心的感谢。虽然编写团队在教材编写过程中进行了精心的设计和凝练,但限于水平有限,书中难免存在不足和疏漏之处,敬请读者批评指正,以便修订完善。反馈邮箱:441978775@qq.com。

吴 冰
2021 年 8 月

活页使用说明

本教材按照新时代的教改理念,借鉴优秀教材成果,结合本专业教学特点和实际需要进行成果转化,尝试采用"新型活页式"教材编写形式。教师可根据各自的教学需要灵活安排教学顺序,便于增减教学内容,方便教辅资料的补充、考核资料的收集等;方便学习者根据各自的使用需求,进行内容的补充、笔记的补充、学习辅助资料补充和整理。学习者可方便地进行教材内容的解答、记录等。通过上述过程,使教材做到紧跟技术发展趋势、随时进行动态更新,满足活教、活学、活改的使用需求。

本"活页式"教材使用建议如下:

一、活"教"

➢ 任课教师可根据授课需要,更新教学内容,添加适应性教辅资料。

➢ 任课教师可根据专业教学需要,调整项目任务实施顺序。

➢ 方便教师收集整理课后反思、考评记录的教学资料。

➢ 教材内容可替换、可添加、可删减。

➢ 所有"实践任务"页可取下单独装订成册,作为岗位实训指导手册,便于携带。

二、活"学"

➢ 学生可自我添加学习辅助资料,如相关论文、技术资料等。

➢ 做好的笔记可随时添加到教材对应位置,方便复习。

➢ 可根据自我学习进度调整教材的顺序。

➢ 上课不用带整本书,只带当节课需要的内容即可,方便携带。

➢ 可取下当天实训所需的"实践任务"页,作为实训指导资料。

三、活"改"

➢ 编者可根据技术发展,随时补充新技术、新工艺、新规范,紧跟技术的发展。

➢ 编者可根据上课反馈随时修改相应部分,落实教材更新机制。

➢ 编者可根据课后反思,及时调整教材顺序、编写方式,便于及时优化教材。

数字资源索引

目录
CONTENTS

课程导论

【通过本书能学到什么】

城市轨道交通车辆是利用接触网提供的电能，通过牵引电机转换为机械能，带动车辆运行的运输工具。为了完成这一电能的传输、变换以及控制功能，车辆需要配备相应的电气设备，比如用于引入电能的受流器，用于电力变换的牵引/辅助逆变器等，而这些电气设备大部分是我们在日常生活中不常见的。本书编写的目的之一就是帮助大家认识、了解这些不常见的电气设备。本书的编写目的之二是帮助读者理清城轨车辆电气系统的脉络，了解这一复杂的电气系统由哪些电气设备构成，这些电气设备在电气系统中的作用及相互之间的关系是怎样的。

希望通过本书的学习，能让读者对这些陌生的电气设备多一些了解，知道它长什么样、用途是什么、安装在哪里。同时，本书还将向大家详细介绍各电气设备的内部结构、工作原理以及检查维护方法等内容，满足城轨车辆乘务员和检修员、装备工、调试员等工作岗位对专业知识、专业技能、专业素养的需求。

【"总-分-总"的结构设计便于学习理解】

本教材的总体结构类似于语文文体总-分-总的结构。课程导论的"学前必备"环节对城市轨道交通车辆的电气系统、电气设备进行一个总体介绍，旨在帮助大家理清脉络，了解各电气设备之间的关联性，以一个清晰的思路去学习后面具体的电气设备，相当于总的部分。之后的项目1~项目10按照学生的认知规律和职业成长规律，由浅入深、循序渐进地向大家展现各电气设备，包括受流器、高速断路器、牵引逆变器等，相当于分的部分。最后一个项目城轨车辆电气设备的监控和管理系统又帮助大家把思维和视觉由单一设备上升到整车电气系统，了解上层系统是如何监控和管理下层设备的。这种"总-分-总"的结构，帮助大家很好地理解整本书内容的关联性，使全书内容形成一个有机的整体。

【文字＋图片＋动画生动表达细节】

本教材按照从高压到低压，从主电路到辅助电路再到控制电路的顺序，依次介绍城轨车辆各主要电气设备，包括受流器(包括受电弓和第三轨受流器)、高速断路器、牵引/辅助逆变器、牵引电机、空调系统及控制用的接触器、继电器、司机控制器等。编写中采用文字＋图片＋动画相结合的形式，尽量形象、生动、具体地展现城轨车辆各电气设备的细节。

【多种技术平台兼容并蓄】

各城市采用的城轨车辆技术平台有所不同，因此在设备名称、安装位置等方面会有差异，但主要功能、结构、原理基本一致。本教材所述内容大部分以中车株洲电力机车有限公司(简称中车株机)技术平台所用设备为例，中车株机所生产的城轨车辆在市场中占有较大份额，因此本书所述设备具有一定代表性，同时，对了解其他技术平台的电气设备也具有一定的参考价值。

【学前必备1——回顾城轨车辆的总体构成】

我国城市轨道交通中使用的车辆一般为6辆编组或8辆编组,图0-0-1为6辆编组的城轨车辆。图中,首尾两端的 T_C 车为带驾驶室的拖车(T是trailer的首字母,代表拖车,下标C是cab的首字母,代表驾驶室), M_P 车为带受电弓的动车(M是motor car的首字母,代表动车,下标P是pantograph的首字母,代表受电弓),M车为不带受电弓的动车(M是motor car的首字母)。每3辆车(T_C–M_P–M)构成一个单元,一般一列车由2个单元构成,即 T_C–M_P–M = M–M_P–T_C。

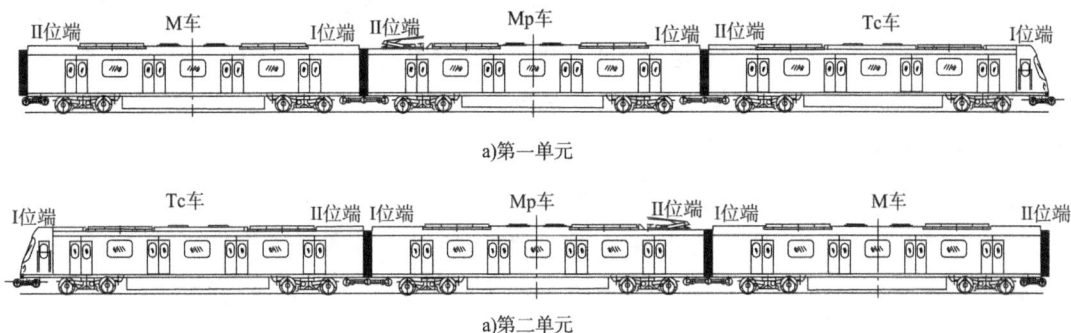

a)第一单元

a)第二单元

图0-0-1　6辆编组的城轨车辆

城市轨道交通车辆整车设备布置情况请扫描二维码,通过视频进行回顾。

城市轨道交通车辆
整车设备的布置

【学前必备2——了解城轨车辆电气系统】

城市轨道交通车辆是利用电能产生牵引力的复杂的机电设备,为了便于了解其复杂的组成和结构,我们可以把整个车辆分为机械系统、电气系统、制动系统三大部分。本教材所介绍的城轨车辆电气设备便是电气系统所涉及的主要设备,了解这些设备,是学习城轨车辆电气系统的重要基础。

早期的城轨车辆采用直流牵引电机将电能转换为机械能,进行车辆的牵引。随着技术的进步,交流传动技术的成熟,交流牵引电机及交流传动系统的优越性越来越凸显,因此,后期的城轨车辆大部分采用交流牵引电机进行牵引。

下面以采用交流牵引电机的城轨车辆为例,简要介绍城轨车辆电气系统的总体脉络,也就是接触网或第三轨提供的电能进入城轨车辆后,电流的三大主体路径,其中将涉及本教材所介绍的大部分电气设备。这样大家便对各电气设备在整个电气系统中的作用有个清晰的概念。在此基础上,再详细了解各电气设备的结构、原理便会有清晰、通畅之感。

DC1500V 或 DC750V 高压直流电经由受流装置(受电弓或第三轨受流器)进入车辆后,分三条路径:第一路是给本车(M_P车)的牵引逆变器供电,第二路是给 M 车的牵引逆变器供电,第三路是给 T_C 车的辅助逆变器供电,如图0-0-2 6辆编组的城轨车辆主、辅电路分布及原理简图所示。

牵引供电
系统的组成

第一条和第二条的电流路径基本相同,构成列车的主电路。由图0-0-2可知,其大致路径为:由受流装置引入的高压直流电经保护装置——隔离开关MS、主熔断器、高速断路器MQF后,至主电路通断控制开关——主接触器,到达线路平波环节——线路电抗器L,进入牵引逆变器(图0-0-2中的VVVF逆变器),牵引逆变器依据控制指令进行DC-AC变换后,输出变压变频的三相交流电为执行装置——交流牵引电机M供电,并可进行调速。

第三条电流路径为列车的辅助电路,由图0-0-2可知,高压直流电经车间电源转换开关、防逆流二极管、辅助隔离开关、辅助电路熔断器、辅助电路投入开关,进入辅助逆变器,进行DC-AC变换,输出AC380V三相交流电给空调系统、空气压缩机等负载供电,输出AC220V单相交流电为客室照明供电,同时,再通过蓄电池充电机进行AC-DC变换后,输出DC110V直流电,为蓄电池浮充电,也为车辆的控制电路提供电源。另外,DC110V通过DC/DC斩波模块变换输出DC24V,为驾驶室各指示灯、仪表照明、列车信号系统设备、列车客室广播等提供低压直流电源。

教材的项目1-项目10按照从高压到低压,从主电路到辅助电路再到控制电路的顺序,依次介绍城轨车辆各主要电气设备,包括受流器(包括受电弓和第三轨受流器)、高速断路器、牵引/辅助逆变器、牵引电机、空调系统及控制用的接触器、继电器、司机控制器等。

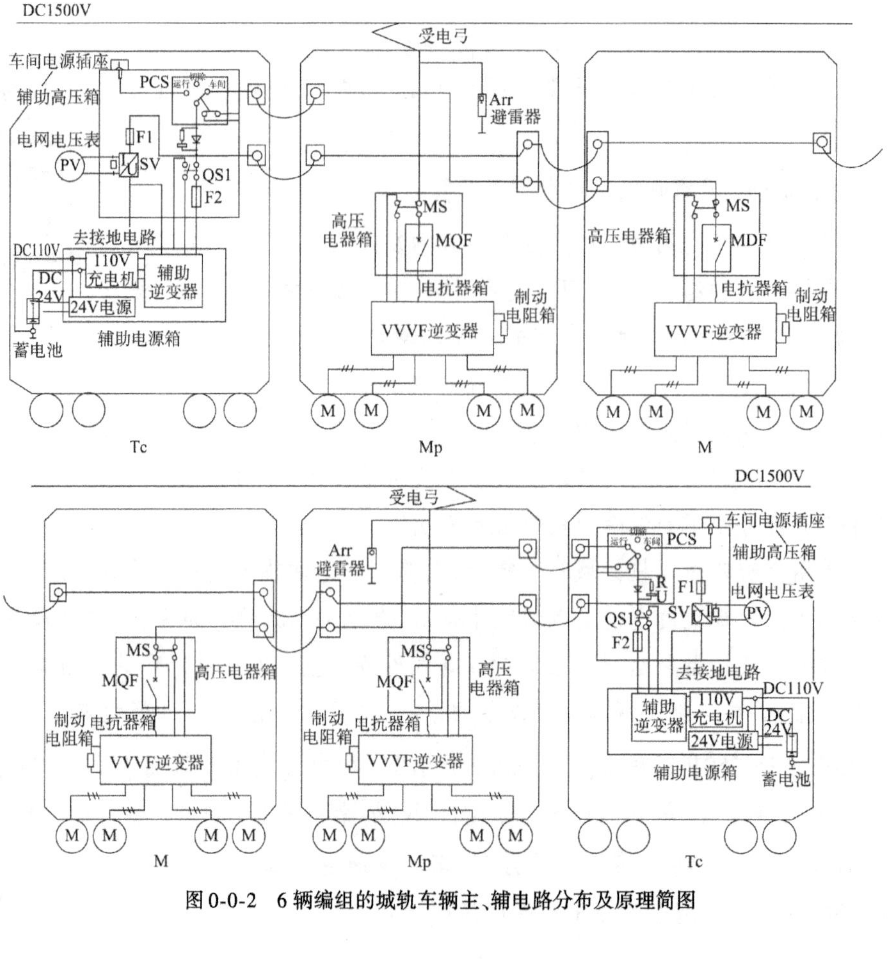

图0-0-2 6辆编组的城轨车辆主、辅电路分布及原理简图

受流器

教学目标

1.了解受流器的作用、分类、安装位置等。

2.掌握受电弓和第三轨受流器的结构。

3.掌握受电弓和第三轨受流器的工作原理。

4.了解受电弓和第三轨受流器的主要技术参数。

5.了解受电弓和第三轨受流器的日常检查及检修维护工作内容和流程。

建议学时

10学时

1-1 学习任务　受流器总体认知

知识分享

一、受流器概述

受流器是以电能为能源的轨道车辆（简称电动轨道车辆）从接触网或第三轨获取电能的一种受流装置。电动轨道车辆包括城市范围内公共交通运输用的城轨车辆、铁路干线用的电力机车以及高速铁路用的电动车组等。

根据受流器的形状与作用原理的不同，受流器可分为以下几种类型：

(1)集电杆：常用于城市无轨电车；

(2)弓形受流器：常用于城市有轨电车；

(3)旁弓：常用于矿区内轨道车辆；

(4)第三轨受流器：又称集电靴，常用于第三轨供电方式的城轨车辆；

(5)受电弓：用于铁路干线的电力机车、高速铁路的电动车组以及采用接触网供电的城轨车辆等。

城轨车辆使用较多的受流装置有受电弓和第三轨受流器。受电弓安装于车顶，靠与接触网滑动接触进行受流；第三轨受流器安装于转向架构架，靠与第三轨接触进行受流。

两者优缺点对比如下：

(1)第三轨安装在钢轨一侧，与高空接触网相比，触电风险更大。由于安装位置低，第三轨受到异物影响可能性更大，更容易发生触电事故。目前，一般采取的措施是在第三轨上设置防护罩进行防护。

(2)与受电弓受流相比，第三轨受流器的接触阻力更大，噪声更大。

(3)采用第三轨受流的车辆过道岔时必须要断电，接触网无此问题。

(4)第三轨供电的维护成本比较低，易于实施，设备成本和人工成本都比较低，而接触网部件多，且要高空作业，需要专门的工程维护车，设备和人工成本都很高，维护工作相对复杂。

(5)第三轨供电抗极端天气能力强，除了水淹以外，基本不受其他恶劣天气影响，而柔性接触网需要考虑强风、挂冰等一系列问题。

下面，向大家着重介绍一下受电弓的基本情况。

二、受电弓概述

1. 受电弓的作用

一般我们将安装于城轨车辆、电力机车、电动车组等车辆的顶部，与接触网接触从而获取电能的装置称为受电弓,如图 1-1-1 所示。

图 1-1-1　城轨车辆上的受电弓

受电弓总体介绍

受电弓是一种铰接式的机械构件。当受电弓升起时,其滑板与接触网导线直接接触,从接触网导线上获取电流,并通过车顶母线将其传送至车辆内部,供车辆使用。

2. 受电弓的特点

受电弓靠滑动接触而受流,是车辆与固定供电装置之间的连接环节,其性能的优劣直接影响车辆的受流质量和工作的可靠性,因此要求受电弓具备以下特点。

(1)稳定的静态接触压力

受电弓滑板与接触网导线的接触需要有一个适当的接触压力,且这个接触压力在受电弓的工作高度范围内应该基本保持不变,这样才能保证滑板与接触导线接触良好、磨耗小、可靠受流。

(2)升、降弓时要"先快后慢"

为保证升、降弓时不产生过分冲击,要求受电弓在升、降弓过程中要先快后慢,即升弓时,滑板离开底架要快,贴近接触导线要慢,以防弹跳(弹跳会产生弓网间的拉弧,造成弓网的烧损);降弓时,滑板脱离接触导线要快(以防拉弧造成烧损),落在底架上要慢(防止对底架有过分的机械冲击)。

(3)运行中动态稳定性好

受电弓要克服车辆高速运行时产生的空气阻力的作用,保证在允许的运行速度下,滑板与接触网的接触压力基本稳定在额定静态接触压力值范围内,以保证可靠受流。

3. 受电弓的类型和型号

受电弓可按结构、速度、驱动方式和降弓方式等进行如下分类。

(1)按结构形式,可分为双臂受电弓和单臂受电弓。双臂受电弓[图 1-1-2a)],结构对称,侧向稳定性好,但结构复杂,调整困难。单臂受电弓[图 1-1-2b)],结构简单,尺寸小,重量轻,具有良好的动态特性。因单臂受电弓的动态跟随性及受流特性较好,所以在现代轨道车辆中被广泛采用。

(2)按速度等级,可分为高速受电弓和常速受电弓。这里的速度是指受电弓所在的轨道车辆的设计速度。用于设计速度在 200km/h 以下车辆上的受电弓为常速受电弓,用于

200km/h 以上车辆上的受电弓为高速受电弓。电力机车和城轨车辆一般使用的是常速受电弓,高速动车组一般使用的是高速受电弓。

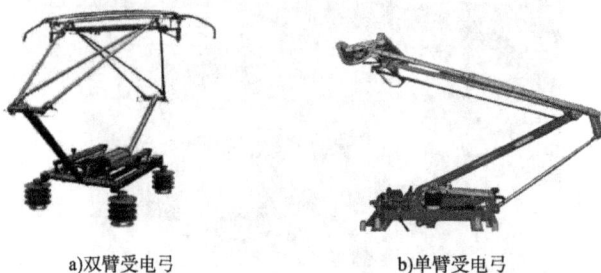

a)双臂受电弓   b)单臂受电弓

图 1-1-2 单、双臂受电弓

（3）按驱动方式,可分为弹簧弓和气囊弓。早期的受电弓基本为弹簧弓,由刚弹簧提供升弓和降弓的动力。气囊弓是由升弓气囊提供受电弓的升弓动力。因气囊中的压缩空气的压力可由精密调压阀进行精确控制,进而可较好地控制受电弓与接触网的静态接触压力,因此目前气囊弓在轨道车辆中得到广泛应用。

（4）按降弓方式,可分为气动式、电动式、自重降弓式等。目前,以自身重力作为降弓动力的受电弓应用较广泛。

国内受电弓的研发和设计经历了消化、吸收、创新的过程。早期,引进的是雄克公司的 SBF 系列、西门子公司的 8WLO 系列和东洋重工的 KP 系列受电弓技术,在此基础上,我国进行了大量的研究,最后设计和生产出具有自主知识产权的国产受电弓,如 TSG 系列、DSA 系列和 SQG 系列,这些受电弓广泛用于国内和出口的城轨车辆、电力机车和高速动车组上。

▌思政课堂

国产受电弓的发展历程

我国从 1958 年修建电气化铁路开始,到 2010 年实现高速化,我国铁路受电弓经历 50 多年的发展,走过了一段不平凡的研发之路,其发展大致可分为三个阶段。

第一阶段是,1960 年株洲电力机车厂在苏制双臂受电弓的基础上,研制出 TSG1 型单臂受电弓。TSG1 型单臂受电弓较苏制双臂受电弓结构简单,质量轻,运行性能良好。TSG1 型受电弓的研制开启了国产受电弓研制的历程。

第二阶段的受电弓以中外合作生产为主,部分部件实现了国产化。这一阶段受电弓的研制已与国际标准接轨,遵循国际铁路联盟 UIC608 标准,先后研制出 DSA200、DSA250、TSG15 等多种型号受电弓。

第三阶段我国铁路步入世界高速铁路行列,列车运营速度达到 350km/h。为满足动车组高速受流要求,我国先后研制了 DSA380、TSG19 型高速受电弓。

国产受电弓的研制稳步走过三个发展阶段,已积累了大量研究成果,搭建了成熟的研发平台,我国受电弓的研制将向更高的领域迈进。

要点总结

受电弓是最常用的一种受流装置,它安装在车辆顶部,靠与接触网滑动接触获取电流,传至车辆内部,供车辆使用。

受电弓性能的优劣直接影响车辆的受流质量和工作的可靠性,性能不良的受电弓可能会造成拉弧、冲网等严重后果,因此受电弓要满足以下三个基本性能要求:

(1)受电弓与接触网接触应保持稳定的静态接触压力,以保证可靠受流,并避免过度磨耗。

(2)受电弓升弓应"先快后慢",降弓也应"先快后慢",避免拉弧和过度冲击。

(3)受电弓应具有良好的动态稳定性,即能够克服空气阻力,确保额定的静态接触压力。

第三轨供电的城轨车辆采用第三轨受流器进行受流。第三轨受流器将在学习任务1-3中进行详细介绍,这里暂不赘述。

能力拓展

请根据本节内容,利用智慧职教城市轨道交通、铁道机车等专业教学资源库、MOOC 学院《机车车辆电气设备的检查与调试》在线课程等数字化资源及公共网站等途径,完成下面的任务。

任务1:请收集弓形受流器、集电杆、旁弓、第三轨受流器的图片,制作 PPT,课上分享。

PPT 要求:不少于 10 页,图片清晰,配备必要的文字说明。

其他要求:能理解制作的 PPT 内容,能进行流利的讲解。

任务2:请收集无轨电车、有轨电车、电力机车、电动车组的有关视频。

要求:每组收集 1~2 个,了解它们的应用场合和供电制式,进行课上分享。

任务3:近些年,城市轨道交通除了无轨电车、有轨电车、地铁等形式外,还发展了许多新的形式,如磁浮系统、单轨系统、自动导向轨道系统、市域快速轨道系统等。请收集它们的有关资料,完成下面的表格。

城轨形式	适用范围	特 征	车辆类型	供电电压	受流装置
地铁系统（示例）	城市范围内的公共交通运输	(1)线路、信号、供电、车站等是一套独立的系统。 (2)线路是封闭的,在地下、地面和高架都有,以地下为主。 (3)车辆在钢轨上运行,靠钢轨导向。	地铁车辆	DC1500V 或 DC750V	受电弓、第三轨受流器。 说明:大部分地铁车辆只安装其中一种,但有的车辆安装了这两种受流器。

续上表

城轨形式	适用范围	特 征	车辆类型	供电电压	受流装置
无轨电车					
有轨电车					
轻轨系统					
单轨系统					
磁浮系统					
自动导向轨道系统					
市域快速轨道系统					

1-2 学习任务 受电弓结构原理认知

知识分享

　　各类型受电弓的主体结构和动作原理基本相同,但细节结构会有所不同。本任务以某地铁线路车辆上采用的 TSG18D 型受电弓为例,详细介绍受电弓的结构、技术参数、动作原理等内容。

一、TSG18D 型单臂受电弓的主要技术参数

TSG18D 型单臂受电弓的外形,如图 1-2-1 所示。其主要技术参数,见表 1-2-1。

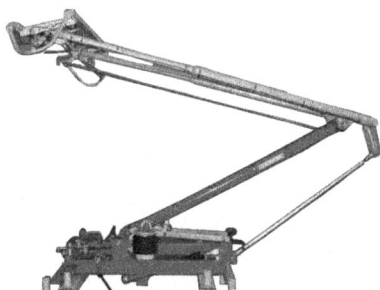

图 1-2-1　TSG18D 型单臂受电弓的外形

TSG18D 型单臂受电弓的主要技术参数 　　　　　　　　　　表 1-2-1

项　　目	技术参数	项　　目	技术参数
额定电压(V)	DC1500	绝缘子高度(mm)	80
电压范围(V)	DC1000 ~ DC1800	弓头长度(mm)	1550 ± 10
额定工作电流(A)	1050	弓头宽度(mm)	328 ± 3
最大起动电流(30s)(A)	1600	弓头高度(mm)	225 ± 10
工作环境温度(℃)	− 25 ~ +40	滑板长度(mm)	800 ± 1
运行速度(km/h)	90	滑板宽度(mm)	35
折叠高度 (包括绝缘子)(mm)	310(0 ~ +10)	滑板材质	浸金属碳
最低工作高度 (从落弓位置滑板面起)(mm)	165	标称静态力(N)	120 ± 10
最高工作高度 (从落弓位置滑板面起)(mm)	1950	静态力的可调节范围(N)	70 ~ 140
最大升弓高度 (从落弓位置滑板面起)(mm)	≥2550	额定工作气压(kPa)	560

续上表

项　　目	技 术 参 数	项　　目	技 术 参 数
气源的工作压力(kPa)	500～1000	质量 （包括支持绝缘子）(kg)	≤140
升弓时间(s)	≤8	安装尺寸(四点)(mm)	(1100±1)×(900±1)
降弓时间(s)	≤8	电气间隙(mm)	≥30

二、TSG18D 型单臂受电弓的结构组成及主要部件

TSG18D 型单臂受电弓的基本结构如图 1-2-2 所示。它由底架(序 1 等部分)、铰链系统(包括序 4、序 6、序 7 等部分)、弓头(序 8 等部分)、传动机构(序 12 等部分)、控制机构(序 10 等部分)等组成。下面对各部分进行详述。

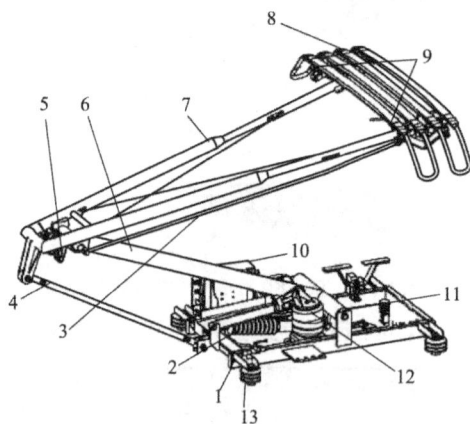

图 1-2-2　TSG18D 型单臂受电弓的基本结构

1-底架;2-阻尼器;3-平衡杆;4-拉杆;5-肘接电流连接;6-下臂杆;7-上框架;8-弓头;9-弓头电流连接;
10-气阀箱;11-降弓位置指示器;12-升弓装置;13-支持绝缘子

受电弓的结构

1. 底架

受电弓底架是一个由矩形钢管焊接而成的口字形钢结构,如图 1-2-3 所示。在受电弓的升、降弓过程中,底架是不运动的。底架不仅是整个受电弓体的底部支撑,还提供机械、电气和气路接口。

(1)机械接口

由型钢焊接而成的矩形骨架提供了下臂杆、拉杆、升弓装置等部件的安装座。另外,底架伸出的 4 个支撑架上 φ18mm 的通孔用于安装支持绝缘子,通过这 4 个绝缘子,将受电弓安装在车辆顶盖上,并与之保持足够的绝缘间距。

(2)电气接口

底架上的电流接线板是受电弓对外的电气接口,它采用不锈钢材料制成。

（3）气路接口

安装在底架上的气阀箱是受电弓气路上所用阀件集中安装的地方，因此这里提供了对外、对内的气路接口。

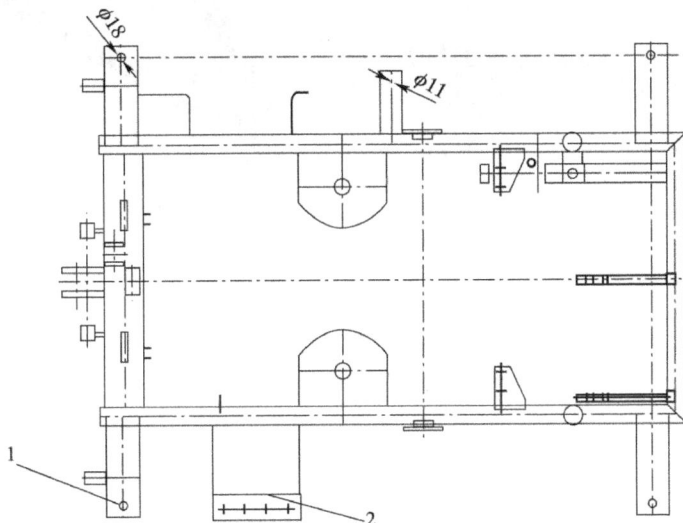

图 1-2-3　底架结构

1-支撑架；2-电流接线板

2. 铰链系统

铰链系统包括下臂杆、上框架和拉杆。铰链系统与底架一起构成了受电弓的四杆机构，该四杆机构保证了上框架中顶管的运动轨迹呈一条近似铅垂的直线。

（1）下臂杆

下臂杆的结构如图 1-2-4 所示。下臂杆的两端分别与底架和上框架采用轴承连接，与底架连接的轴承安装在下臂杆的底架轴承管内，与上框架连接的轴承安装在下臂杆的肘接轴承管内。轴承具有良好的密封性能，在其使用期内无需维护。受电弓升、降弓运动时，下臂杆绕着其固定在底架上的底架轴承管做圆周运动。

（2）上框架

如图 1-2-5 所示，上框架是由顶管（4）、阶梯铝管（2）和肘接处的连接管（1）组焊而成的类似梯形的铝合金框架结构；对角线杆（3）用于增加上框架的刚度。上框架通过轴承分别与拉杆、下臂杆及弓头连接。上框架的这种设计减轻了受电弓的上部质量，提高了受电弓的弓网跟随性。

（3）拉杆

拉杆结构如图 1-2-6 所示，它与下臂杆、上框架、底架构成一个四杆机构。可以通过调节拉杆上螺母和螺杆的相对位置来改变拉杆长度，从而对四杆机构的几何尺寸进行调整，以确保弓头的运动轨迹为一条铅垂线。

图 1-2-4　下臂杆结构

1-底架轴承管；2-扇形调整板；3-平衡杆连接块；

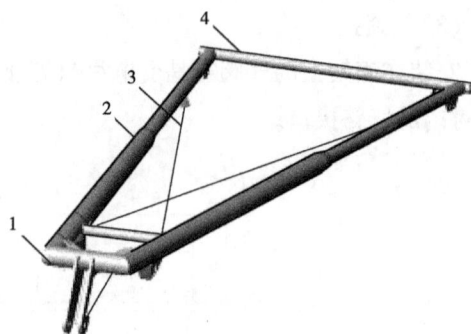

4-肘接轴承管

图 1-2-5　上框架

1-肘接处的连接管；2-阶梯铝管；3-对角线杆；4-顶管

图 1-2-6　拉杆

1-螺母；2-螺杆

（4）平衡杆

弓头具有一定的自由度，可以绕弓头转轴自由摆动。为了确保受流质量，一般只允许弓头在水平面小范围内有一定的自由度，为此，需设置平衡杆。其一端连接在下臂杆和上框架铰接的肘接处，另一端支撑在弓头转轴的一端，为弓头提供与其偏转方向相反的力，使弓头基本维持在水平状态。

平衡杆主要由平衡杆导杆(1)和止挡杆组焊(2)组成（图1-2-7）。

图 1-2-7　平衡杆

1-平衡杆导杆；2-止挡杆组焊

3. 弓头

弓头是与接触网直接接触的部件，其结构如图1-2-8所示。为了确保弓头与接触网能够稳定、良好地接触，弓头应尽可能减小惯性质量。

弓头分两部分，即与网线接触的部分及与上框架连接的部分。前者主要包括滑板和弓角，后者主要包括弓头悬挂装置，如图1-2-8所示。弓角位于弓头端部，用以保证接触网与弓头的平滑过渡。

弓头悬挂装置的应用使得弓头具有一定的自由度，同时车辆运行时，弓头与网线之间的高频振动可以通过弓头悬挂装置吸收缓冲。

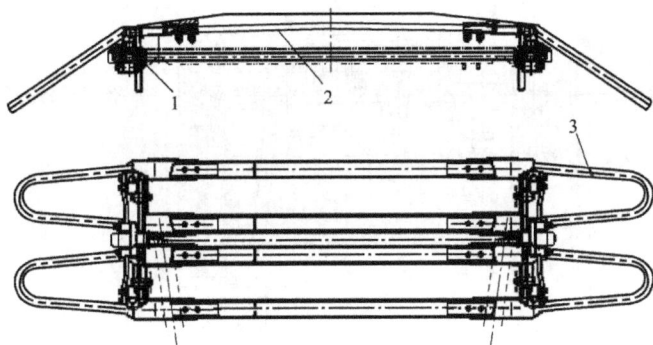

图 1-2-8　弓头

1-弓头悬挂装置;2-滑板;3-弓角

图 1-2-9　弓头悬挂装置

1-弓头转轴;2-橡胶弹簧元件;3-导杆组焊;4-连接板

如图 1-2-9 所示,弓头悬挂装置由两组呈 V 形排列的橡胶弹簧元件和导杆组焊组成。橡胶弹簧元件安装在弓角的连接板上;导杆组焊安装在弓头转轴的末端,两组之间通过弓头转轴连接。

弓头转轴由压入上框架顶管内的免维护粉末冶金衬套支撑。橡胶弹簧元件是免维护的,它的各向弹性可以对弓头的运动进行误差补偿,并且吸收弓头的侧向振动。

4. 传动机构

升弓装置构成了受电弓的传动机构,如图 1-2-10 所示,包括钢丝绳(2)、气囊(3)、扇形调整板(4)等部件。

升弓装置提供了受电弓升弓时所需的升弓转矩及升起后与网线间的接触压力。气囊主要安装在底架上,通过钢丝绳与受电弓下臂杆的底架轴承管连接在一起,给受电弓升、降弓提供动

图 1-2-10　升弓装置

1-钢丝绳紧固螺钉;2-钢丝绳;3-气囊;4-扇形调整板

力。升弓时气囊充气膨胀抬升,通过钢丝绳带动下臂杆转动,从而实现受电弓升弓运动。降弓时,气囊排气,体积压缩,下臂杆失去钢丝绳的拉力作用,在上框架及弓头自重的作用下降弓。

5. 控制机构

气阀箱(图 1-2-11)是受电弓的控制机构,由空气过滤器、单向节流阀、精密调压阀、安全阀等部件组成。

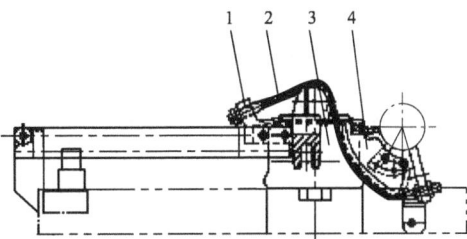

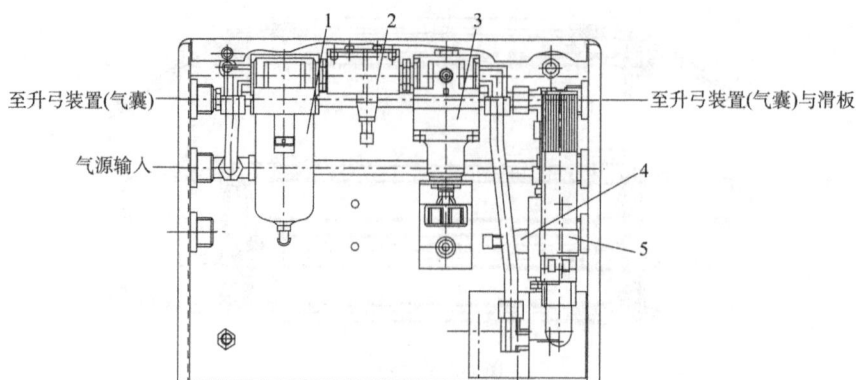

图1-2-11 气阀箱

1-空气过滤器；2-升弓节流阀；3-精密调压阀；4-降弓节流阀；5-安全阀

（1）空气过滤器

空气过滤器将机车压缩空气中的水雾及杂质分离出来，保证提供的压缩空气是干燥而纯净的。

（2）单向节流阀

单向节流阀包括升弓节流阀（2）和降弓节流阀（4）。升弓节流阀可以控制流入气囊的压缩空气的过流量，进而调整受电弓的升弓时间。降弓节流阀控制气囊排放气体的过流量，来调整受电弓降弓时间。

（3）精密调压阀

精密调压阀为气囊提供恒定压力的压缩空气，它的精度偏差为±0.002MPa；精密调压阀用于调节弓网接触的接触压力，其输出气压每变化0.01MPa，就会使接触压力变化10N。

（4）安全阀

安全阀起保护气路的作用，当气路内的压力超过其压力上限值时，安全阀就会开启，释放掉过量的压缩空气。

6.电流连接

电流连接分为弓头电流连接、肘接电流连接和底架电流连接。

（1）弓头电流连接[图1-2-12a)]，是将接触网上的电流由弓头导流至上框架上，从而使电流绕过顶管内的轴承和弓头悬挂装置上的橡胶弹簧元件，以避免轴承和橡胶弹簧元件出现大的温升而导致损坏。

（2）肘接电流连接[图1-2-12b)]，是为保护安装于肘接轴承管内的轴承，防止电流对轴承的电腐蚀。

（3）底架电流连接[图1-2-12c)]，是为保护安装于底架轴承管内的轴承，防止电流对轴承的电腐蚀。

7.降弓位置指示器

电感式降弓位置指示器（图1-2-13）安装在受电弓底架上，在上框架顶管的下方。受电弓降弓时，电感应器自动闭合，给出降弓到位信号；升弓时，电感应器断开，给出升弓信号。

a)弓头电流连接　　　　　b)肘接电流连接　　　　　c)底架电流连接

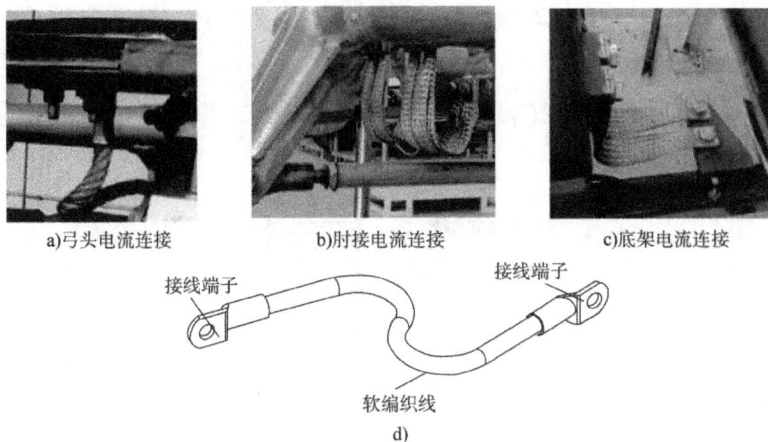

图 1-2-12　电流连接

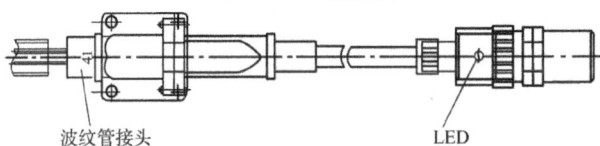

图 1-2-13　降弓位置指示器

8. 支持绝缘子

TSG18D 型单臂受电弓安装有 4 个支持绝缘子,其细节结构如图 1-2-14 所示。

支持绝缘子采用环氧树脂材料,具有很高的绝缘等级及机械强度。支持绝缘子具有以下两个功能:

(1)对带电的受电弓与相连接的车顶进行电隔离。

(2)是受电弓的机械安装部件。

图 1-2-14　绝缘子

三、TSG18D 型单臂受电弓的工作原理

1. 电气系统

受电弓的电气系统包括高压电流电路和低压控制电路两部分。

受电弓是车辆的受流装置。受电弓升起后与接触网接触,从接触网获取电流,并将电流传送到车辆电气系统。接触网的电流首先由滑板流入受电弓弓头,然后依次经过上框架、下臂杆后流入底架,最后经连接在受电弓底架上的车顶母线导入车辆电气系统,这是受电弓的高压电流电路。

受电弓控制电路的主令电器是驾驶室的升弓和降弓按钮,控制电路电源经过升/降弓按钮及一系列控制环节,最终使受电弓电磁阀线圈得电或失电,从而控制受电弓气路的充气或排气,实现对受电弓的控制。

司机按下升弓按钮时,如果所有控制条件均满足,受电弓电磁阀线圈得电,从而使电磁阀阀口打开,使压缩空气进入气囊,实现升弓。降弓时,按下降弓按钮,将使受电弓电磁阀失电,

从而关闭向受电弓气囊的供气通路,同时打开气囊的排气通路,使得受电弓降弓。

2.气路系统

受电弓通过控制气囊的充气和排气,实现升、降弓动作。受电弓气路工作原理如图 1-2-15 所示。

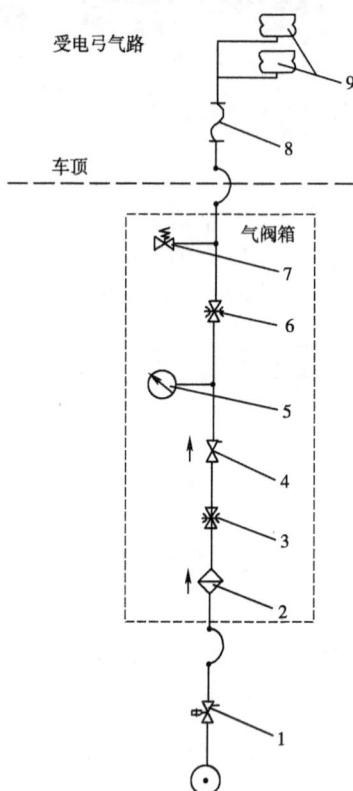

图 1-2-15　受电弓气路工作原理

1-电磁阀;2-空气过滤阀;3-升弓节流阀;4-精密调压阀;5-压力表;
6-降弓节流阀;7-安全阀;8-管路连接软管;9-气囊

升弓时,电磁阀得电,压缩空气经电磁阀进入气阀箱后,依次经过空气过滤阀(2)、升弓节流阀(3)、精密调压阀(4)、降弓节流阀(6)后,分为两条支路分别向受电弓的两个气囊(9)供气;压缩空气进入气囊后,气囊膨胀抬升,抬升的气囊带动钢丝绳拉拽下臂杆,使下臂杆转动,从而实现受电弓逐渐升起,直到受电弓弓头与接触网接触并保持规定的静态接触压力。此时,气囊中的气压值稳定在气阀箱内精密调压阀的设定值。

受电弓工作时,气囊被持续供以压缩空气,弓头与接触网之间的接触压力基本保持恒定。

降弓时,电磁阀失电,向受电弓供气的气路被切断。同时,打开气囊的排气通路,使气囊内的压缩空气排向大气,受电弓靠自重下降,直到弓头落在底架的两个橡胶止挡上。

故障处理

故障类型:受电弓降弓迫停区间。

故障现象:"车辆显示屏"显示网压为零,受电弓图标显示两受电弓均降下,"受电弓降"灯亮,列车无法动车。

故障分析:此故障发生在区间,列车失去牵引力,无法动车;经查看"车辆显示屏"显示两个受电弓均降下。列车运行期间,司机可操作"允许升弓旁路"进行应急处理。

列车运行期间,司机可采取的应急故障处理流程如表1-2-2所示。

受电弓降弓迫停区间的应急故障处理流程   表1-2-2

步骤	作业程序	作业内容
1	确认故障信息,判断故障	1.作业:点击"车辆显示屏"查看受电弓状态界面。 2.口呼:网压为零,两个受电弓降下。
2	向行调汇报列车故障信息	1.接通电话:司机手持联控电话,点击"联控显示屏"中的"行调"按键,接通电话。 2.报告行调:"行调,××次在××站－××站上/下行区间列车出现网压为零,2个受电弓降弓故障,无法动车,接触网是否跳闸?"报告完毕后,点击"完毕"按钮。 3.行调回复:"××次,接触网未跳闸,司机执行车辆故障处理流程。"回复完毕后,点击"完毕"按钮。 4.司机复诵:"××次,执行车辆故障处理流程,司机明白。"复诵完毕后,点击"完毕"按钮。 5.结束通话:挂断电话。
3	司机广播安抚乘客	紧急广播:通过"车辆显示屏"选择播放预置的"临时停车"紧急广播。
4	确认列车是否有紧急制动状态	1.手指眼看:车辆显示屏。 2.口呼:车辆显示屏无"紧急制动"信息。 3.手指眼看:两个"紧急停车"按钮。 4.口呼:两个"紧急停车"按钮均弹起。
5	检查"受电弓控制"自动开关是否跳闸,若跳闸则闭合	1.手指眼看:"受电弓控制"自动开关。 2.口呼:"受电弓控制"自动开关跳闸。 3.作业:闭合"受电弓控制"自动开关。
6	尝试升弓	1.作业:按压"受电弓升"按钮。 2.手指眼看:车辆显示屏受电弓图标。 3.口呼:"受电弓未升起。"
7	操作"允许升弓旁路"	1.手指眼看:"允许升弓旁路"旋钮。 2.口呼:"允许升弓旁路"至"合"位。 3.作业:将"允许升弓旁路"旋钮打至"合"位。

续上表

步骤	作 业 程 序	作 业 内 容
8	尝试升弓	1.作业：按下"受电弓升"按钮。 2.手指眼看：车辆显示屏受电弓图标。 3.口呼："受电弓升起。"
9	动车后报行调	1.接通电话：司机手持联控电话，点击"联控显示屏"中的"行调"按键，接通电话。 2.报告行调："行调，××次在××站－××站上/下行区间，司机操作"允许升弓旁路"后现已升弓，列车运行正常。"报告完毕后，点击"完毕"按钮。 3.行调回复："××次，司机操作"允许升弓旁路"后现已升弓，列车运行正常，行调收到。"回复完毕后，点击"完毕"按钮。 4.结束通话：挂断电话。

✍ 学习笔记

要点总结

受电弓的结构分为底架、铰链机构、弓头、传动结构和控制机构五大部分。

底架、铰链机构和弓头构成了受电弓的主体结构,包括底架、下臂杆、上框架、拉杆、平衡杆、弓头及其悬挂装置等部件。弓头是受电弓与接触网直接接触受流的部件。

升弓装置(图1-2-10)是受电弓的传动机构,提供了受电弓升弓时所需的升弓转矩及升起后与网线间的接触压力,包括气囊、钢丝绳、扇形调整板等部件。

气阀箱(图1-2-11)是受电弓的控制机构,由空气过滤器、单向节流阀、精密调压阀、安全阀等部件组成。气阀箱内的阀件与受电弓电磁阀配合,完成对受电弓气路的控制,控制向受电弓气囊充气还是排气,及充入气囊的压缩空气的压力值。

受电弓与城轨车辆的电气系统有如下关系:

(1)受电弓是城轨车辆获取外部电源的端口。受电弓升起后,与接触网接触,将接触网电流引入车辆高压电流电路。

(2)受电弓与城轨车辆控制电路有如下联系:①它由控制电路中的升弓和降弓按钮控制;②受电弓电磁阀线圈受受电弓控制电路的控制,使其得电或失电,从而控制受电弓气路的充气或排气,实现对受电弓升弓、降弓的控制。

受电弓的工作原理如下:

首先由受电弓升弓或降弓按钮发出控制指令,受电弓控制电路工作,控制受电弓电磁阀线圈得电或失电。

然后由受电弓电磁阀控制受电弓气路向气囊的充气或排气,实现升弓或降弓。

能力拓展

请根据本节内容,利用智慧职教城市轨道交通、铁道机车等专业教学资源库、MOOC学院《机车车辆电气设备的检查与调试》在线课程等数字化资源及公共网站等途径,完成下面的任务。

任务1:请收集弓头电流连接、肘接电流连接和底架电流连接的图片及ADD自动降弓装置的相关资料,制作PPT,课上分享。

PPT要求:不少于5页,图片清晰,配备必要的文字说明。

其他要求:能理解制作的PPT内容,能进行流利的讲解。

任务2:请收集受电弓使用、故障、检修方面的视频。

要求:每组收集1~2个视频,了解受电弓的工作状态、可能出现的故障及如何检修,从而加深对受电弓结构、原理的理解,进行课上分享。

任务3:请收集城轨车辆用其他型号的受电弓、电力机车用受电弓及高速动车组用受电弓相关资料,完成下面的表格。

受电弓类型	城轨车辆用受电弓	电力机车用受电弓	高速动车组用受电弓
型号	TSG22		
额定电压 额定电流	额定电压 DC1500V 额定电流 1500A		
结构特点	（1）口字形底架，4个安装绝缘子。 （2）弓头采用分体式双滑板结构。 （3）弓头悬挂装置采用压缩弹簧结构。 （4）升弓装置采用单气囊		
性能方面的提升	（1）四杆机构尺寸进行了优化，更适应刚性接触网。 （2）采用开放式弓角，改善了弓角的受力情况。 （3）弓头悬挂采用压缩弹簧结构，弓网匹配性更好。 （4）采用单气囊，稳定可靠，维护简单。		

1-3 学习任务　第三轨受流器结构原理认知

知识分享

接触轨的形式

一、第三轨受流器概述

第三轨受流器又称集电靴,用于采用第三轨供电方式的城轨车辆上。

接触轨是沿轨道线路敷设的与轨道平行的附加导电轨,所以又称第三轨或简称三轨。第三轨一般安装在线路行车方向的左侧,如图1-3-1所示。接触轨材料一般采用低碳钢或钢铝复合材料。

城轨车辆转向架构架伸出的集电靴通过与第三轨接触而获取电能,如图1-3-2所示。

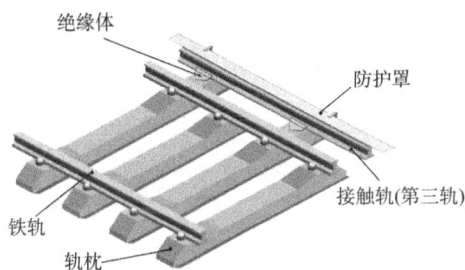

图1-3-1　接触轨

图1-3-2　安装在转向架上的集电靴

根据集电靴受流位置的不同,可分为上部受流、下部受流和侧部受流三种形式(图1-3-3)。国内应用较多的是上部受流和下部受流方式。

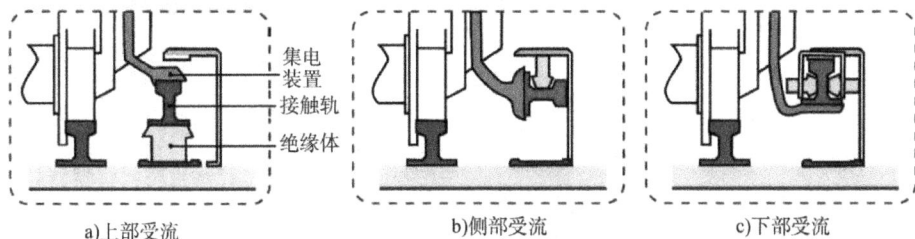

a)上部受流　　　b)侧部受流　　　c)下部受流

图1-3-3　三种受流方式

1.上部受流

上部受流的特点是:集电靴从上向下压向第三轨轨头,从第三轨顶面受取电流。受流器的接触力是由下作用弹簧进行调节的,受流平稳。接触轨端部弯头的过渡作用能够减小在断电区的电流冲击。

上部受流方式施工简单,费用较低,接触面积大且磨损小,检修方便,维护简单且寿命长,但线路速度不能太高,如北京地铁 1 号线、2 号线、4 号线、5 号线、10 号线、13 号线和八通线均采用上部受流方式。

2. 下部受流

下部受流的特点是:第三轨的轨面朝下安装,车辆受流器通过与接触轨的下底面接触而受取电流,如天津地铁 1 号线、武汉地铁 1 号线、广州地铁 4 号线、5 号线、6 号线、14 号线、21 号线均采用下部受流方式。

下部受流的优点是防护罩从上部通过橡胶垫直接固定在第三轨周围,安全性好,表面灰尘、杂物少,能遮挡雨雪,有利于防止下雪和冰冻造成的取流困难,受流效果比较好,但这种方式安装结构较复杂,费用较高。

早期城轨车辆多采用 DC750V 集电靴。近年来,随着供电技术的发展,在很多城轨车辆上都采用了 DC1500V 集电靴。

二、第三轨受流器的基本原理

第三轨受流器主要由底座、摆臂等部件组成。其基本原理如图 1-3-4 所示,摆臂一端围绕转轴进行转动,另一端与第三轨接触,通过弹簧提供与第三轨的作用力。

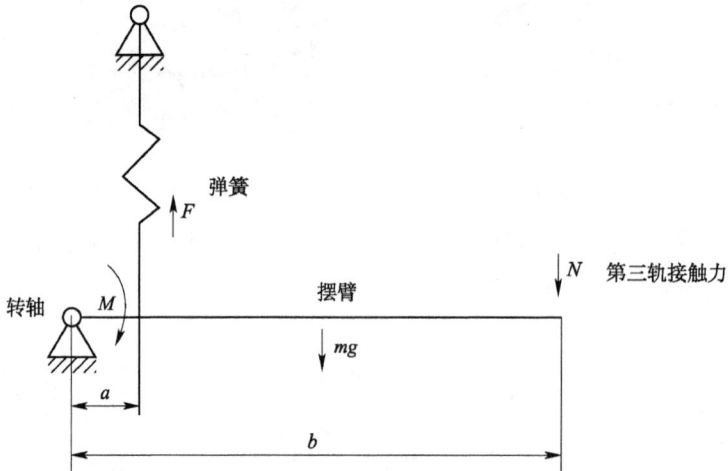

图 1-3-4 第三轨受流器的原理示意图

三、第三轨受流器的基本结构

第三轨受流器主要由底座、摆臂、锁定机构及电缆线四部分组成。

1. 底座

底座负责承载集电靴的全部元件。底座为螺栓连接型板状结构。采用这种结构可避免元件发生焊接变形和焊缝边缘区域的稳定性降低,在确保集电靴与转向架安全连接的同时,还便于竖直方向的调整和集电靴的水平对准。

滑动轴承可确保摆臂的水平运行,另外,此轴承采用的橡胶件可确保转向架免受第三轨振动的影响。

为了便于摆臂下摆范围的调整,通过螺栓将橡胶缓冲垫固定到底座内。这些缓冲垫在作为摆臂机械终点挡板的同时,还用来限制摆臂的上下摆动范围。

底座的全部金属件均经过高温热蘸镀锌。

2. 摆臂

摆臂通过栅轴运行转动,从而确保集电靴与第三轨间保持接触。

摆臂的全部金属件经过高温热蘸镀锌。摆臂上配有安全分离接头,从而在意外撞到障碍物时可防止集电靴彻底损坏。

全部紧固件均采用不锈钢或镀锌钢制成。

3. 锁定机构

锁定机构的用途是将集电靴的摆臂永久、牢固地固定到第三轨上,必须通过手动机械操作才能达到此目的。

下面以某地铁线路车辆所用的集电靴为例,详细说明集电靴的结构组成,如图1-3-5所示。

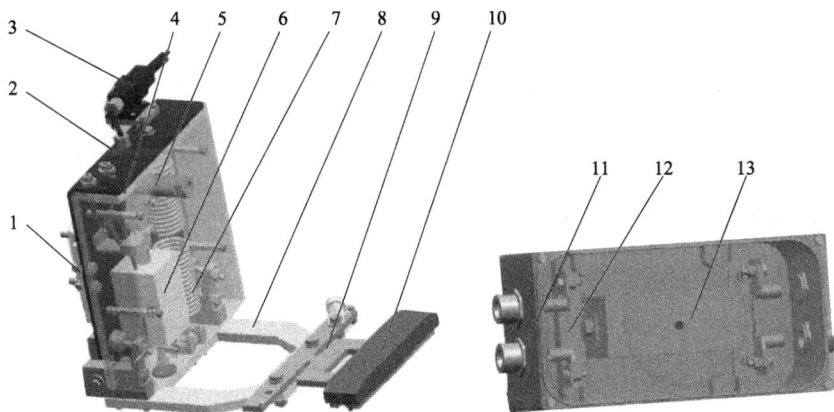

图1-3-5　集电靴及熔断器的基本结构

1-底座安装;2-底座;3-辅助开关;4-小气缸;5-锁定机构;6-大气缸;7-弹簧;8-绝缘板;

9-滑板托架;10-浸金属滑块;11-熔断器箱;12-支架;13-熔断器

该集电靴具有在故障时脱离第三轨的功能,每列车每个驾驶室配备一套起复装置,司机可以集中控制集电靴升/降。

每个集电靴配备一套人工升靴、落靴装置;每列车配备两套车下操作手柄以及两套在客室内操作的绝缘人工落靴棒。

锁定机构(5)作为集电靴的机械止挡;大、小气缸(6)(4)用于集电靴的升靴和降靴的控制;绝缘板(8)用于将带电的滑块与不带电的部分隔离开;锯齿调节板用于集电靴高度的调节,它仅在需要调节上、下止挡位置以调节接触压力时才需要安装。

图1-3-6为集电靴与第三轨接触状态示意图。

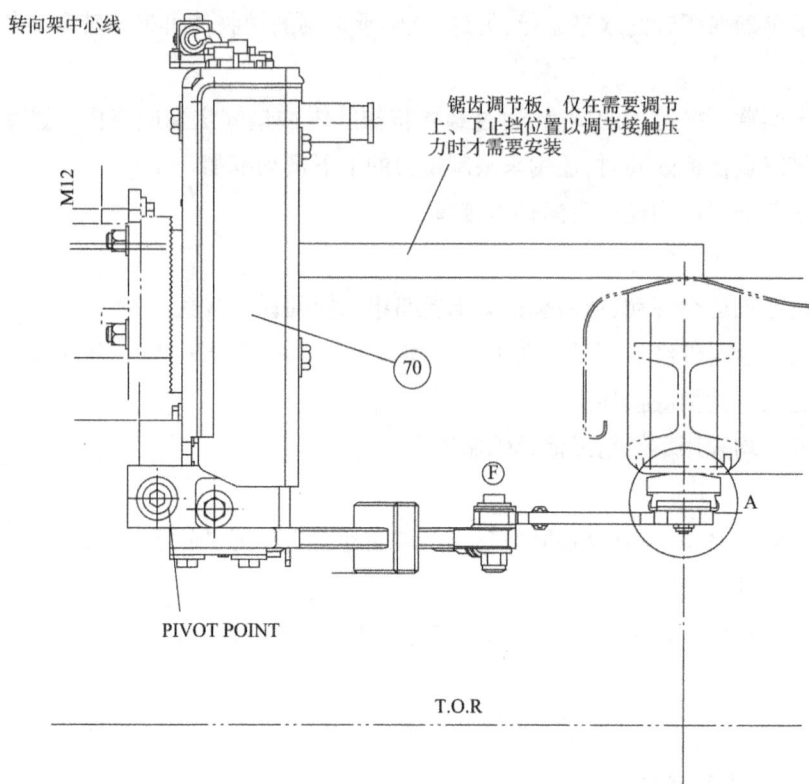

图 1-3-6　集电靴与第三轨接触状态示意图

四、第三轨受流器的主要技术参数

第三轨受流器的主要技术参数见表 1-3-1。

第三轨受流器的主要技术参数　　　　　　　　　　　　　表 1-3-1

额定电压(V)	DC1500
电压范围(V)	DC1000 ~ DC1800
标准静接触压力(N)	130 ± 10
额定电流(A)	1000
集电靴工作高度(mm)	200 ± 5
集电靴落下后工作高度(距轨面高度)(mm)	140 ± 5
集电靴升起后距轨面高度(mm)	200
滑块材料	石墨或铜合金
设备总质量(受流器 + 熔断器)(kg)	≤50
集电靴耐磨性能(在额定压力范围使用寿命)(万 km)	≥25
整体设备寿命(年)	≥30

要点总结

集电靴是采用第三轨供电的城轨车辆受流装置。它与第三轨接触获取外部的电能,供城轨车辆使用。

集电靴的结构可以分为底座、受流部件、传动机构、控制机构等部分。滑块是其受流部件,摆臂等部件是其传动机构,大小气缸等部件构成其控制机构。

能力拓展

请根据本节内容,利用智慧职教城市轨道交通、铁道机车等专业教学资源库、MOOC 学院《机车车辆电气设备的检查与调试》在线课程等数字化资源及公共网站等途径,完成下面的任务。

任务1:请收集集电靴内部结构的图片及工作原理的资料,制作 PPT,课上分享。

PPT 要求:不少于 5 页,图片清晰,配备必要的文字说明。

其他要求:能理解制作的 PPT 内容,能进行流利的讲解。

任务2:请收集集电靴使用、故障、检修方面的视频。

要求:每组收集 1~2 个视频,了解集电靴的工作状态、可能出现的故障及如何检修,从而加深对集电靴结构、原理的理解,进行课上分享。

任务3:请收集其他型号的集电靴资料,完成下面的表格。

型号			
使用线路及建设时间			
额定电压 额定电流			
结构特点			
性能方面的提升			

学习笔记

1-4 实践任务　受流器检查与维护

工艺流程

本任务以 TSG18D 型单臂受电弓为例,介绍受电弓的使用和维护等内容。

受电弓的日检

一、TSG18D 型单臂受电弓的使用

TSG18D 型单臂受电弓操作及控制步骤见表 1-4-1。

TSG18D 型单臂受电弓操作及控制步骤　　　　　　　表 1-4-1

序号	操作步骤	操作或控制方法	结果/指示说明
1	准备	按照车辆操作规程进行升弓前准备	—
2	升弓	在驾驶室操纵台按下受电弓升弓控制按钮	受电弓电磁阀得电,开通气囊充气气路,压缩空气进入受电弓气囊; 受电弓在弓头开始动作后,不大于 8s 时间内升弓到位; 若升弓出现故障,则需按照相关文件规定进行检查
3	降弓	在驾驶室操纵台按下受电弓降弓控制按钮	受电弓电磁阀失电; 受电弓在不大于 8s 时间内降弓到位; 若降弓出现故障,则需按照相关文件规定进行检查

二、TSG18D 型单臂受电弓的检修

1. 检修等级

TSG18D 型单臂受电弓分为 5 个检修等级,其具体规定见表 1-4-2。

TSG18D 型单臂受电弓的检修等级　　　　　　　表 1-4-2

检 修 等 级	说 明	运行里程数(km)	间 隔 期
S	日检	—	1 日
A	1~2 周检	5000~10000	1~2 周
B	月检	20000~40000	1 月
C	半年检	约 200000	0.5 年
D	6~8 年检	1500000~2000000	6~8 年

2. 检修计划

TSG18D 型单臂受电弓在使用过程中需按表 1-4-3 所列计划进行检修。

TSG18D 型单臂受电弓检修计划 表 1-4-3

序号	检修等级	检 修 内 容
1	S(日检)	(1)目检各主要部件、底架、铰链系统,无受损、裂纹、缺失、变形的零件。 (2)导流线(包括弓头电流连接组装、肘接电流连接组装、底架电流连接组装)无断股或松动。 (3)滑板无断裂、裂纹、过度磨损。 (4)支持绝缘子无裂缝、污染或撞痕。 (5)降弓位置指示器上下感应面无污染。 (6)受电弓能正常升降,无异响
2	A (1~2 周检)	(1)碳滑板紧固牢固,无松动现象,表面应规则无缺损,摩擦面应光滑;滑板出现裂纹、槽纹、刃部有冲击或滑板根部厚度达 4mm 时,更换滑板。 (2)弓角磨损偶尔发生。当弓角或滑板边缘切口严重磨损时,如果不是受电弓本身造成的,需立即维护接触网。 (3)擦拭干净降弓位置指示器的上下感应面
3	B(月检)	(1)检查碳滑板和弓头悬挂装置间的连接是否松动,弓头悬挂装置和上框架顶管间的连接是否松动;检查弓角是否有开裂现象,更换有裂纹的弓角。 (2)受电弓在任何状态下,导流线都不应被拉紧或与其他部件接触,有断股的导流线必须更换。 (3)检查升弓装置钢丝绳是否有断股现象,若有断股则须更换新的钢丝绳。 (4)检查升弓气囊是否有漏气现象,必要时更换。 (5)擦拭干净降弓位置指示器的绝缘安装板表面
4	C (半年检)	(1)检查受电弓静态接触压力及升降弓时间是否符合设计要求。 (2)使用软布、清洁剂清洁绝缘子全部表面,清洁完毕后绝缘子应干透并发亮;若发现有裂纹或碰痕,则须立即更换。 (3)检查各接线端和接头的紧固件,必要时须紧固、更换。 (4)如果安装了新滑板,应重新调节接触压力。 (5)对升弓装置钢丝绳进行清洁和涂脂。 (6)检查受电弓气路的气密性
5	D (6~8 年检)	(1)检查受电弓是否横向变形。 (2)拆卸受电弓: ①检查下臂杆的底架轴承、肘接轴承; ②对拉杆接头进行清洁和涂脂; ③对升弓装置钢丝绳进行清洁和涂脂; ④更新升弓装置气囊; ⑤更新橡胶弹簧元件; ⑥更新阻尼器

要点总结

升弓操作:按下受电弓升弓按钮,受电弓电磁阀得电,开通气囊充气气路,压缩空气进入受电弓气囊,8s内升弓,升弓位置指示器反馈受电弓已升起的状态信息,HMI屏上显示相应信息。

降弓操作:按下受电弓降弓按钮,受电弓电磁阀失电,开通气囊排气气路,气囊内的压缩空气排出,8s内降弓,降弓位置指示器反馈受电弓已落到位的状态信息,HMI屏上显示相应信息。

若升、降弓出现故障,则需按照相关文件规定进行检查。

按照地铁公司较成熟的检修规程的相关规定,受电弓的检修分为日检、周检、月检、半年检和年检。按运行里程或运行时间(有一者达到即可)执行相应等级的检修。各检修等级的检修内容参见正文表1-4-3。

能力拓展

请根据本节内容,利用智慧职教城市轨道交通、铁道机车等专业教学资源库、MOOC学院《机车车辆电气设备的检查与调试》在线课程等数字化资源、各地铁公司检修规程等资源及公共网站等途径,完成下面的任务。

任务1:请收集城轨车辆受电弓检修作业图片及检修工艺方面的资料,制作PPT,课上分享。

PPT要求:不少于10页,图片清晰,配备检修流程图和必要的文字说明。

其他要求:能理解制作的PPT内容,能进行流利的讲解。

任务2:(1)请收集城轨车辆受电弓检修标准化作业视频。

要求:每个小组(3~4人)收集1~2个视频,了解受电弓检修需要的工装、工具,检修流程,检修内容,并进行某个检修等级的作业演练。

(2)各小组由组员扮演受电弓检修员,完成一次受电弓检修标准化作业,录制成视频,进行课上分享。

要求:着装规范(统一穿实训服),动作标准,流程正确;视频时长不少于3分钟,图像清晰,声音清晰,无噪声。

任务3:请查找地铁公司的受电弓日检、周检、月检、半年检和年检的检修工艺文件,完成下面的表格。

检修等级	工装工具	依据的标准	作业流程	检修内容
日检				

续上表

周检				
月检				
半年检				
年检				

1-5 知识拓展 　电弧是如何产生的?

Tip one:电弧的定义

电弧是一种气体放电现象,对电器具有一定的危害。

Tip two:电弧导电的原因

当触头开断电路,在间隙中产生电弧时,电路仍然是导通的,这就说明已分开的触头间的气体由绝缘状态变成了导电状态。那么,究竟有哪些物理过程在这个气体由不导电状态变成导电状态的过程中起作用了呢?

气体呈导电状态的原因是原来的中性气体被电离成电子和离子,即气体被游离,此过程称为气体的游离过程。气体游离出来的电子和离子在电场作用下各朝对应的极运动,便形成电流,从而造成触头虽然已开断,但电路却并未切断。

Tip three:触头开断时产生电弧的原因

金属材料表面在某些情况下能发射出自由电子,这种现象称为表面发射。自由电子的产生是由于金属内的电子得到能量,克服内部的吸引力而逸出金属。

从物质原子的结构而言,原子是由原子核与若干电子构成的。如果外界加到电子上的能量足够大,能使电子克服原子核的吸引力作用而成为自由电子,这种现象称为游离。

触头开断电路时产生电弧的原因主要有阴极热发射电子、阴极冷发射电子、碰撞游离和热游离等。

1. 阴极热发射电子

触头开断过程中,触头间的接触面积逐渐减小,接触处的电阻越来越大,电流密度也逐渐增大,触头表面的温度剧增,金属内由于热运动急剧活跃的自由电子就克服内部的吸力而从阴极表面发射出来。这种主要由热作用引起的发射称为热发射。

2. 阴极冷发射电子

在触头刚刚分开发生热发射的同时,由于触头之间的距离很小,线路电压在这很小的间隙内形成很高的电场。此电场将电子从阴极表面拉出,形成强电场发射。

在强电场发射中,并不需要热功的参与,所以强电场发射也称为冷发射。

通常阴极电子的发射,同时包含热发射和冷发射的过程,只是不同的材料,热发射和冷发射的程度各不相同。

3. 碰撞游离

由于阴极热发射电子和阴极冷发射电子这两种发射的作用,大量电子从阴极表面进入弧隙。它们在电场的作用下获得动能而加速，随着触头的分开不断地撞击气体的原子或分子（中性粒子）。当这些电子具有的动能大于中性粒子的游离能时，中性粒子则分解为带电荷的自由电子和正离子，这一现象称为碰撞游离（或称电场游离）。碰撞游离后出现的自由电子在电场作用下又可同其他中性粒子发生新的撞击和游离，使得自由电子和正离子数不断增加；弧隙中的中性气体就变为导电的自由电子与正离子。在电场作用下，它们向阴极、阳极运动，电弧形成，电路并未断开。

4. 热游离

在电弧燃烧时，弧隙中气体温度很高，气体中的中性原子或分子由于热运动而发生互相撞击，结果也造成游离，这就是热游离。热游离实质上也是碰撞游离，只不过发生碰撞的原因是高温而不是电场。

由上可见，电弧的产生存在如下两个原因：

（1）由于热的作用，发生热发射和热游离；

（2）由于电场的作用，发生冷发射和碰撞游离，在气隙间出现大量电子流，使气体由绝缘体变成导体。

应该注意的是，在整个过程中几种物理作用并不是截然分开的，而是交叉进行或同时存在的。电弧燃烧期间，起主要作用的是热游离。因此，使电弧迅速冷却是熄灭电弧的主要方法。

项目 2

高速断路器

教学目标

1.熟练掌握UR6型高速断路器的结构。

2.理解UR6型高速断路器的工作原理。

3.了解UR6型高速断路器的主要技术参数。

4.了解UR6型高速断路器的日常检查及检修维护工作的内容和流程。

建议学时

8学时

2-1 学习任务　UR6 型高速断路器结构原理认知

知识分享

一、高速断路器概述

高速断路器是一种采用电磁驱动方式的高压断路器，由于电磁驱动装置反应迅速，动作快，因此称其为高速断路器。

高速断路器主要用于城轨车辆上，作为车辆电气系统的总开关和保护电器。当高速断路器闭合时，车辆将获得由受电弓从接触网（或集电靴由第三轨）引入的电源，使车辆得以投入工作；当车辆主电路或辅助电路（是否包括辅助电路，视不同电气系统结构原理而定）发生短路、过载、接地等严重故障时，故障信号通过相关控制电路使高速断路器自动开断，切断车辆总电源，防止故障范围的扩大。

图 2-1-1 为安装在高压箱内的 2 个高速断路器，一个负责 Mp 车主电路的保护，另一个负责 M 车主电路的保护。

高速断路器

图 2-1-1　安装在高压箱内的高速断路器

目前，城轨车辆上使用较多的是赛雪龙公司的 UR6 型高速断路器。其中，UR6-31 型额定工作电压为 900V，适用于在 750V 网压下运行的城轨车辆；UR6-32 型额定工作电压为 1800V，适用于在 1500V 网压下运行的城轨车辆。下面以 UR6-32 型高速断路器为例，详细介绍高速断路器的结构和动作原理。

二、UR6-32 型高速断路器的结构组成及主要部件

UR6-32 型高速断路器主体结构如图 2-1-2 所示。它由固定绝缘架、主电路、驱动装置、灭弧装置、过流脱扣装置和辅助触头及其驱动部件 6 个部分组成。

1. 主电路

主电路是高速断路器接入主电路的部分，即主触头及其相关零件。如图 2-1-2 右上角 2.1～2.5 所示，它包括动、静主触头(2.2)(2.4)，动触头对外的连接端——下连接铜排(2.1)，静触头对外的连接端——上连接铜排(2.3)，以及将电弧引入灭弧罩的引弧角(2.5)。

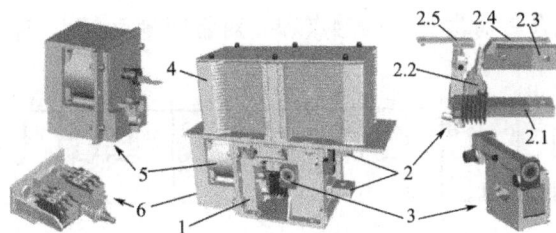

图 2-1-2　UR6-32 型高速断路器主体结构

1-固定绝缘架;2-主电路(2.1-下连接铜排;2.2-动触头;2.3-上连接铜排;2.4-带引弧角的静触头;

2.5-引弧角);3-过流脱扣装置;4-灭弧罩;5-驱动装置;6-辅助触头组件

高速断路器的
结构

2.驱动装置

驱动装置是驱动主触头、辅助触头闭合和分断的机构,如图 2-1-3 所示。它由动铁芯(7)、静铁芯及合闸线圈(5)、拨叉(1)、触头压力弹簧(6)和恢复弹簧(3)组成。

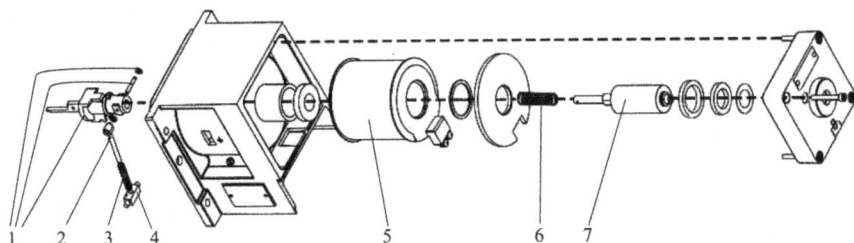

图 2-1-3　驱动装置结构分解图

1-拨叉组件;2-导杆;3-恢复弹簧;4-横轴;5-合闸线圈;6-触头压力弹簧;7-动铁芯

3.过流脱扣装置

过流脱扣装置是当电路发生过流故障时,分断主触头和辅助触头的装置,由杠杆和动铁芯等部分组成。

4.灭弧装置

灭弧装置用于熄灭主触头带电分断时产生的电弧,其结构如图 2-1-4 所示。它由去电离隔板和灭弧栅板组成。

灭弧装置的灭弧原理见本项目的知识拓展:如何熄灭电弧。

5.辅助触头部分

辅助触头包括常开辅助触头和常闭辅助触头,它们与主触头同步动作,用于控制电路,作为控制条件。UR6-32 型高速断路器装有 6 个双触点辅助触头,如图 2-1-5所示。开关容量:工作于 AC220V 电路时,可流过 10A 电流;工作于 DC110V 电路时,可流过 1A 电

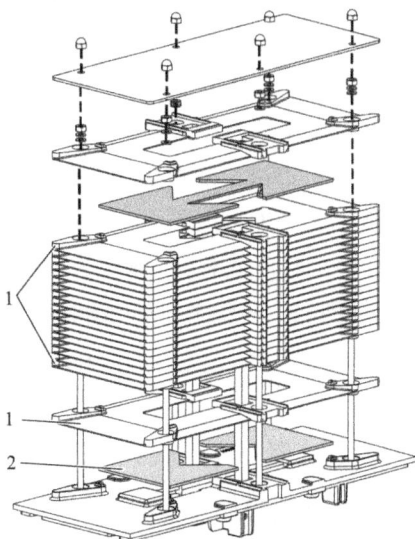

图 2-1-4　灭弧装置结构分解图

1-去电离隔板;2-灭弧栅板

流。每个辅助触头盒包含一对常开辅助触点和一对常闭辅助触点,通过 4 根线对外提供独立的断开/接通信号。

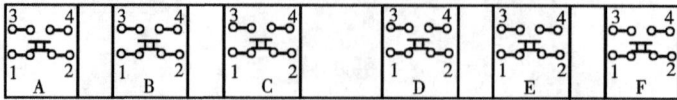

图 2-1-5　UR6-32 型高速断路器辅助触头的构成

三、UR6-32 型高速断路器的动作原理

下面对高速断路器的合闸和分闸的动作原理进行详细说明。

合闸前后高速断路器内部状态如图 2-1-6 所示。图 2-1-6a) 为合闸前的初始状态,图 2-1-6b) 为合闸后的状态。

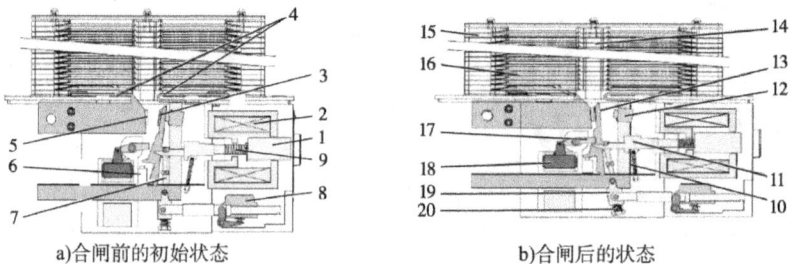

a)合闸前的初始状态　　　　b)合闸后的状态

图 2-1-6　高速断路器内部结构图

1-动铁芯;2-线圈;3-动触头;4-引弧角;5-静触头;6-下冲击减振器;7-导杆上;8-辅助触头;9-触头压力弹簧;
10-恢复弹簧;11-拨叉;12-上冲击减振器;13-动触头推杆;14-灭弧罩;15-去电离隔板;
16-灭弧栅板;17-杠杆;18-过电流驱动装置;19-导杆下;20-导杆弹簧

1. 合闸

如图 2-1-6 所示,当高速断路器接收到一个合闸命令时,驱动装置的线圈(2)得电,便在动、静铁芯之间产生磁场,使动铁芯(1)受到静铁芯电磁吸力的作用而左移,进而推动拨叉(11)左移,由拨叉推动动触头(3)与静触头(5)闭合,同时触头压力弹簧(9)向主触头(3)(5)施加适当的接触压力,以保证动、静主触头的可靠闭合。

同时,与动触头(3)连接的导杆(7)驱动辅助触头盒(8)中的杠杆动作,使盒中的常开/常闭辅助触头的状态与动、静主触头同步变化。

下冲击减振器(6)可对合闸过程中产生的冲击力起到减振的作用。

2. 保持

主触头闭合后,受高速断路器常开辅助触头控制的限流电阻串入线圈(2)回路,从而使驱动装置电磁铁以一个较小的保持电流维持主触头的闭合状态。

3. 分闸

高速断路器的分闸有手动分闸和自动分闸两种方式。

（1）手动分闸

手动分闸时，向断路器发送一个分闸命令，切断合闸线圈的保持电流，从而使合闸电磁铁失去磁性，动铁芯在恢复弹簧（10）的弹簧恢复力的作用下复位，从而带动拨叉回到分闸位置。

打开动触头的同时，在导杆弹簧（20）的反力作用下，推动导杆（7）（19）动作，带动辅助触头复位。上冲击减振器（12）可对分闸过程中产生的冲击力起到减振作用。

主触头（3）（5）间产生的电弧在引弧角（4）作用下向上运动进入灭弧罩（14）；在灭弧罩中电弧被灭弧栅板（16）分割，被电离气体离子绝大部分在去电离隔板（15）处复合，从而熄灭电弧。

（2）自动分闸

高速断路器的自动分闸是指当城市轨道交通车辆的电气线路发生主电路短路、主电路接地等严重故障时，由控制电路直接控制高速断路器的合闸线圈失电，从而使高速断路器主触头断开，起到保护作用。这种情况下，高速断路器内部的动作原理同手动分闸一样，只是合闸线圈失电的原因不同。这部分知识将在城轨车辆电气控制课程中详细介绍，这里不做讲述。

当主电路发生过流故障时，高速断路器的分闸不是依靠外电路控制合闸线圈失电而分闸，而是靠其自身的过电流驱动装置（18）进行分闸动作。高速断路器的这套过电流驱动装置具有过流检测、判断及保护动作的全套功能。

当主电路正常工作时，流过高速断路器主触头的电流为正常值，过电流驱动装置电磁铁的电流也为正常值，因此其驱动装置不动作。高速断路器过电流驱动装置保护的动作过程如图 2-1-7 所示，当主电路发生过流故障时，主触头间电流超过最大电流设定值，从而使过电流驱动装置的电磁铁电磁力大于其动铁芯（2）的自重而将其推起，向上提升的铁芯将导致杠杆（3）的一端被抬起，而另一端下压，从而向下按压拨叉（5），使动触头推杆（4）右移，导致动、静主触头分离。

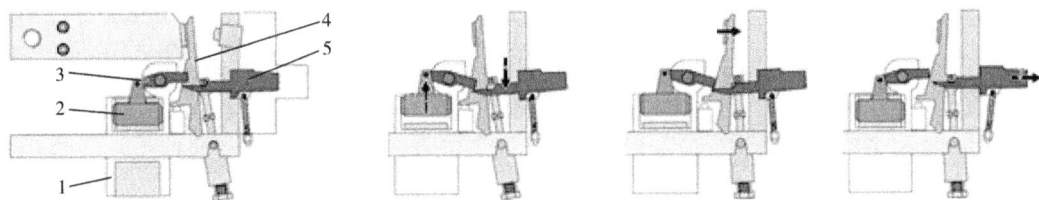

图 2-1-7　高速断路器过电流驱动装置保护的动作过程
1-静铁芯和线圈；2-动铁芯；3-杠杆；4-动触头推杆；5-拨叉

注：当主回路产生过电流之后，虽然主触头已分离，但拨叉仍旧保持在合闸位置。此时，需要给合闸线圈一个"分闸"命令，使得拨叉恢复到分闸位置，才能进行下一次合闸。

四、UR6-32 型高速断路器的主要技术参数

UR6-32 型高速断路器的主要技术参数见表 2-1-1。

UR6-32 型高速断路器主要技术参数 表 2-1-1

项　　目	主要技术参数	
使用环境：		
周围空气温度 T_{amb}（℃）	$-25 \sim +70$	
湿度	Class 5K2	
海拔 h（m）	≤1400	
主电路：		
	UR6-31	UR6-32
额定工作电压 U_e（V）	900	1800
最大工作电压（V）	1000	2000
分断过电压（V）	2100	4000
最大电弧电压 $\hat{U}_{arc}$	$1.5U_e \sim 2.1U_e$	
额定绝缘电压 U_i（V）	2000	
绝缘耐压试验电压	8kV,50Hz,1min	
额定工作电流 I_e（A）	1000	
自然空气冷却情况下约定发热电流 I_{th}（$T_{amb} = +40℃$）（A）	1000	
直流瞬时过电流整定范围（A）	$1200 \sim 2400$	
分断时间（ms）	15	
机械寿命	UR6 型高速直流断路器只在清洗和润滑保养操作下的机械寿命是 5×10^5 次开关（无电流），在 100000 次开关之后,更换磨损的零件	
辅助触头：		
标称电压 U_n（V）	DC24,DC36,DC48,DC72,DC87,DC96,DC110,DC220	
电源电压极限范围（$-25℃ < T_{amb} < +40℃$）	$0.7U_n \sim 1.25U_n$	
绝缘耐压试验电压	2kV,50Hz,1min	

五、UR6-32 型高速断路器的特性

如图 2-1-8 所示,高速断路器分闸过程包括动、静主触头的机械分断和电弧燃烧到熄灭两个过程。当主电路中的电流超过设定的最大脱扣电流值 I_d 时,过流脱扣装置开始动作（t_1 时刻）,经过 t_1 的机械响应时间后动、静主触头分断（t_2 时刻）。在 t_2 时刻以前,由于动、静主触头处于接通状

态,故它们之间的电压为0V。随着动、静主触头的分断将产生大量电弧,经过初燃→剧烈燃烧→由于灭弧装置的作用而减弱→熄灭4个过程,电流将由增大到减小,最后为零,电压将由零逐渐增大到最大电弧电压 $\hat{U}_{arc}$,再降为额定运行电压 U_e(t_3时刻)。

故障处理

故障类型:"主断合"灯不亮。

故障现象:"主断合"灯不亮,"车辆显示屏"显示网压正常,两受电弓均正常,列车无法动车。

故障分析:此故障发生在区间,列车失去牵引力,自动停车,无法动车;经查看"车辆显示屏",判断为主断故障。列车运行期间,司机可复位"VCU"进行应急处理。

列车运行期间,司机可采取的应急故障处理流程如表2-1-2所示。

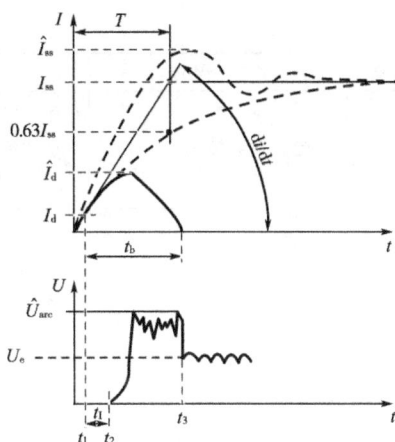

图 2-1-8 高速断路器的分断特性曲线

I_{ss}-预期持续短路电流;$\hat{I}_{ss}$-I_{ss}的峰值;I_d-设定的最大脱扣电流值;$\hat{I}_d$-切断电流;di/dt-初始电流上升率;T-回路时间常数;U_e-额定运行电压;$\hat{U}_{arc}$-最大电弧电压;t_b-总分断时间;t_1、t_2、t_3-机械响应时间

"主断合"灯不亮故障处理流程   表 2-1-2

步骤	作业程序	作业内容
1	试灯	1. 作业:按压"灯测试"按钮进行试灯。 2. 手指眼看:"主断合"灯。 3. 口呼:试灯亮。
2	确认网压及受电弓状态	1. 作业:点击"车辆显示屏"查看受电弓状态界面。 2. 口呼:网压正常、受电弓正常升起。
3	汇报行调列车故障信息	1. 接通电话:司机手持联控电话,点击"联控显示屏"中的"行调"按键,接通电话。 2. 报告行调:"行调,××次在××站–××站上/下行区间列车出现"主断合灯"不亮,网压、受电弓正常,无法动车,司机申请执行故障处理流程。"报告完毕后,点击"完毕"按钮。 3. 行调回复:"××次,司机申请执行车辆故障处理流程,行调同意。"回复完毕后,点击"完毕"按钮。 4. 结束通话:挂断电话。
4	司机广播安抚乘客	紧急广播:通过"车辆显示屏"选择播放预置的"临时停车"紧急广播。
5	重新分合一次主断	1. 作业:按压"主断分"按钮。 2. 手指眼看:"主断分"红灯亮。 3. 口呼:主断路器分。 4. 作业:按压"主断合"按钮。 5. 手指眼看:"主断合"灯。 6. 口呼:"主断合"灯不亮。
6	检查"HSCB 控制"自动开关是否跳闸,若跳闸则重新闭合	1. 手指眼看:"HSCB 控制"自动开关。 2. 口呼:"HSCB 控制"自动开关跳闸。 3. 作业:闭合"HSCB 控制"自动开关。

续上表

步骤	作业程序	作业内容
7	尝试合主断	1. 作业:按压"主断合"按钮。 2. 手指眼看:"主断合"灯。 3. 口呼:"主断合"灯不亮。
8	复位"VCU"	1. 手指眼看:"VCU"自动开关。 2. 口呼:复位"VCU"自动开关。 3. 作业:断开"VCU"自动开关,等待5秒,再闭合"VCU"自动开关。
9	尝试合主断	1. 作业:按压"主断合"按钮。 2. 手指眼看:"主断合"灯。 3. 口呼:"主断合"灯亮。
10	动车后报行调	1. 接通电话:司机手持联控电话,点击"联控显示屏"中的"行调"按键,接通电话。 2. 报告行调:"行调,××次在××站-××站上/下行区间,司机复位"VCU",现已动车,列车运行正常。"报告完毕后,点击"完毕"按钮。 3. 行调回复:"××次,司机复位"VCU",现已动车,列车运行正常,行调收到。"回复完毕后,点击"完毕"按钮。 4. 结束通话:挂断电话。

思政课堂

北京站——全国与北京交通互通的中心

　　1959年1月20日,北京站正式破土动工,地址位于东便门以西,东单和建国门之间,长安街以南,东临通惠河,西倚崇文门,南界为明城墙遗址。修建仅用了7个多月,于9月10日完工,15日正式运营,其建设速度之快、规模之大,堪称中国铁路建设史上的奇迹。北京站建筑宏伟壮丽,是当时我国最大的铁路客运站,被评为"中华人民共和国成立10周年首都十大建筑"之一。

　　作为北京当时具有中国特色的"首都大门",北京站的建筑风格,主要体现了民族传统建筑形式与现代建筑技术的完美结合。具体体现在:站房中央大厅的设计,采用了当时先进技术——预应力双曲扁壳屋盖,与前部立面中心的三大玻璃拱窗及左右对称的两座钟楼有机地结合起来,组成了站房大楼的中央主轴,并辅以东、西两翼顶部设置的两座塔楼作为次轴。同时,在塔楼与钟楼之间,以玻璃幕墙相互连接,形成了一个整体。这样的设计方式,不仅使建筑的整体立面主次分明,还表现出我国民族传统建筑风格与现代技术相结合产生的新颖协调的艺术效果。

北京站

要点总结

高速断路器主要由主电路、驱动装置、过流脱扣装置、灭弧装置、辅助触头等部分组成。

主电路是高速断路器接入主电路的部分,包括动、静主触头,动触头对外的连接端及将电弧引入灭弧罩的引弧角。

驱动装置是驱动主触头、辅助触头闭合和分断的机构,由动铁芯、静铁芯、合闸线圈、拨叉、触头压力弹簧、恢复弹簧等组成。

过流脱扣装置是当电路发生过流故障时,分断主触头和辅助触头的装置,由杠杆和动铁芯等部件组成。

灭弧装置用于熄灭主触头带电分断时产生的电弧,由去电离隔板和灭弧栅板组成。

辅助触头与主触头同步动作,用于控制电路,作为某些控制电路的条件。它包括常开辅助触头和常闭辅助触头,由辅助触头盒及其驱动导杆以及导杆弹簧组成。

高速断路器的工作原理如下:

合闸:按下驾驶室高速断路器合闸按钮,在满足合闸条件的情况下,驱动装置的线圈得电,产生电磁力,驱动动铁芯动作,通过拨叉等部件推动动、静主触头闭合,同时带动辅助触头动作。

手动分闸:按下驾驶室高速断路器分闸按钮,在满足分闸条件的情况下,驱动装置的线圈失电,由恢复弹簧等部件带动动、静主触头分断,同时带动辅助触头动作。

自动分闸:

情形1:当主电路发生短路、接地等严重故障时,由控制电路直接控制高速断路器的合闸线圈失电,从而使高速断路器主触头分断,起到保护作用。这种情况下,高速断路器内部的动作原理同手动分闸一样,只是导致合闸线圈失电的不是按下分闸按钮,而是通过控制电路检测到故障而自动发出的分闸指令。

情形2:当主电路发生过流故障时,高速断路器将由其内部的过流脱扣装置驱动其分闸。具体原理参见前文相关内容。

能力拓展

请根据本节内容,利用智慧职教城市轨道交通、铁道机车等专业教学资源库、MOOC学院《机车车辆电气设备的检查与调试》在线课程等数字化资源及公共网站等途径,完成下面的任务。

任务1:请收集高速断路器各部件的图片及高速断路器有关资料,制作PPT,课上分享。

PPT要求:不少于10页,图片清晰,配备必要的文字说明。

其他要求:能理解制作的PPT内容,能进行流利的讲解。

任务2:请收集高速断路器的使用、故障、检修方面的视频。

要求：每组收集 1~2 个视频，了解高速断路器的工作状态、可能出现的故障及如何检修，从而加深对高速断路器结构、原理的理解，进行课上分享。

任务3：请收集城轨车辆用其他型号的高速断路器，完成下面的表格。

型号			
主触头结构			
驱动装置结构			
灭弧装置结构			
自动脱扣装置结构			
电压参数			
电流参数			
分闸时间 合闸时间			

2-2 实践任务 高速断路器检查与维护

工艺流程

下面主要介绍高速断路器的检查工作内容、零部件更换标准及安全注意事项。

高速断路器的
车辆段检修

日常检修的
常用工具

一、高速断路器的检查

1. 基本检查

高速断路器基本检查的具体内容见表 2-2-1。

高速断路器基本检查的内容　　　　　　　　　　　表 2-2-1

检 查 项 目	检 查 时 间
主触头磨损测量 引弧角检查清洁	每当下列任意条件发生时,便需要进行前面的检查项目: (1)每 18 个月; (2)1000 次的过载电流分断; (3)2000 次正常情况下的带负载电流分断; (4)10000 次不带负载电流分断
灭弧罩检查	推荐检查周期:每 18 个月; 强制性检查周期:当更换主触头时
机械部件检查	每当一次基本检查完成之后

2. 大检查

高速断路器大检查的具体内容见表 2-2-2。

高速断路器大检查的内容　　　　　　　　　　　表 2-2-2

检 查 项 目	检 查 时 间
执行基本检查	满足下列条件之一,便进行大检查:
测量间隙	(1)每 36 ~ 48 个月;
润滑	(2)20000 次不带负载电流分断

二、高速断路器零部件的更换标准

高速断路器零部件的更换标准见表 2-2-3。

高速断路器零部件的更换标准   表 2-2-3

零部件名称	更换标准
动触头 静触头	当动、静触头尺寸磨耗达到 15(0/ +0.5)mm 时
引弧角套件	当引弧角截面积达到其初始截面积($20 \times 3mm^2$)的一半时
灭弧栅板	当材料沉淀物造成灭弧栅板之间没有缝隙时
驱动装置	每 100000 次
驱动装置中的易耗件： 合闸线圈组件 动铁芯组件 拨叉 分闸缓冲器 垫片等	每当下列条件之一发生时： (1)每 5~7 年； (2)第 100000 次
驱动装置中的其他部件	每 200000 次
过电流脱扣器	每 10000 次过载电流分断

三、高速断路器检修时的安全注意事项

(1)仔细阅读断路器上的安全警告说明。

(2)断路器进行检查、维修和安装操作前,必须保证断路器电源的关闭和断路器的接地。

(3)受电弓必须降下。

(4)需要用到低压(直流)电源的部分控制装置时,需依据安全操作规范进行操作。

(5)在高压回路失电和装置可靠接地前,禁止接触断路器。

(6)在进行安装、检查和维护时,保证手远离正在进行分/合闸操作的断路器运动部件。

(7)在没有资质人员的陪同下,不能进行断路器内部构件的维护等工作。

(8)出现损坏或故障的断路器应该从电路中隔离出去,以免造成误动作,直到专业人员对其进行修复。

学习笔记

要点总结

高速断路器基本检查的内容：主触头磨损测量、引弧角检查清洁、灭弧罩检查、机械部件检查。检查时间见表2-2-1。

高速断路器大检查的内容：基本检查各项内容、测量间隙及润滑。检查时间见表2-2-2。

高速断路器零部件的更换标准见表2-2-3。

能力拓展

请根据本节内容，利用智慧职教城市轨道交通、铁道机车等专业教学资源库、MOOC学院《机车车辆电气设备的检查与调试》在线课程等数字化资源、各地铁公司检修规程等资源及公共网站等途径，完成下面的任务。

任务1：请收集高速断路器检修作业图片及检修工艺方面的资料，制作PPT，课上分享。

PPT要求：不少于10页，图片清晰，配备检修流程图和必要的文字说明。

其他要求：能理解制作的PPT内容，能进行流利的讲解。

任务2：(1) 请收集高速断路器检修标准化作业视频。

要求：每个小组(3～4人)收集1～2个视频，了解高速断路器检修需要的工装、工具，检修流程，检修内容，并进行某个检修等级的作业演练。

(2) 各小组由组员扮演高速断路器检修员，完成一套高速断路器检修标准化作业，录制成视频，进行课上分享。

要求：着装规范(统一穿实训服)，动作标准，流程正确；视频时长不少于3分钟，图像清晰，声音清晰，无噪声。

任务3：请查找地铁公司的高速断路器基本检查和大检查的检修工艺文件，完成下面的表格。

检查类型	基本检查	大检查
检查时间		
工装、工具		

续上表

检修流程		
检修内容		

✎ 学习笔记

2-3 知识拓展　如何熄灭电弧?

Tip one：电弧熄灭的基本原理

电弧稳定燃烧时是处在热动平衡状态,此时不可能有电子和离子的积累。这说明电弧中发生气体游离现象的同时还存在一个相反的过程,称之为消游离。消游离就是正、负带电粒子中和而变成中性粒子的过程。消游离的方式分为两类:复合和扩散。

1. 复合

带异性电荷的粒子相遇后相互作用中和而变成中性粒子,称为复合。复合按其作用的地点不同,可分为表面复合和空间复合。

(1) 表面复合,即指带正、负电荷的粒子附在金属或绝缘材料表面,相互吸引而中和电荷,变成中性粒子。

(2) 空间复合,即指带正、负电荷的粒子在放电间隙中相互吸引而中和电荷,变成中性粒子。自由电子与正离子相遇,相互吸引而中和电荷变成中性粒子,称为直接复合。由于自由电子的运动速度比正离子大得多,所以直接复合的概率很小。往往是自由电子黏合在中性粒子上,再与正离子相遇而复合,中和电荷形成两个中性粒子,这种过程称为间接复合。SF_6的复合能力很强,是比较理想的消游离绝缘介质,现已应用在高压断路器中。

显而易见,带电粒子运动速度是直接影响复合作用大小的重要因素。降低温度、减小电场强度可使粒子运动速度减小,易于复合;带电粒子浓度增大时,复合机会增多,复合作用增强;在电弧电流不变的条件下,设法缩小电弧直径,则粒子浓度可增大。此外,加入大量的新鲜气体分子,也可增强复合作用。

复合过程总是伴随着能量的释放。释放出来的能量成为加热电极、绝缘物及气体的热源,同时也向四周散发。

2. 扩散

带电粒子从电弧区转移到周围介质中去的现象,称为扩散。电弧是一个电子和离子高度密集的空间,同时其中温度很高。它和气体分子一样,有均匀地分布在容积中的倾向,这样电子便从弧隙中向四周扩散,扩散出来的电子(或离子)因冷却互相结合而成为中性分子,这一过程不在电弧的内部,而在电弧的表面空间进行。

扩散的方向一般为从高温、高浓度区向低温、低浓度区扩散。扩散使电弧中的带电粒子减少。扩散出来的带电粒子因冷却很容易相互结合,中和电荷而形成中性粒子。扩散速度与电弧内外浓度差、温度差成正比。电弧直径越小,弧区中带电粒子浓度越大;电弧与周围介质温差越大,扩散速度越大。因此,加速电弧的冷却是提高扩散作用的有效方法。

综上所述,电弧中存在着游离和消游离两方面的作用。当游离作用占优势时,电弧就会产生和扩大；当消游离作用占优势时，电弧就趋于熄灭；当游离作用和消游离作用处于均衡状态时，则弧隙中保持一定数量的电子流而处于稳定燃烧状态。

游离和消游离作用与许多物理因素有关，如电场强度、温度、浓度、气体压力等。可以根据这些物理因素的变化影响情况，找出一些切实可行的方法，减小游离，增加消游离，使触头断开电路时产生的电弧尽快熄灭。

Tip two：直流电弧熄灭的基本原理

直流电弧是指产生电弧的电路电源为直流。当直流电弧稳定燃烧时，电路仍是导通的，因而电弧中有电弧电流 I_{DH}，电弧两端有电弧压降 U_{DH}。分别测量电弧电流 I_{DH} 和电弧两端电弧压降 U_{DH}，可绘出其伏安特性，如图2-3-1中曲线1所示。

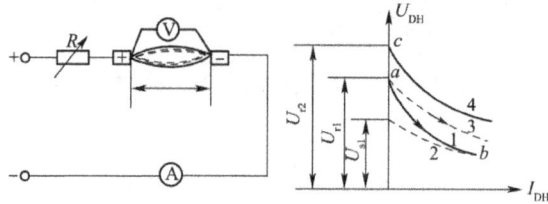

图2-3-1　直流电弧及其伏安特性

在图2-3-1中，伏安特性曲线1与纵轴交点的电压值称为燃弧电压，用 U_{r1} 表示。所谓燃弧电压，就是产生电弧所必需的最低电压，电压低于此值，就不足以点燃电弧。伏安特性曲线2与纵轴交点的电压值称为熄弧电压，用 U_{s1} 表示。所谓熄弧电压，就是指熄灭电弧的最高电压，电压高于此值，电弧将不能熄灭。

电弧的静伏安特性与弧长有关。在其他条件相同时，弧长 L 越长，静伏安特性越向上移，如图2-1中曲线4所示。由于静伏安特性向上平移，燃弧电压和熄弧电压也都要增加。从这个角度来说，拉长电弧，可以加速电弧的熄灭。

图2-3-2　城轨车辆用高速断路器

X 根据上述原理可知，拉长电弧是熄灭直流电弧最常用的方法。城轨车辆用的高速断路器（图2-3-2），用于直流高压电路（DC1500V 或 DC750V）中，在工作中，经常要带电分断，此时便会产生很大的直流电弧。为了熄灭电弧，在高速断路器主触头上方，加装了带有去电离隔板和灭弧栅板的灭弧装置，用于拉长电弧、冷却电弧，从而快速熄灭电弧。

Tip three：交流电弧熄灭的基本原理

交流电弧与直流电弧有所不同，交流电流的瞬时值随时间变化，每周期内有两次过零点。电流经过零点时，弧隙的输入能量等于零，电弧温度下降，电弧自然熄灭；然后随着电压和电流的变化，电弧重新燃烧。因此，交流电弧的燃烧，实际上就是电弧的点燃、熄灭周而复始的过程。

　　按照交流电弧的上述特性,交流电弧电流通过零点时,由于电源停止供给电弧能量,热游离迅速下降,为电弧的最终熄灭创造了最有利的条件;此时只要采取一定的消游离措施,使少量的剩余离子复合,就能防止电弧在下半周重燃,使电弧最终熄灭。

　　交流电弧由于弧电流过零时,电源停止供给能量,电弧自然熄灭,但是交流电弧过零自然熄灭后,还会重新燃烧。为此,我们需要研究在电流通过零点时弧隙中存在的物理过程,从而抑制电弧重燃的因素,或是加强不利于电弧重燃的因素,都可以促使交流电弧熄灭。

　　交流电弧电流过零期间,同时存在“介质强度恢复和弧隙电压恢复”这两个对立的基本过程。

　　交流电弧过零熄灭后,由于弧电流值下降至零,弧隙温度迅速下降,促进了消游离作用,使弧隙由原来的导电状态转变为绝缘介质状态,此过程称为介质强度恢复过程。这是促使电弧熄灭的因素。这个过程的快慢与许多因素,如温度、散热情况、空间位置等有关。靠近两极的区域,由于金属材料的传热性好,所以温度要比弧柱区的温度低,故此处的介质强度恢复要比弧柱区快。

　　在交流电路中,电流过零电弧熄灭后,触头两端电压从熄弧电压恢复到电源电压的过程,称电压恢复过程。

　　为了使交流电弧过零点后不再重燃,可减小恢复电压增长速度或增加介质强度恢复速度。

　　增加介质强度恢复速度是在实际运用中效果较显著的方法。主要是通过金属栅片将电弧分割成许多短弧,这样每一个短弧相当于处在一对电极之中,电流过零后,就产生近阴极效应。此时起始介质强度之和比一对电极下产生的强度扩大了许多倍。当外界加在电弧两端的电压小于此值时,电弧在过零后就不再重燃。

　　对于减小恢复电压增长速度,抑制电弧重燃,一般采用的方法为在弧隙两端并联一电阻 r_m,如图 2-3-3 所示。其原理如下:在弧电流经过零点前后几十微秒内,$i_{DH} \approx 0$,所以可近似认为 $R_{DH} \approx \infty$。此时 i 分成向电容 C 充电的电流 i_1 和流经 r_m 的电流 i_2。由于 r_m 分流了 i_2,使电容 C 的充电时间加长,即 a、b 两端电压的增长速度变慢,因此就抑制了燃弧因素。从熄灭电弧的角度出发,分流电阻 r_m 的值越小越好,但 r_m 值过小,在正常情况下损耗过大。所以希望 r_m 在正常工作时其阻值很大,$i_2 \approx 0$;而在触头断开电路时,要求 r_m 值很小。为此,一般用非线性电阻较好。

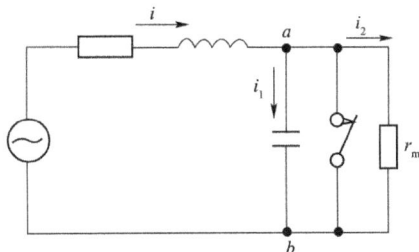

图 2-3-3　并联电阻灭弧原理

城 市 轨 道 交 通 车 辆 电 器

项目
3

牵引/辅助逆变器

教学目标

1.了解逆变器基本元件——IGBT的基本结构、工作原理及基本特性。

2.理解牵引逆变器的工作原理。

3.掌握城轨车辆上所用牵引逆变器的结构及其技术参数。

4.理解辅助逆变器的工作原理。

5.掌握城轨车辆上所用辅助逆变器的结构及其技术参数。

6.了解城轨车辆上所用牵引|辅助逆变器的检修维护工作内容。

牵引供电系统的
组成

建议学时

10学时

逆变电路是将直流电源变换成交流电源的一种电力变换电路。集成所有逆变电路器件及相关设备的装置，称为逆变装置或逆变器。依据城轨车辆上逆变器使用的系统的不同，可分为牵引逆变器（工作于牵引供电系统，如图3-1-1 所示）和辅助逆变器（工作于辅助供电系统，如图3-1-2 所示）。

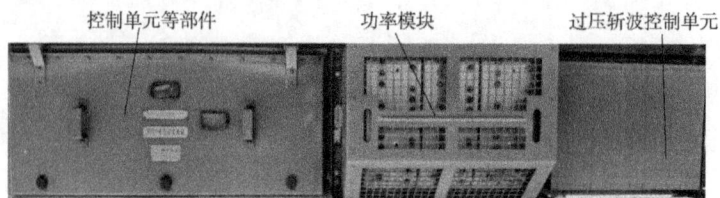

图 3-1-1　牵引逆变器

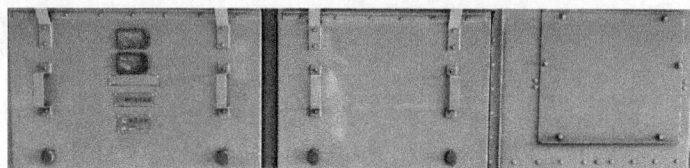

图 3-1-2　辅助逆变器

由于我国城轨车辆技术来源较复杂，有阿尔斯通技术、西门子技术、庞巴迪技术等，此外，还有我国自主研发的技术，所以各公司的逆变器除基本工作原理相同外，其器件的集成、结构布局及所采用的控制技术均有所不同。本项目将以某城轨车辆上所用的逆变器为例进行介绍。

3-1 学习任务 牵引逆变器结构原理认知

知识分享

图 3-1-3 为一典型城市轨道交通车辆主电路原理图。图 3-1-4 为逆变器主电路原理简图,其中省去了保护环节和高压供电环节。

从图 3-1-4 可知,逆变器内部主要由两个核心电路组成,即逆变电路和斩波电路。

逆变电路的作用是在牵引工况下工作于逆变状态(相控角大于 90°),将接触网或第三轨输送给车辆的 DC1500V 或 DC750V 电压变换成 VVVF 的三相交流电源供牵引电机使用,并进行牵引电机的调速;而在电制动工况下,使电路工作于整流状态,相控角控制在 0° ~ 90°,此时,牵引电机工作于发电状态,发出的三相交流电经逆变器整流成直流,回馈给电网或消耗在制动电阻上。

斩波电路的作用是在电阻制动阶段,通过调整斩波电路的开通时间来改变制动电阻值的大小,从而实现在较宽的速度范围内获取较大的制动电流,达到获得较大制动力矩的控制目的。

一、元器件介绍

目前,在城市轨道交通车辆逆变器中普遍采用的电力电子元件为绝缘栅极双极型晶体管(Insulated Gate Bipolar Transistor, IGBT)。

1. IGBT 的结构和基本工作原理

IGBT 是一种新发展起来的复合型电力电子器件,由于它结合了 MOSFET 和 GTR 的优点,既具有输入阻抗高、速度快、热稳定性好和驱动电路简单的优点,又具有输入通态电压低、耐压高、承受电流大的优点,这些优势使 IGBT 比 GTR 对用户具有更大的吸引力。在控制电机的变频器和开关电源以及要求快速、低损耗的应用领域,IGBT 占据着主导地位。

(1)IGBT 的基本结构

IGBT 是三端器件,它的三个极分别为集电极 C(也称漏极 D)、发射极 E(也称源极 S)和栅极 G。图 3-1-5a)是一种由 N 沟道功率 MOSFET 与晶体管复合而成的 IGBT 的基本结构,它比功率 MOSFET 多一层 P^+ 注入区,因而形成了一个大面积的 P^+N^+ 结 J_1,使得 IGBT 导通时由 P^+ 注入区向 N 基区发射少数载流子,从而对漂移区电导率进行调制,使得 IGBT 具有很强的通流能力。其简化等效电路如图 3-1-5b)所示。可见,IGBT 是以 GTR 为主导器件、MOSFET 为驱动器件的复合管。图 3-1-5b)中 R_N 为晶体管基区内的调制电阻,图 3-1-5c)为 IGBT 的电气图形符号。

IGBT 有两种类型:

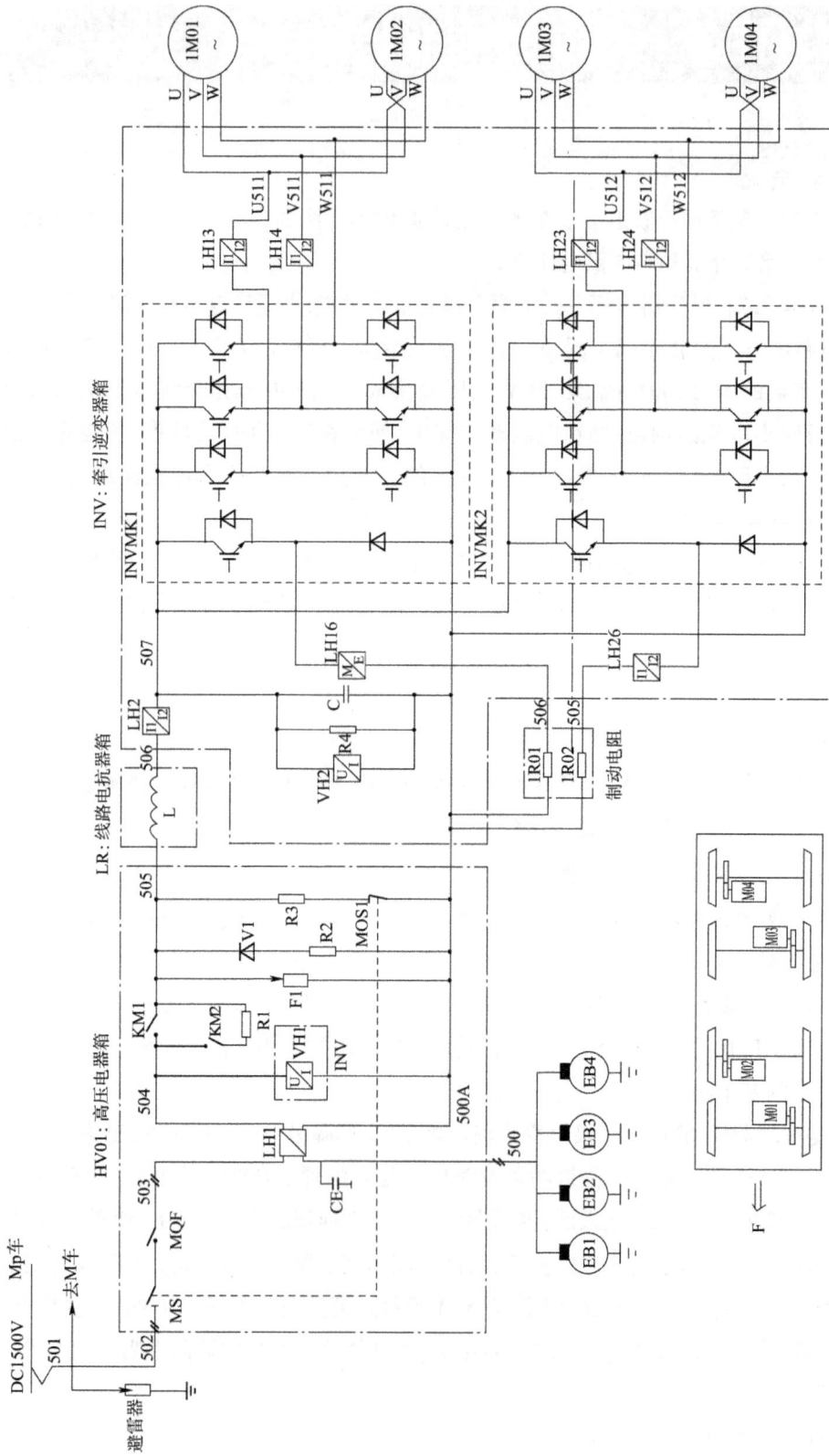

图3-1-3 城市轨道交通车辆主电路原理图

①由 PNP 晶体管与 N 沟道 MOSFET 组合而成的 IGBT,称为 N 沟道 IGBT,记为 N-IGBT。其电气图形符号如图 3-1-5c)所示。

②由 NPN 晶体管与 P 沟道 MOSFET 组合而成的 IGBT,称为 P 沟道 IGBT,记为 P-IGBT。其电气图形符号与 N-IGBT 的基本相同,只是箭头指向相反。

由于实际应用中以 N 沟道 IGBT 为多,因此下面仍以 N 沟道 IGBT 为例进行介绍。图 3-1-5d)给出了各种 IGBT 的实物图片。

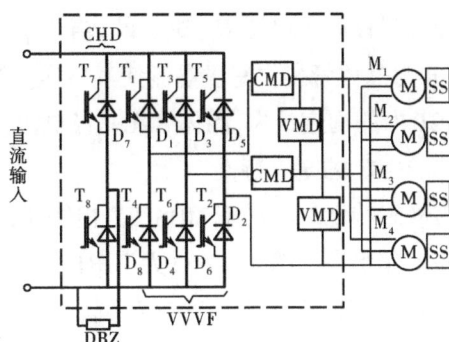

图 3-1-4 城市轨道交通车辆牵引逆变器主电路原理简图

CHD-斩波环节;VVVF-逆变环节;DBZ-制动电阻;

VMD-电压传感器;CMD-电流传感器;SS-速度传感器;

M₁ ~ M₄-交流电动机

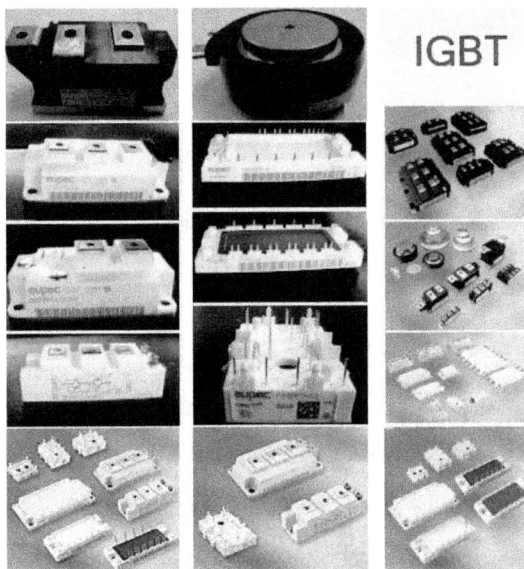

a)内部结构   b)简化等效电路   c)电气图形符号

d)实物图

图 3-1-5 IGBT 的内部结构、简化等效电路、电气图形符号及实物图

(2)IGBT 的工作原理

IGBT 的驱动原理与电力 MOSFET 基本相同,它是一种压控型器件,其开通和关断是由

栅极和发射极间的电压 U_{GE} 决定的,当 U_{GE} 为正且大于开启电压 $U_{GE(th)}$ 时,MOSFET 内形成沟道,并为晶体管提供基极电流使其导通。当栅极与发射极之间加反向电压或不加电压时,MOSFET 内的沟道消失,晶体管无基极电流,IGBT 关断。

（3）IGBT 的基本特性

①静态特性。与功率 MOSFET 相似,IGBT 的转移特性和输出特性分别描述器件的控制能力和工作状态。图 3-1-6a) 为 IGBT 的转移特性,它描述的是集电极电流 I_C 与栅射电压 U_{GE} 之间的关系,与功率 MOSFET 的转移特性相似。开启电压 $U_{GE(th)}$ 是 IGBT 能实现电导调制而导通的最低栅射电压。$U_{GE(th)}$ 随温度升高而略有下降,温度升高 1℃,其值下降 5mV 左右。在 +25℃时,$U_{GE(th)}$ 的值一般为 2 ~ 6V。

图 3-1-6b) 为 IGBT 的输出特性,也称伏安特性。它描述的是以栅射电压为参考变量时,集电极电流 I_C 与集射极间电压 U_{CE} 之间的关系。此特性与 GTR 的输出特性相似,不同的是参考变量:IGBT 为栅射电压 U_{GE},GTR 为基极电流 I_B。IGBT 的输出特性也分为 3 个区域:正向阻断区、有源区和饱和区。这分别与 GTR 的截止区、放大区和饱和区相对应。此外,当 $U_{CE}<0$ 时,IGBT 为反向阻断状态。

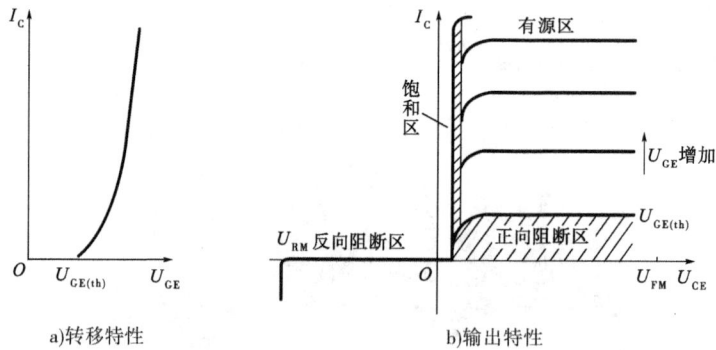

a)转移特性　　b)输出特性

图 3-1-6　IGBT 的转移特性和输出特性

在电力电子电路中,IGBT 工作在开关状态,因而是在正向阻断区和饱和区之间来回转换。

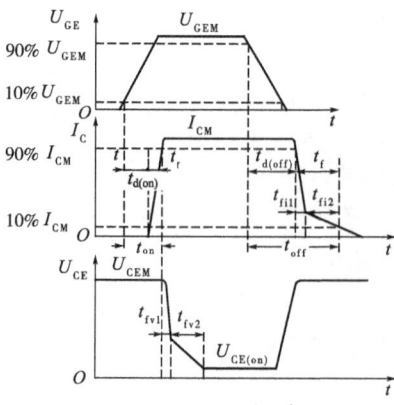

图 3-1-7　IGBT 开关过程的波形图

②动态特性。图 3-1-7 给出了 IGBT 开关过程的波形图。

IGBT 的开通过程与功率 MOSFET 的开通过程相似,这是因为 IGBT 在开通过程中,大部分时间是作为 MOSFET 来运行的。从驱动电压 U_{GE} 的前沿上升至其幅值的 10% 的时刻起,到集电极电流 I_C 上升至其幅度的 10% 的时刻止,这段时间为开通延迟时间 $t_{d(on)}$。而 I_C 从 10% I_{CM} 上升至 90% I_{CM} 所需要的时间为电流上升时间 t_r。同样,开通时间 t_{on} 为开通延迟时间 $t_{d(on)}$ 与上升时间 t_r 之和。

IGBT 开通时,集射电压 U_{CE} 的下降过程分为 t_{fv1} 和 t_{fv2} 两段。前者为 IGBT 中 MOSFET 单独工作的电压下降过程,后者为 MOSFET 和 PNP 晶体管同时工作的电压下降过程。由于 U_{CE} 下降时 IGBT 中 MOSFET 的栅漏电容增加,而且 IGBT 中的 PNP 晶体管由放大状态转入饱和状态也需要一个过程,因此 t_{fv2} 段电压下降过程变缓。只有在 t_{fv2} 段结束时,IGBT 才完全进入饱和状态。

IGBT 关断时,从驱动电压 U_{GE} 的脉冲后沿下降到其幅值的 90% 的时刻起,到集电极电流下降至 $90\% I_{CM}$ 止,这段时间称为关断延迟时间 $t_{d(off)}$。集电极电流从 $90\% I_{CM}$ 下降至 $10\% I_{CM}$ 的这段时间为电流下降时间。二者之和为关断时间 t_{off}。

电流下降时间可分为 t_{fi1} 和 t_{fi2} 两段。其中,t_{fi1} 对应 IGBT 内部的 MOSFET 的关断过程,这段时间集电极电流 I_C 下降较快;t_{fi2} 对应 IGBT 内部的 PNP 晶体管的关断过程,这段时间内 MOSFET 已经关断,IGBT 又无反向电压,所以 N 基区内的少子(空穴,多子为电子)复合缓慢,造成 I_C 下降较慢。由于此时集射电压已经建立,因此较长的电流下降时间会产生较大的关断损耗。为解决这一问题,可以与 GTR 一样通过减轻饱和程度来缩短电流下降时间。

可以看出,IGBT 中双极型 PNP 晶体管的存在,虽然带来了电导调制效应的好处,但也引入了少数载流子储存现象,因而 IGBT 的开关速度要低于功率 MOSFET。

(4)IGBT 的主要参数

①集电极-发射极额定电压 U_{CES}:这个电压值是厂家根据器件的雪崩击穿电压而规定的,是栅极-发射极短路时 IGBT 能承受的耐压值,即 U_{CES} 值小于或等于雪崩击穿电压。

②栅极-发射极额定电压 U_{GES}:IGBT 是电压控制器件,靠加到栅极的电压信号控制 IGBT 的导通和关断,而 U_{GES} 就是栅极控制信号的电压额定值。目前,IGBT 的 U_{GES} 值大部分为 +20V,使用中不能超过该值。

③额定集电极电流 I_C:该参数给出了 IGBT 在导通时能流过管子的持续最大电流。

2. IGBT 的驱动电路

(1)对驱动电路的要求

①IGBT 是由电压驱动的,具有一个 2.5~5.0V 的阈值电压,有一个容性输入阻抗,因此,IGBT 对栅极电荷非常敏感,故驱动电路必须很可靠,保证有一条低阻抗值的放电回路,即驱动电路与 IGBT 的连线要尽量短。

②用内阻小的驱动源对栅极电容充、放电,以保证栅极控制电压 U_{GE} 有足够陡的前后沿,使 IGBT 的开关损耗尽量小。另外,IGBT 开通后,栅极驱动源应能提供足够的功率,使 IGBT 不退出饱和而损坏。

③驱动电路中的正偏压应为 +12~+15V,负偏压应为 -2~-10V。

④IGBT 多用于高压场合,故驱动电路应与高压电路在电位上严格隔离。

⑤驱动电路应尽可能简单实用,具有对 IGBT 的自保护功能,并有较强的抗干扰能力。

⑥若为大电感负载,IGBT 的关断时间不宜过短,以限制 di/dt 所形成的尖峰电压,保证 IGBT 的安全。

（2）驱动电路

因为 IGBT 的输入特性几乎与 MOSFET 相同，所以用于 MOSFET 的驱动电路同样可以用于 IGBT。

在用于驱动电动机的逆变器电路中，为使 IGBT 能够稳定工作，要求 IGBT 的驱动电路采用正负偏压双电源的工作方式。为了使驱动电路与信号进行电隔离，应采用抗噪声能力强、信号传输时间短的光耦合器件。基极和发射极的引线应尽量短，基极驱动电路的输入线应为绞合线，其具体电路如图 3-1-8 所示。为抑制输入信号的振荡现象，在图 3-1-8a）中的基极和发射极间并联一阻尼网络。

图 3-1-8b）为采用光耦合器使信号电路与驱动电路进行隔离。驱动电路的输出极采用互补电路的形式，以降低驱动源的内阻，同时加速 IGBT 的关断过程。

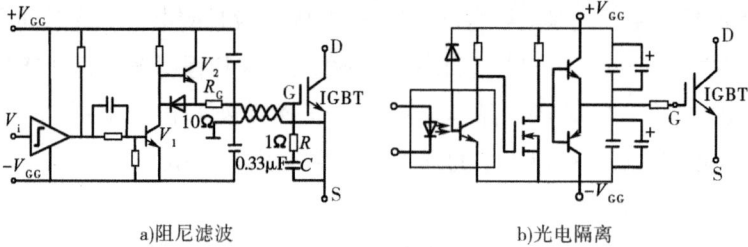

a)阻尼滤波　　　　　　　　　　b)光电隔离

图 3-1-8　IGBT 基极驱动电路

（3）集成化驱动电路

大多数 IGBT 生产厂家为了解决 IGBT 的可靠性问题，都生产与其配套的集成驱动电路。这些专用驱动电路抗干扰能力强，集成化程度高，速度快，保护功能完善，可实现 IGBT 的最优驱动。目前，国内市场应用最多的 IGBT 驱动模块是富士公司开发的 EXB 系列，它包括标准型和高速型。EXB 系列驱动模块可以驱动全部的 IGBT 产品范围，特点是驱动模块内部装有 2500V 的高隔离电压的光耦合器，有过电流保护电路和过电流保护输出端子，另外可以单电源供电。标准型的驱动电路信号延迟最大为 4μs；高速型的驱动电路信号延迟最大为 1.5μs。

二、三相逆变电路的原理分析

1. 三相逆变电路的基本工作原理

图 3-1-9 为一个由 IGBT 构成的三相桥式逆变电路。该电路可以看作由 IGBT 构成的可控电路与二极管构成的不可控电路的反并联。其中，可控电路用来实现直流到交流的逆变，不可控电路为感性负载电流提供续流回路，完成无功能量的续流或反馈。因此，与 IGBT 并联的 6 个二极管 $D_1 \sim D_6$ 称为续流二极管或反馈二极管。C 为滤波电容器，也称支撑电容。

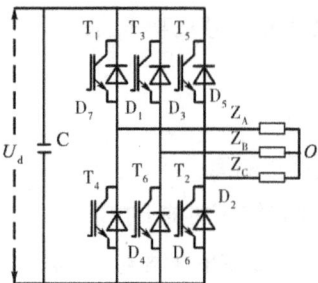

图 3-1-9　三相桥式逆变电路主电路

图 3-1-9 所示的三相桥式逆变电路，其管子的导通次序与整流电路一样，也是 T_1、T_2、T_3…，各管的触发信号依次互差

60°。根据各管导通时间的长短,分为180°导通型和120°导通型两种。对瞬时完成换流的理想情况,180°导通型的逆变电路在任意瞬间都有 3 只管子导通,各管导通时间为180°。同相中上下两桥臂中的两只管子称为互补管,它们轮流导通,如 A 相中的 T_1 和 T_4 各导通180°,但相位也差180°,不会引起电源经 T_1 和 T_4 的贯穿短路。所以180°导通型三相桥式逆变电路每隔60°,各管的导通情况依次是 T_1、T_2、T_3,T_2、T_3、T_4,T_3、T_4、T_5,T_4、T_5、T_6,T_5、T_6、T_1,T_6、T_1、T_2。120°导通型逆变电路中各管导通120°,任意瞬间只有不同相的两只管子导通,同一桥臂中的两只管子不是瞬时互补导通,而是有60°的间隙时间。所以逆变器的各管每隔60°,依次按 T_1、T_2,T_2、T_3,T_3、T_4,…,T_6、T_1 次序导通。当某相中没有逆变管导通时,该相的感性电流经该相中的二极管流通。

按180°导通方式工作的三相桥式逆变电路,每隔60°为一个阶段,其等值电路、相电压、线电压、图形及数值见表3-1-1。表中设三相负载对称,即

$$Z_A = Z_B = Z_C$$

逆变器导通顺序及相电压 表 3-1-1

$\omega_g t$		$0° \sim 60°$	$60° \sim 120°$	$120° \sim 180°$	$180° \sim 240°$	$240° \sim 300°$	$300° \sim 360°$
导通的晶闸管		T_1、T_2、T_3	T_2、T_3、T_4	T_3、T_4、T_5	T_4、T_5、T_6	T_5、T_6、T_1	T_6、T_1、T_2
负载等值电路							
输出相电压值	U_{AO}	$+1/3U_d$	$-1/3U_d$	$-2/3U_d$	$-1/3U_d$	$+1/3U_d$	$+2/3U_d$
	U_{BO}	$+1/3U_d$	$+2/3U_d$	$+1/3U$	$-1/3U_d$	$-2/3U_d$	$-1/3U_d$
	U_{CO}	$-2/3U_d$	$-1/3U_d$	$+1/3U$	$+2/3U_d$	$+1/3U_d$	$-1/3U_d$
输出线电压值	U_{AB}	0	$+U_d$	$+U_d$	0	$-U_d$	$-U_d$
	U_{BC}	$+U_d$	$+U_d$	0	$-U_d$	$-U_d$	0
	U_{AC}	$-U_d$	0	$+U_d$	$+U_d$	0	$-U_d$

在0°～60°阶段,T_1、T_2、T_3 同时导通,A 相和 B 相负载 Z_A、Z_B 都与电源的正极连接,C 相负载 Z_C 与电源的负极连接;由于三相负载对称,如取负载中心点 O 为电压的基准点,则 A 相的电压 U_{AO} 和 B 相的电压 U_{BO} 相等,均为 $1/3U_d$,U_d 为直流电源电压。C 相的电压为 $-2/3U_d$。

同理,在60°～120°阶段,T_1 关断,T_2、T_3、T_4 导通,Z_B 与电源正极接通,Z_A 与 Z_C 与负载接通,故 $U_{BO} = +2/3U_d$,$U_{AO} = U_{CO} = 1/3U_d$,依次类推。最后得出任何一相的相电压的波形均为六阶梯波,U_{BO} 落后 U_{AO}120°,U_{CO} 落后 U_{BO} 120°,如图 3-1-10a)所示。

线电压由相电压相减得出:

$$U_{AB} = U_{AO} - U_{BO}(如0° \sim 60°阶段其值为零)$$

$$U_{BC} = U_{BO} - U_{CO}(如0° \sim 60°阶段其值为 U_d)$$

$$U_{CA} = U_{CO} - U_{AO}（如 0° \sim 60° 阶段其值为 -U_d）$$

线电压波形如图 3-1-10b）所示。它们是宽为 120° 的矩形波，各线电压波形依次相差 120°。

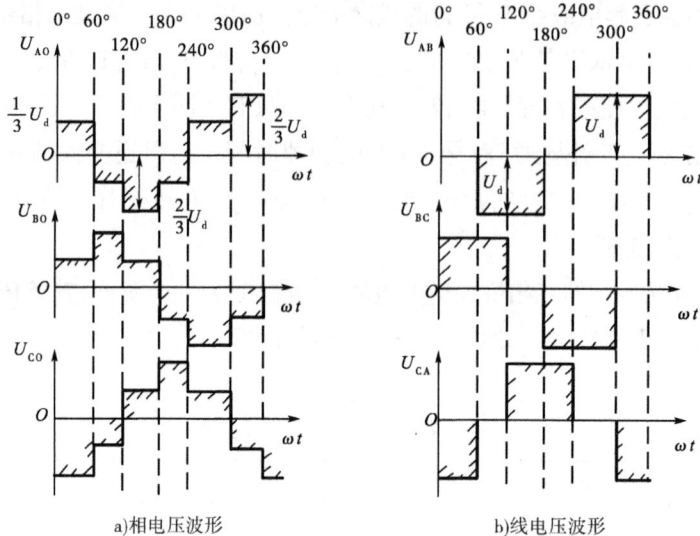

a)相电压波形　　　　　　　　b)线电压波形

图 3-1-10　180°导通型三相逆变器的输出波形

初相角为零的六阶梯波（图 3-1-10 中的 U_{BO}）的基波可用付氏级数求得，相电压中无余弦项、偶次项和 3 的倍数次谐波。电压中最低为五次谐波，含量为基波的 20%；其次为七次谐波，含量为基波的 14.3%。

对于基波无初相角的矩形波线电压，其谐波分量与相电压中的谐波分量相同，只是符号不同，使波形产生差异。线电压是相电压幅值的 $\sqrt{3}$ 倍。

根据图 3-1-10 可以算出六阶梯波的相电压和方波线电压的有效值之间仍是 $\sqrt{3}$ 倍的关系。实际的电压波形较上面分析的结果略有误差，这是在分析中忽略了换流过程，也未扣除逆变电路中的电压压降的缘故。

当三相逆变器按 120°导通方式工作时，如在 0° ~ 60°阶段，T_6、T_1 导通，则由图 3-1-9 分析得，Z_A、Z_B 分别接电源正、负极，Z_C 不通电，则 $U_{AO} = 1/2U_d$，$U_{BO} = -1/2U_d$，$U_{CO} = 0$。在 60° ~ 120°阶段，T_1、T_2 导通，Z_A、Z_C 分别接正、负电源，Z_B 不通电，则 $U_{AO} = 1/2U_d$，$U_{BO} = 0$，$U_{CO} = -1/2U_d$。据此类推，获得图 3-1-11 所示的输出电压波形。与图 3-1-10 相反，这里相电压为矩形波，而线电压为六阶梯波。

由图 3-1-11 可见，逆变器采用 120°导通方式时，由于同一桥臂中上下两管有 60° 的导通间隙，对换流的安全有利，但管子的利用率较低，并且若电动机采用星形接法，则始终有一相绕组断开，在换流时该相绕组中会引起较高的感应电势，应采用过电压保护措施。而对于 180°导通方式，无论电动机采用星形接法还是三角形接法，正常工作时都不会引起过电压。因此，对于电压型逆变器，180°导通方式应用较为普遍。

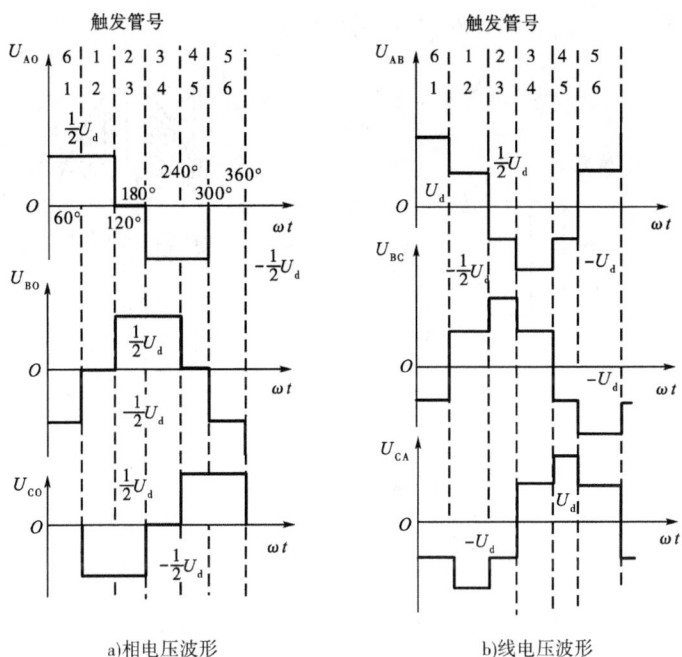

a)相电压波形   b)线电压波形

图 3-1-11　120°导通型三相逆变器的输出波形

2. 脉宽调制（PWM）型逆变电路工作原理

（1）PWM 控制的基本原理

在采样控制理论中有一个重要结论：冲量（脉冲的面积）相等而形状不同的窄脉冲（图 3-1-12），分别加在具有惯性环节的输入端，其输出响应波形基本相同，即尽管脉冲形状不同，但只要脉冲的面积相等，其作用的效果基本相同。这就是 PWM 控制的重要理论依据。如图 3-1-13 所示，一个正弦半波完全可以用等幅不等宽的脉冲列来等效，但必须做到正弦半波所等分的 6 块阴影面积与相对应的 6 个脉冲列的阴影面积相等，其作用的效果就基本相同。对于正弦波的负半周，用同样方法可得到 PWM 波形来取代正弦负半波。

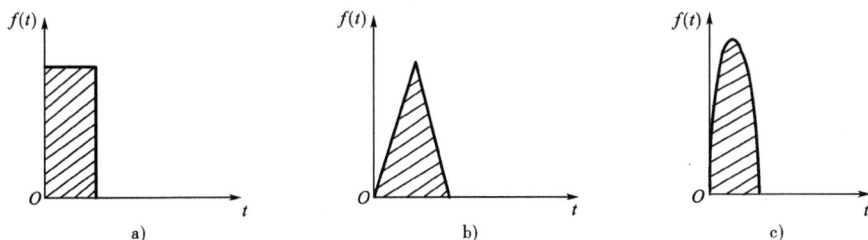

图 3-1-12　形状不同而冲量相同的各种窄脉冲

在 PWM 波形中，各脉冲的幅值是相等的，若要改变输出电压等效正弦波的幅值，只要按同一比例改变脉冲列中各脉冲的宽度即可。所以 U_d 直流电源采用不可控整流电路获得，不但使电路输入功率因数接近于 1，而且整个装置控制简单，可靠性高。

（2）单相桥式 PWM 变频电路工作原理

单相桥式 PWM 变频电路（图 3-1-14），采用 GTR 作为逆变电路的自关断开关器件。设负载为电感性,控制方法可以有单极性与双极性两种。

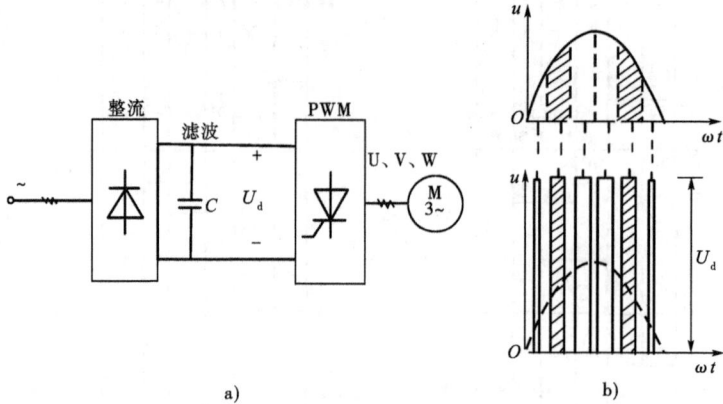

图 3-1-13　PWM 控制的基本原理示意图

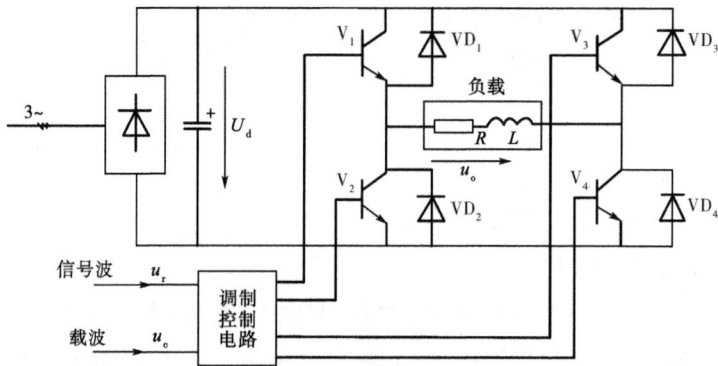

图 3-1-14　单相桥式 PWM 变频电路

①单极性 PWM 控制方式工作原理。按照 PWM 控制的基本原理,如果给定正弦波频率、幅值和半个周期内的脉冲个数,PWM 波形各脉冲的宽度和间隔就可以准确地计算出来。依据计算结果来控制逆变电路中各开关器件的通断,就可以得到所需要的 PWM 波形,但是这种计算很烦琐,较为实用的方法是采用调制控制(图 3-1-15),把所希望输出的正弦波作为调制信号 u_r,把接受调制的等腰三角形波作为载波信号 u_c。对逆变桥 $V_1 \sim V_4$ 的控制方法如下:

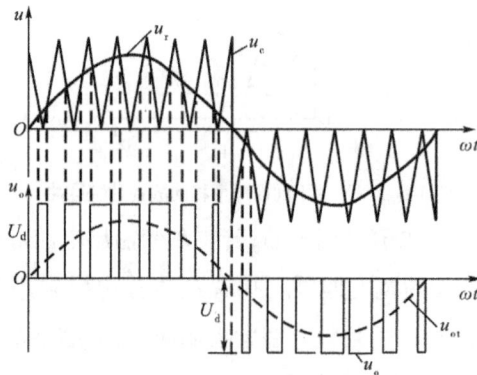

图 3-1-15　单极性 PWM 控制方式原理波形

a. 在 u_r 正半周,让 V_1 一直保持通态,V_2 保持断态。在 u_r 与 u_c 正极性三角波交点处控制 V_4 的通断。在 $u_r > u_c$ 各区间,控制 V_4 为通态,输出负载电压 $u_o = U_d$。在 $u_r < u_c$ 各区间,控制 V_4 为断态,输出负载电压 $u_o = 0$,此时负载电流可以经过 VD_3 与 V_1 续流。

b. 在 u_r 负半周,让 V_2 一直保持通态,V_1 保持断态。在 u_r 与 u_c 负极性三角波交点处控制 V_3 的通断。在 $u_r < u_c$ 各区间,控制 V_3 为通态,输出负载电压 $u_o = -U_d$。在 $u_r > u_c$ 各区间,控制 V_3 为断态,输出负载电压 $u_o = 0$,此时负载电流可以经过 VD_4 与 V_2 续流。

逆变电路输出的 u_o 为 PWM 波形(图 3-1-15),u_{ot} 为 u_o 的基波分量。由于这种控制方式中的 PWM 波形只能在一个方向变化,故称为单极性 PWM 控制方式。

②双极性 PWM 控制方式工作原理。电路仍然是图 3-1-14,调制信号 u_r 仍然是正弦波,而载波信号 u_c 改为正负两个方向变化的等腰三角形波,如图 3-1-16 所示。对逆变桥 $V_1 \sim V_4$ 的控制方法如下:

a. 在 u_r 正半周,在 $u_r > u_c$ 的各区间,给 V_1 和 V_4 导通信号,而给 V_2 和 V_3 关断信号,输出负载电压 $u_o = U_d$。在 $u_r < u_c$ 的各区间,给 V_2 和 V_3 导通信号,而给 V_1 和 V_4 关断信号,输出负载电压 $u_o = -U_d$。这样逆变电路输出的 u_o 为两个方向变化等幅不等宽的脉冲列。

b. 在 u_r 负半周,在 $u_r < u_c$ 的各区间,给 V_2 和 V_3 导通信号,而给 V_1 和 V_4 关断信号,输出负载电压 $u_o = -U_d$。在 $u_r > u_c$ 的各区间,给 V_1 和 V_4 导通信号,而给 V_2 与 V_3 关断信号,输出负载电压 $u_o = U_d$。

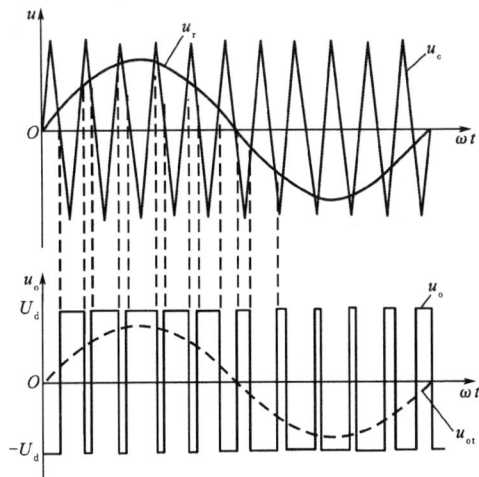

图 3-1-16 双极性 PWM 控制方式原理波形

双极性 PWM 控制的输出 u_o 波形(图 3-1-16)为两个方向变化等幅不等宽的脉冲列。这种控制方式的特点如下:

a. 同一平桥上下两个桥臂晶体管的驱动信号极性恰好相反,处于互补工作方式。

b. 电感性负载时,若 V_1 和 V_4 处于通态,给 V_1 和 V_4 以关断信号,给 V_2 和 V_3 以导通信号时,V_1 和 V_4 将立即关断。但由于感性负载电流不能突变,因此 V_2 和 V_3 不可能立即导通(不能构成续流通路),原电流将通过二极管 VD_2 和 VD_3 续流,如果续流能维持到下一次 V_1 与 V_4

重新导通,负载电流方向将始终保持不变,V_2 和 V_3 始终未导通。只有在负载电流较小,无法连续续流的情况下,在负载电流下降到零,VD_2 和 VD_3 续流完毕时,V_2 和 V_3 才能导通,负载电流才反向。但是不论是 VD_2、VD_3 导通还是 V_2、V_3 导通,u_o 均为 $-U_d$。从 V_2、V_3 导通向 V_1、V_4 切换情况也类似。

（3）三相桥式 PWM 变频电路的工作原理

三相桥式 PWM 变频电路如图 3-1-17 所示。

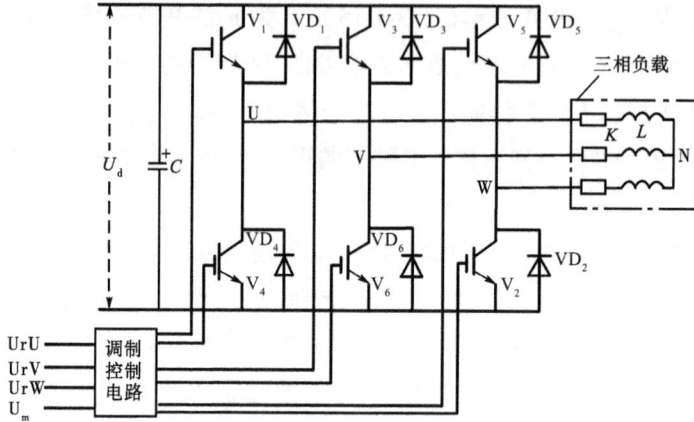

图 3-1-17　三相桥式 PWM 变频电路

图 3-1-17 所示三相桥式 PWM 变频电路采用 IGBT 作为电压型三相桥式逆变电路的自关断开关器件,负载为电感性。从电路结构上看,三相桥式 PWM 变频电路只能选用双极性控制方式。其工作原理如下。

三相桥式 PWM 逆变电路由 U 相调制波 ymU（U 相电压指令）、三角载波正侧和负侧的大小关系,得到 PWM 信号 Gsw,取得 +1、0、-1 的信号。为降低谐波,V 相载波 ycV 与 ycU 错开 180° 的相位,获得 PWM 控制信号 Gsw 的方法与 U 相相同。表 3-1-2 给出了调制波与载波比较生成 PWM 波的规则。

调制波与 PWM 载波的比较（生成 PWM 信号）　　　　表 3-1-2

与载波的大小关系	ym > yc(上) > yc(下)	yc(上) > ym > yc(下)	yc(上) > yc(下) > ym
PWM 信号 Gsw	Gsw = +1	Gsw = 0	Gsw = -1

Gsw 将通过 IGBT 驱动电路产生门极指令。各个 IGBT 由门极指令进行控制,最终获得三相相电压[图 3-1-18b)]。三相相电压矢量相减便得到三相线电压,如线电压 $U_{UV} = U_U - U_V$,其波形如图 3-1-18e)所示。

在双极性 PWM 控制方式中,理论上要求同一相上下两个桥臂的开关管驱动信号相反,但实际上,为了防止上下两个桥臂直通造成直流电源短路,通常要求先施加关断信号,经过 Δt 的延时才给另一个桥臂施加导通信号。延时时间的长短主要由自关断功率开关器件的关断时间决定。这个延时将会给输出 PWM 波形带来偏离正弦波的不利影响,所以在保证安全可靠换流的前提下,延时应尽可能短。

U相调制波ymU
PWM载波ycU

a)

U相电压

b)

V相调制波ymV
PWM载波ycV

c)

V相电压

d)

UV线电压
UV线电压
线电压基波
2次电压

e)

线电流i。

f)

图 3-1-18 三相 PWM 逆变波形

三、斩波电路原理

在城市轨道交通车辆牵引逆变器中,与逆变电路并联有一个斩波电路支路,如图 3-1-19 所示。该电路的作用是通过控制斩波电路开关器件的相控角 α 来控制斩波电路的占空比,从而控制制动电阻的大小,可用式(3-1-1)来计算制动电阻的大小。

$$\overline{R}_Z = R_Z \frac{t_{on}}{t_{on} + t_{off}} = R_Z \frac{t_{on}}{t} = \alpha R_Z \qquad (3-1-1)$$

由式(3-1-1)可知,可以通过控制 α 的大小来控制电路中实际使用的制动电阻值的大小,从而可实现在较宽的速度范围内(逆变出来的直流电压变化)保证较大的制动电流,以提供所需的制动力矩。

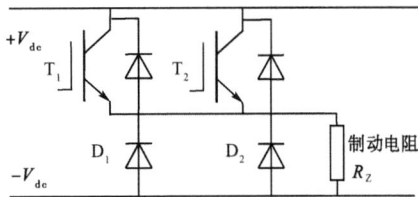

图 3-1-19 斩波电路原理简化图

四、城市轨道交通车辆所用逆变器的结构及主要技术参数

1. 逆变器的结构

逆变器的最主要部件是大功率半导体开关器件。早期的交流传动车辆中,逆变器采用

大功率 GTO 器件(门极可关断晶闸管),如上海地铁 1 号线后期和 2 号线、广州地铁 1 号线均使用 4500V/3000A 的 GTO,北京地铁复八线使用 4500V/4000A 的 GTO。随着科学技术的进步,大功率的 IGBT(绝缘双极晶体管)及 IPM(智能型功率模块)问世,新建的地铁或轻轨动车都使用了 IGBT 器件。电网电压为 DC1500V 的动车可使用 3300V/1200A 的 IGBT。

大功率电力电子器件都需要用散热器冷却。GTO 元件与 IGBT 元件,由于结构不同,散热方法也不同。GTO 元件是双面散热的,即其阳、阴极两面都与散热器接触,它们的结构是"压接式"的,而且散热器是带电的,分别与阳极、阴极同电位,因此各个 GTO 的散热器之间必须互相绝缘。相反,IGBT 的底座是绝缘的,它安装在散热器上时不会使散热器带电,因此可以将逆变器上的所有 IGBT 器件安装在一个公共的大散热器上。

图 3-1-20 是大功率 IGBT 模块外形图。模块包括 IGBT 及与它反并联的二极管。

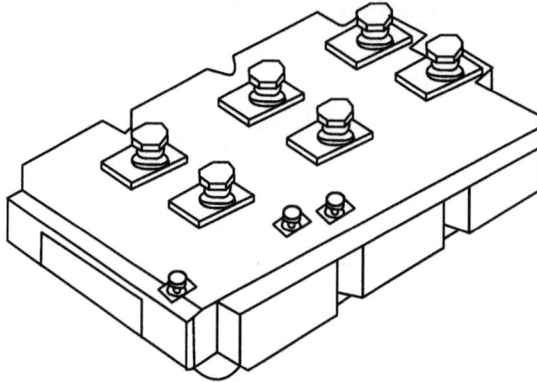

图 3-1-20　大功率 IGBT 模块

IGBT 的散热器有多种形式,目前主要有如下两种。

(1)翅片式散热器。翅片式散热器材料一般采用铝材。图 3-1-21 为翅片式整体散热器。

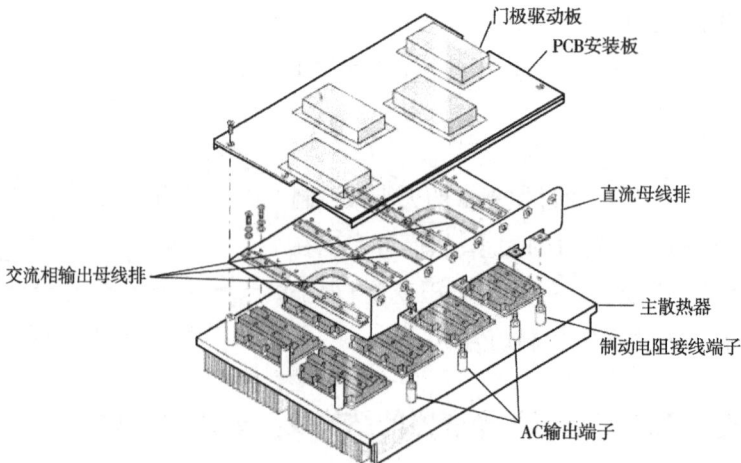

图 3-1-21　翅片式整体散热器

（2）热管散热器。热管散热器结构如图3-1-22和图3-1-23所示。它的基板及热管的材质为铜，散热翅片的材质为铜或铝。散热器内部有循环水的通道，内部循环的冷却液是水或酒精。

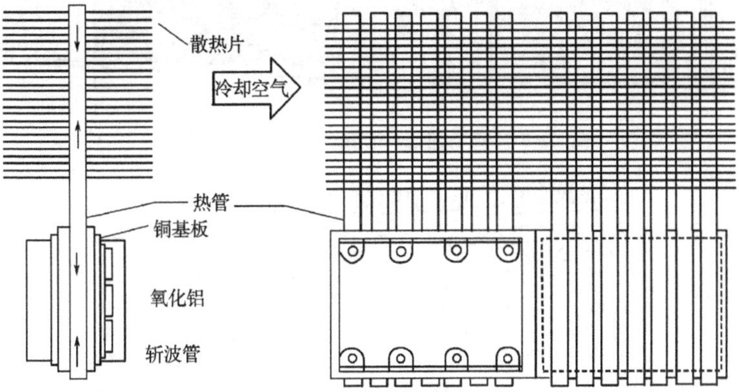

图 3-1-22　热管散热器

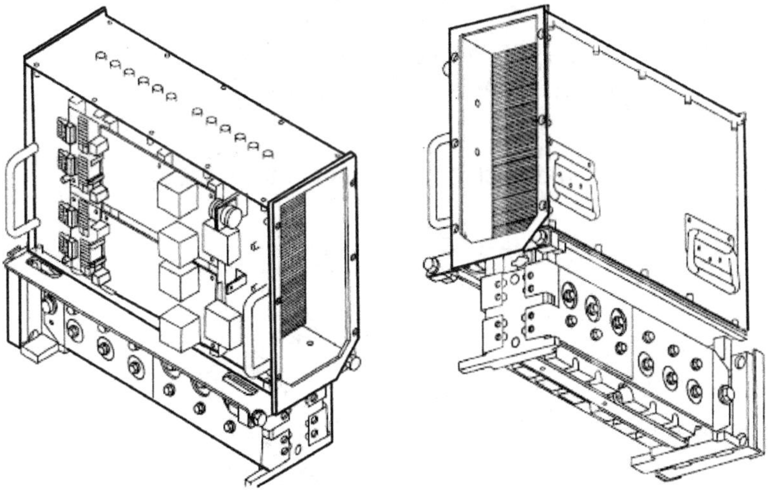

图 3-1-23　采用热管散热的逆变器一个桥臂的结构

城轨车辆一般采用风冷方式，有的用强迫风冷，有的用自然风冷。强迫风冷需要设计通风道和风机，有一种强迫风冷采用内、外双风道，用外风道来冷却内风道的部件，这样可以避免内风道中的部件受尘埃等污染。自然风冷利用列车的走行风冷却。一般来说，整体铝质翅片散热器多数采用强迫风冷；采用热管散热器时，由于其散热效果较好，一般采用自然风冷。

各公司的逆变器结构各有不同。

图3-1-24~图3-1-26为庞巴迪公司的三种ICON型逆变器外形及模块。其中ICON-A型及ICON-M型为强迫风冷逆变器，ICON-W型是水冷逆变器。后者因为冷却效果较好，在使用相同功率的IGBT元件的情况下，输出功率较风冷大，但是要增加一套水循环系统。

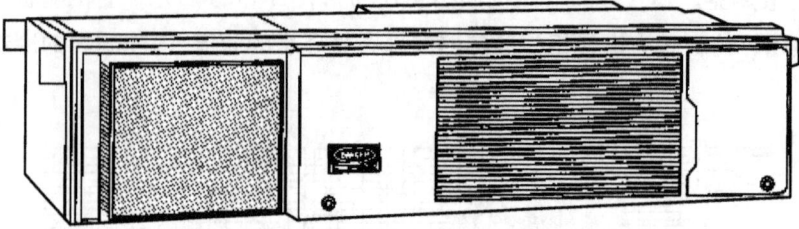

图 3-1-24　庞巴迪公司的 ICON-A 型逆变器模块

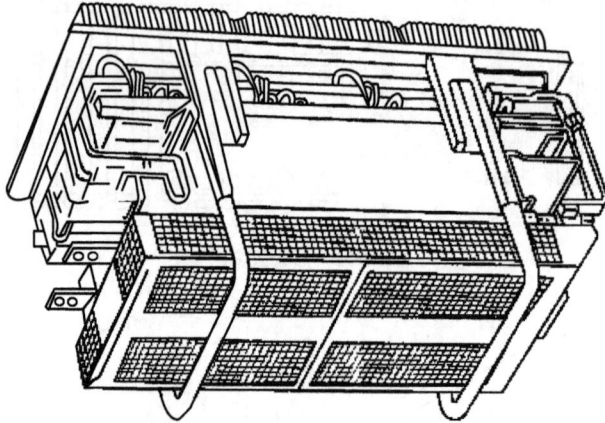

图 3-1-25　庞巴迪公司的 ICON-M 型逆变器模块

图 3-1-26　庞巴迪公司的 ICON-W 型逆变器模块

图 3-1-27 是西门子公司强迫风冷逆变器内部结构图。

图 3-1-28 是阿尔斯通公司 ONIX 系列强迫风冷逆变器内部结构图。

对于 IGBT 逆变器,为了保证 IGBT 在换流时(电流从一个已导通的元件转换到另一个元件)在关断的元件上产生的过电压尽量小,要求主电路的杂散电感(寄生电感)尽量小。为此,一方面,在布置上要求主电路连线尽量短,并采取降低电感的措施,如采用叠层母排,使母线上的"互感"相互抵消;另一方面,所使用的主要器件如滤波电容器(支撑电容器)的内部电感应尽可能小(如每个电容器的自感约为40nH)。

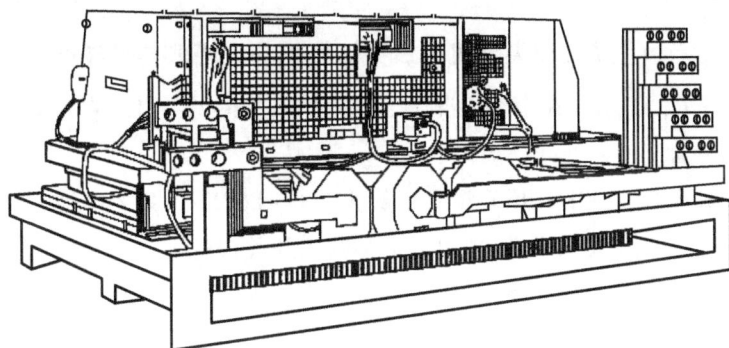

图 3-1-27　西门子公司强迫风冷逆变器内部结构

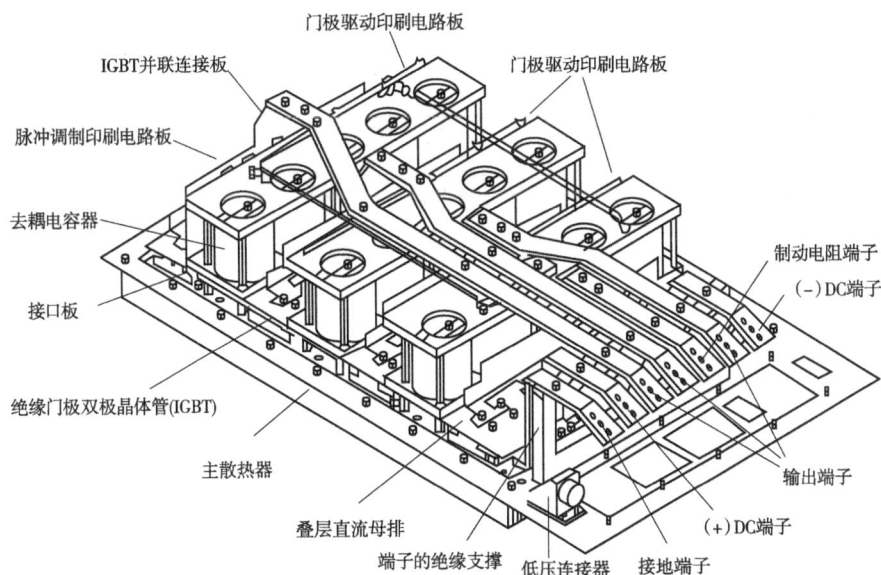

图 3-1-28　阿尔斯通公司 ONIX 系列强迫风冷逆变器内部结构

2. 逆变器的主要技术参数

(1)输入电压范围。对于额定网压 DC1500V 的系统,输入电压一般为 1000～1800V。在低电压时(<1500V),列车降功率运行。电制动时,高于设定值(一般是1800V)只允许电阻制动。

(2)输出电压:0～($\sqrt{6}/\pi$)U_d(U_d为额定输入电压)。

(3)额定值:容量、输入电流、输出电流。

(4)最大值:牵引时最大输出容量与电流,制动时最大输出容量与电流。

（5）频率：输出频率（基波）、功率器件最高开关频率。

（6）额定点输出效率。

（7）绝缘耐压。

（8）保护等级：IP**。

（9）冷却方式。

最大电流包括有效值 I_{RMS} 和尖峰值 I_{P}。尖峰值指基波幅值与谐波叠加后的最大值，可以用 $I_{\mathrm{P}} = K \cdot \sqrt{2} \cdot I_{\mathrm{RMS}}$ 表示。在牵引工况下，该峰值通过 IGBT 元件；在电制动工况下，该峰值通过反并联二极管。

输出频率一般为 0~200Hz，开关频率一般为 700~800Hz。只要谐波在限制范围之内，就没有必要使用过高的开关频率，以免引起不必要的开关损耗。

制动斩波器主要技术参数如下：

（1）最大输出电流。

（2）开关频率，一般在 400Hz 以下。

（3）冷却方式。

（4）导通比调节范围。

（5）保护等级。

✍ 学习笔记

要点总结

在城轨车辆中,牵引逆变器的作用是在牵引工况下将 DC1500V 或 DC750V 网压变换成 VVVF(变压变频)的三相交流电源供牵引电机使用,并可进行牵引电机的调速。在电制动工况下,牵引电机工作于发电状态,发出的三相交流电经逆变器整流成直流,回馈给电网或消耗在制动电阻上。同时,可通过牵引逆变器里的斩波电路来改变制动电阻值的大小,从而实现在较宽的速度范围内获取较大的制动电流,达到获得较大制动力矩的控制目的。

绝缘栅极双极型晶体管 IGBT(Insulated Gate Bipolar Transistor)是一种复合型电力电子器件,它结合了 MOSFET 和 GTR 的优点,既具有输入阻抗高、速度快、热稳定性好和驱动电路简单的优点,又具有输入通态电压低、耐压高、承受电流大的优点,在目前城轨车辆牵引逆变器、辅助逆变器的应用中占主导地位。

IGBT 的三个极为集电极 C(也称漏极 D)、发射极 E(也称源极 S)和栅极 G。图 3-1-29a)是一种由 N 沟道功率 MOSFET 与 PNP 晶体管复合而成的 N 沟道 IGBT 的简化等效电路,b)为其在整流电路、逆变电路中的图形符号,c)为实物图片。另外一种 P 沟道 IGBT 的图形符号与 N-IGBT 类似,只是箭头指向相反。

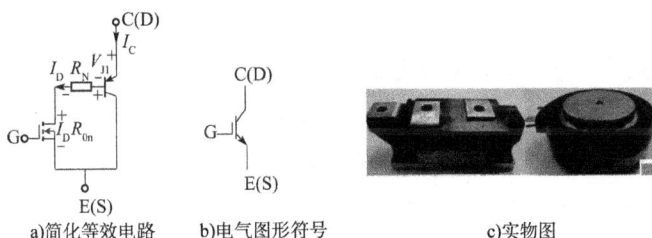

a)简化等效电路　　　　b)电气图形符号　　　　c)实物图

图 3-1-29　IGBT 简化等效电路、电气图形符号及实物图

IGBT 工作时,集电极 C 和发射极 E 接主电路,C 接正,E 接负,栅极 G 和发射极 E 接控制电压,G 接正,E 接负,使 IGBT 工作于正向阻断区和饱和导通区两个工作区,即工作于截止和导通两个状态。

图 3-1-30 所示为一个由 IGBT 构成的三相桥式逆变电路。该电路可以看作由 IGBT 构成的可控电路与二极管构成的不可控电路的反并联。其中,可控电路用来实现直流到交流的逆变,不可控电路为感性负载电流提供续流回路,完成无功能量的续流或反馈。因此,与 IGBT 并联的 6 个二极管 $D_1 \sim D_6$ 称为续流二极管或反馈二极管。C 为滤波电容器,也称支撑电容。

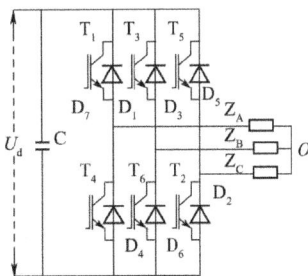

图 3-1-30　三相桥式逆变电路主电路

图 3-1-30 所示的三相桥式逆变电路,其管子的导通次序与整流电路一样,也是 T_1、T_2、T_3…,各管的触发信号依次互差 60°。根据各管导通时间的长短,分为 180°导通型和 120°导通型两种。180°导通型是同时导通 3 根管子 T_1、T_2、T_3,然后 T_2、T_3、T_4,T_3、T_4、T_5…依次换流下去。120°导通型是同时导通 2 根管

子 T_1、T_2，T_2、T_3，T_3、T_4…依次换流下去。无论哪种导通类型，最终都能获得三相近似为正弦波的六阶梯波，再辅以 PWM 控制，六阶梯波便可按照控制需求输出给牵引电机，从而使牵引电机产生所预期的转矩和转速，达到为牵引电机提供三相交流电源及进行转速控制的目的。

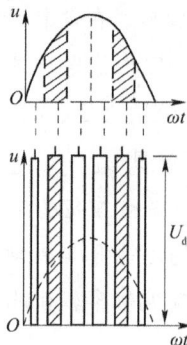

图 3-1-31　PWM 控制的基本原理示意图

　　PWM 脉宽调制控制理论：一个不容易由波形发射器产生的正弦波完全可以用等幅不等宽的脉冲列来等效，原则是正弦波所等分的多块阴影面积必须与相对应的多个脉冲列的阴影面积相等，其作用的效果就基本相同，如图 3-1-31 所示。

　　在 PWM 波形中，各脉冲的幅值是相等的，若要改变输出电压等效正弦波的幅值，只要按同一比例改变脉冲列中各脉冲的宽度即可。这样便可以通过调节 PWM 波的宽度来跟随目标波形——正弦波幅值的变化，从而达到调速的目的。这便是 PWM 脉宽调制控制理论的基本原理。

　　目前，城轨车辆的牵引逆变器普遍采用的就是这种 PWM 型逆变电路，将 DC1500V 或 DC750V 网压变换成三相交流电，一方面为牵引电机提供电源，另一方面达到调速的目的。

▌能力拓展

　　请根据本节内容，利用智慧职教城市轨道交通、铁道机车等专业教学资源库、MOOC 学院《机车车辆电气设备的检查与调试》在线课程等数字化资源及公共网站等途径，完成下面的任务。

　　任务 1：请收集城轨车辆牵引逆变器的整体和局部图片，制作 PPT，课上分享。

　　PPT 要求：不少于 10 页，图片清晰，配备必要的文字说明。

　　其他要求：能理解制作的 PPT 内容，能进行流利的讲解。

　　任务 2：请收集牵引逆变器使用、故障检测、日常维护等方面的视频。

　　要求：每组收集 1～2 个视频，了解牵引逆变器的工作状态、可能出现的故障及如何进行故障检测、故障查找、故障判断等，从而加深对牵引逆变器结构、工作原理的理解，进行课上分享。

　　任务 3：请收集基于西门子、阿尔斯通、庞巴迪三个技术平台的城轨车辆牵引逆变器资料，了解它们的技术差异，完成下面的表格。再把找到的图片、文字和下表整理成 PPT，进行课上分享。

牵引逆变器类型	基于西门子技术平台的牵引逆变器	基于阿尔斯通技术平台的牵引逆变器	基于庞巴迪技术平台的牵引逆变器
型号			
所用线路			
功率器件的参数及散热方式			
整体结构特点			
主要技术参数			
与其他技术平台的最大区别			

3-2 学习任务　辅助逆变器结构原理认知

知识分享

辅助逆变器的结构

一、城市轨道交通车辆辅助供电系统

城轨车辆辅助供电系统主要是为牵引系统以外的所有用电设备提供电源的供电系统。其供电的主要负载有：空调、压缩机、通风机、照明、列车控制系统、蓄电池充电机等。辅助供电系统包括辅助逆变器、低压电源装置、蓄电池和相关的电气设备，如隔离开关、接触器、熔断器、故障转换装置（也称"扩展供电转换装置"）等。

图 3-2-1、图 3-2-2 分别为某线路 6 辆编组城轨车辆和 8 辆编组城轨车辆的辅助供电系统原理图。各城轨车辆辅助供电系统的架构有所不同，其他的供电方式请大家通过查阅资料进行了解。

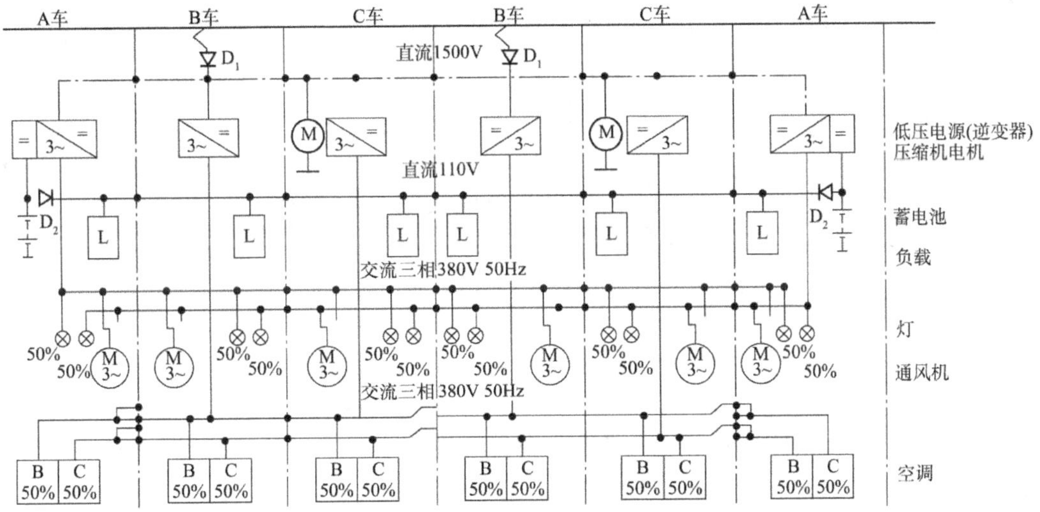

图 3-2-1　6 辆编组列车的辅助供电系统原理图

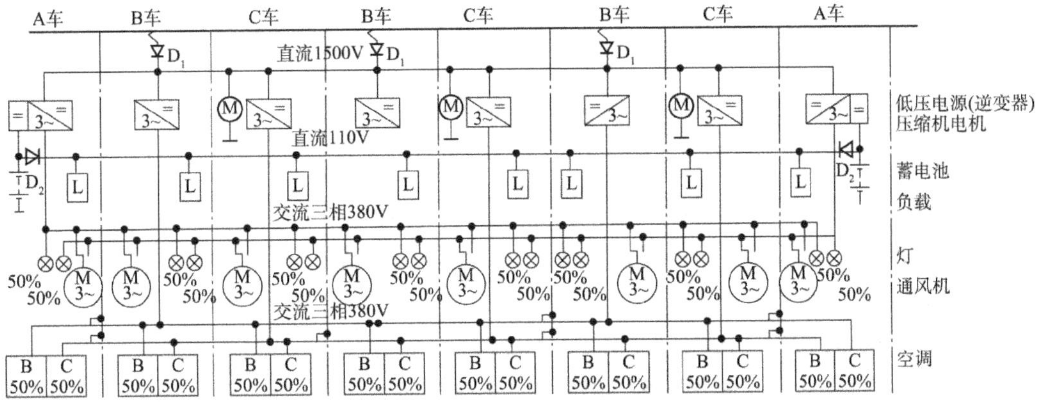

图 3-2-2　8 辆编组列车的辅助供电系统原理图

DC1500V 网压经受电弓、列车导线和隔离二极管向每节车的辅助逆变器馈电。其中 A 车和 B 车、C 车上的辅助逆变器有所不同，A 车上的逆变器输出 DC110V 和三相 AC380V 50Hz 两种电源。DC110V 向蓄电池充电，并提供整列车 DC110V 控制电源和照明电源。三相 AC380V 50Hz 向设备通风机提供电源。考虑到逆变器可能发生故障，所以每个 A 车逆变器负担50%的通风。B 车、C 车上的逆变器只输出三相 AC380V 50Hz 电源，向列车提供空调机组和压缩机的电源，各负担一半。

二、辅助逆变器与低压电源的电路结构

城市轨道交通车辆中的辅助逆变器与低压电源系统有多种电路结构，目前应用较多的有如下几种形式。

1. 先斩波再逆变的电路结构

先斩波再逆变的电路结构如图 3-2-3 所示。对于接触网电压为 DC750V 的系统，因它的网压波动范围为 500 ~ 900V，所以需要斩波器具有升压功能，因此序号 2 一般为升压斩波器。对于网压为 1500V 的供电系统，序号 2 为降压斩波器。接触网电源先经升/降压斩波再送入逆变器，逆变器输出的三相交流电经三相隔离变压器隔离降压后分两路：一路直接输出三相 AC380V 电源，另一路交流电经二极管整流器整流后输出 DC110V 电源。

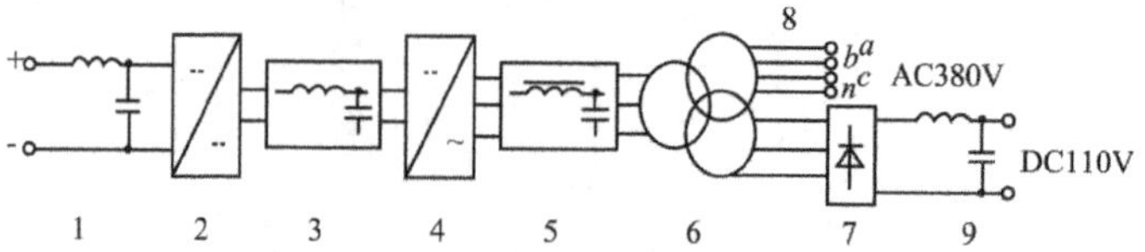

图 3-2-3　先升压斩波再逆变的电路结构

1-线路滤波器;2-升/降压斩波器;3-直流侧滤波器;4-逆变器; 5-交流滤波器;6-隔离变压器;

7-二极管整流桥;8-三相 AC380V 输出;9-低压直流滤波器(输出 DC110V)

上述形式的电路的特点是网压先经斩波器调压再逆变，目的是使逆变器的输入电压稳定，即使在网压变化时，也能保证逆变器有稳定的输入电压。但从目前的技术水平来看，以 IGBT 为代表的开关器件的开关频率足以满足在网压波动范围内，用 PWM 调制，使逆变器输出稳定，且满负荷运行。另外，多一个环节，就多一个发生故障的可能。因此，现在一般采用直接逆变的方式。

以下两种电路均为直接逆变的方式。

2. 直接逆变两路输出的电路结构

隔离变压器两路输出的电路结构如图 3-2-4 所示。网压经滤波后直接送逆变器，经具有两套次边绕组的三相变压器降压后，一组直接输出三相 AC380V，另一组输出送二极管整流器整流后获得 DC110V 直流电源。

3. 直接逆变一路输出的电路结构

隔离变压器一路输出的电路结构如图 3-2-5 所示。网压经滤波后直接送逆变器，经三相变压器降压后，直接输出三相 AC380V，一方面给空调等负载供电，另一方面经降压变压器降

压后送二极管整流器整流,获得 DC110V 直流电源。

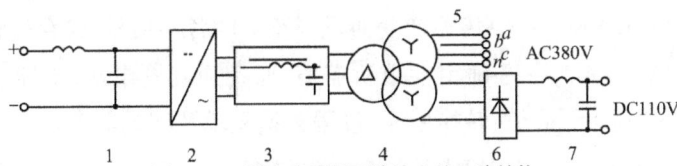

图 3-2-4　隔离变压器两路输出的电路结构

1-线路滤波器;2-逆变器;3-交流滤波器;4-隔离变压器;5-输出带中性线的三相 AC380V 电源;

6-二极管整流器;7-直流滤波(输出 DC110V)

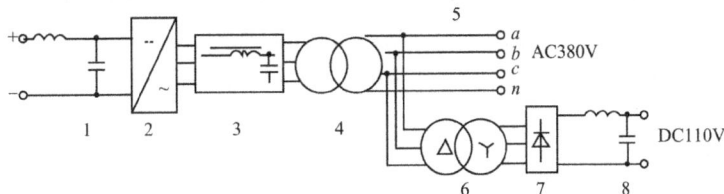

图 3-2-5　隔离变压器一路输出的电路结构

1-线路滤波器;2-逆变器;3-交流滤波器;4-隔离变压器;5-输出带中性线的三相 AC380V 电源;

6-△-Y 降压变压器;7-二极管整流器;8-直流滤波(输出 DC110V)

以上三种形式的电路结构,均是采用单台逆变器的方案。这种电路结构对于网压 1500V、容量约 200kVA 的辅助逆变器,一般均使用 3300V/400A IGBT 元件,并通过采用 PWM 调制技术使输出电压的谐波含量在限制值以内。目前,这种电路因结构简单、可靠而成为普遍采用的辅助供电系统的电源结构形式。

三、辅助逆变器的工作原理和技术参数

1.辅助逆变器的工作原理

辅助逆变器的工作原理如图 3-2-6 所示。DC1500V 网压经 L-C 滤波器后由一个 GTO 或 IGBT 斩波器进行斩波调压至 770V,再经过中间直流环节送入六脉冲 GTO 或 IGBT 逆变器,其输出经隔离变压器隔离后输出 AC380V。有的逆变器在隔离变压器次边还多了一组抽头,该组交流电压经整流后输出 DC110V。

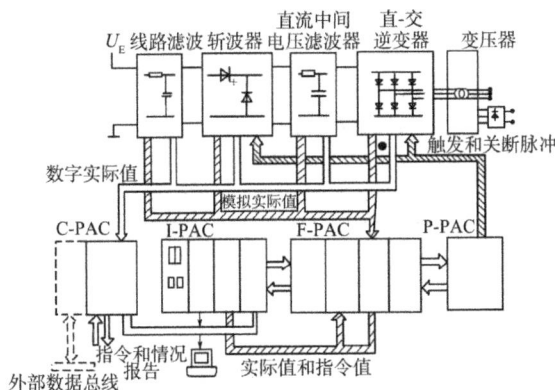

图 3-2-6　辅助逆变器的工作原理

辅助逆变器的控制系统包含以下 4 个功能包:

（1）电源功能包（P-PAC）——提供控制电源及斩波、逆变器的脉冲。

（2）通信功能包（C-PAC）——传输逆变器及列车上的各种信号，寄存过程参数实际值。

（3）接口功能包（I-PAC）——确定参数所需值，监控逆变器电压、电流、温度、延时时间及工作过程，包括中央单元、通道、转换单元、过程数据显示及记录等模块。

（4）快速保护和控制功能包（F-PAC）——控制逆变器工作过程，寄存过程参数中实际值的模拟量、逆变器快速保护。它包括实际值寄存、模拟监控、逆变器控制单元等模块。逆变器的快速保护功能为：模拟信号被控制在极限值以内，如果超出极限值就封锁触发脉冲，中断逆变器工作；同时调整电压控制器板工作状态，短路晶闸管触发工作。此时，把逆变器中断原因输入 I-PAC 中，由 I-PAC 确定重新启动的可能性。

2. 辅助逆变器的技术参数

某型号的辅助逆变器主要技术参数如下。

（1）额定输入电压：DC1500 V$^{+20\%}_{-30\%}$。

（2）输入滤波器：$L = 14$m H$^{+25\%}_{-15\%}$；$C = 460$mF $\pm 10\%$。

（3）动态电压保护：晶闸管（过电压触发值 350 ± 50V）。

（4）斩波器：

工作频率：500Hz ＋ 0.5%。

控制方式：脉宽调制（PWM）。

最小导通时间：$100 \pm 20\mu$s。

最大导通时间：$1820 \pm 10\mu$s。

（5）直流中间电路滤波器：$L = 6$m H$^{+30\%}_{-10\%}$；$C = 12$mF $\pm 10\%$。

（6）三相交流逆变器：

直流中间电压 U_d：775 ± 35V。

直流中间电压动态公差：$591 \sim 950$V。

$\Delta U_\mathrm{d} < 10\%$ 调整时间：300ms。

输出电压频率：50Hz $\pm 0.5\%$。

三相逆变器输出电压总有效值：632V $\pm 5\%$。

三相逆变器输出电压基波有效值：600V $\pm 5\%$。

（7）隔离变压器：

输出电压总有效值：三相 400V $\pm 5\%$。

基波电压有效值：三相380V $\pm 5\%$。

峰值电压 $V_\mathrm{S} = 491$V $\pm 5\%$。

（8）逆变器输出功率：

额定功率：75kVA。

短时功率：120kVA。

故障处理

故障类型:全车所有辅助逆变器图标均变为红色

故障现象:"车辆显示屏"显示全车所有辅助逆变器图标均为红色,所有空调只有紧急通风,列车无法动车。

故障分析:此故障发生在区间,列车牵引封锁,自动停车,无法动车;经查看"车辆显示屏",显示所有辅助逆变器图标均变为红色。列车运行期间,司机可操作MVB复位进行应急处理。

列车运行期间,司机可采取的应急故障处理流程如表3-2-1所示。

全车所有辅助逆变器图标均变为红色的应急故障处理流程 表3-2-1

步骤	作业程序	作业内容
1	查看辅助逆变器图标显示情况	1.作业:点击"车辆显示屏"查看辅助逆变器界面。 2.口呼:所有辅助逆变器图标均为红色。
2	报告行调,列车位置、故障信息	1.接通电话:司机手持联控电话,点击"联控显示屏"中的"行调"按键,接通电话。 2.报告行调:"行调,××次在××站－××站上/下行区间"车辆显示屏"辅助逆变器图标均为红色,列车出现空调、空压机不工作,司机申请执行车辆故障处理流程。"报告完毕后,点击"完毕"按钮。 3.行调回复:"××次,申请执行车辆故障处理流程,行调同意。"回复完毕后,点击"完毕"按钮。 4.结束通话:挂断电话。
3	司机广播安抚乘客	紧急广播:通过"车辆显示屏"选择播放预置的"临时停车"紧急广播。
4	确保列车处于受电弓升起、主控钥匙打开和主断路器分开的状态	1.手指眼看:"受电弓升"绿灯亮、"主控钥匙"在"开"位。 2.口呼:受电弓升起、"主控钥匙"在"开"位。 3.作业:按压"主断分"按钮。 4.手指眼看:"主断分"红灯亮。 5.口呼:主断路器分。
5	操作MVB复位	1.手指眼看:"MVB复位"按钮。 2.口呼:复位MVB。 3.作业:保持按下"MVB复位"按钮5秒。
6	复位MVB成功后,闭合主断路器,尝试动车	1.手指眼看:"主断合"按钮。 2.口呼:合主断。 3.作业:按下"主断合"按钮。 4.手指眼看:"主断合"绿灯亮。 5.口呼:"主断合"绿灯亮。 6.作业:尝试动车。

续上表

步骤	作 业 程 序	作 业 内 容
7	动车后报行调	1.接通电话：司机手持联控电话，点击"联控显示屏"中的"行调"按键，接通电话。 2.报告行调："行调，××次在××站－××站上/下行区间辅助逆变器图标均变为红色，MVB复位后已动车，申请退出服务。"报告完毕后，点击"完毕"按钮。 3.行调回复："××次，申请退出服务，行调同意。"回复完毕后，点击"完毕"按钮。 4.结束通话：挂断电话。

✎ 学习笔记

要点总结

辅助逆变器主电路,即逆变电路的工作原理与牵引逆变器基本相同,这里不再赘述。本节要点帮大家梳理一下辅助逆变器的负载情况。

城轨车辆辅助供电系统包括辅助逆变器和低压电源。辅助逆变器给列车上的交流负载,如空调、压缩机、设备通风机等提供 AC380V 电源。低压电源输出的 DC110V 一方面为蓄电池充电,另一方面给列车控制系统和照明系统供电。城轨车辆辅助供电系统框图参见图 3-2-1 和图 3-2-2。

能力拓展

请根据本节内容,利用智慧职教城市轨道交通、铁道机车等专业教学资源库、MOOC 学院《机车车辆电气设备的检查与调试》在线课程等数字化资源及公共网站等途径,完成下面的任务。

任务1:请收集城轨车辆辅助逆变器的整体和局部图片,制作 PPT,课上分享。

PPT 要求:不少于 10 页,图片清晰,配备必要的文字说明。

其他要求:能理解制作的 PPT 内容,能进行流利的讲解。

任务2:请收集辅助逆变器使用、故障检测、日常维护等方面的视频。

要求:每组收集 1~2 个视频,了解辅助逆变器的工作状态、可能出现的故障及如何进行故障检测、故障查找、故障判断等,从而加深对辅助逆变器结构、工作原理的理解,进行课上分享。

任务3:城轨车辆辅助供电系统有分散供电和集中供电两种供电方式。请查阅有关资料,了解这两种供电方式的系统架构的不同,完成下面的表格。再把找到的图片、文字和下表整理成 PPT,进行课上分享。

供电方式	分散供电方式		集中供电方式	
	方式一	方式二	方式一	方式二
系统框图				
所用线路				
辅助逆变器特点及负载分布				

续上表

低压电源特点及负载				
辅助逆变器的主要技术参数				
优缺点				

3-3 实践任务　逆变器的检查与维护

工艺流程

牵引逆变器的检查维护分为日检、周检、月检、定修、架修和厂修等。对牵引逆变器的维修计划建议按照表3-3-1进行。

车辆的日检
作业流程

牵引逆变器的维护周期表　　　　表 3-3-1

维护周期	运行公里数/时间 （以先到为准）	维 护 项 目	检查项及内容
日检	每日	牵引逆变器柜门检查	2
		滤网检查	3
		线路电抗器检查	4
		牵引逆变器控制连接器检查	5
月检	30000km （3 个月）	牵引逆变器柜体外观检查	1
		牵引逆变器柜门检查	2
		滤网检查	3
		线路电抗器检查	4
		牵引逆变器控制连接器检查	5
		牵引逆变器柜内外观检查	7
		短接接触器检查	11
		变流器模块检查	14
		牵引控制单元检查	15
定修	150000km （1 年）	牵引逆变器柜体外观检查	1
		牵引逆变器柜门检查	2
		滤网检查	3
		线路电抗器检查	4
		牵引逆变器控制连接器检查	5
		牵引逆变器密封条检查	6
		牵引逆变器柜内外观检查	7
		固定放电电阻检查	8
		充电电阻检查	9
		模块支撑电容检查	10
		短接接触器检查	11
		充电接触器检查	12
		电缆、电缆夹紧件、电缆连接检查	13

续上表

维护周期	运行公里数/时间（以先到为准）	维护项目	检查项及内容
定修	150000km（1年）	变流器模块检查	14
		牵引控制单元检查	15
		风机接触器及断路器检查	16
		风机检查	17
架修	600000km（5年）	牵引逆变器柜体外观检查	1
		牵引逆变器柜门检查	2
		滤网检查	3
		线路电抗器检查	4
		牵引逆变器控制插头检查	5
		牵引逆变器密封条检查	6
		牵引逆变器柜内外观检查	7
		固定放电电阻检查	8
		充电电阻检查	9
		模块支撑电容检查	10
		短接接触器检查	11
		充电接触器检查	12
		电缆、电缆夹紧件、电缆连接检查	13
		变流器模块检查	14
		牵引控制单元检查	15
		风机接触器及断路器检查	16
		风机检查	17
厂修	1200000km（10年）	牵引逆变器柜体外观检查	1
		牵引逆变器柜门检查	2
		滤网检查	3
		线路电抗器检查	4
		牵引逆变器控制插头检查	5
		牵引逆变器密封条检查	6
		牵引逆变器柜内外观检查	7
		固定放电电阻检查	8
		充电电阻检查	9
		模块支撑电容检查	10
		短接接触器检查	11
		充电接触器检查	12
		电缆、电缆夹紧件、电缆连接检查	13

续上表

维护周期	运行公里数/时间 （以先到为准）	维护项目	检查项及内容
厂修	1200000km （10 年）	变流器模块检查	14
		牵引控制单元检查	15
		风机接触器及断路器检查	16
		风机检查	17

1. 牵引逆变器柜体外观检查

（1）目视检查牵引逆变器箱外部有无腐蚀、变形或其他损坏。

（2）目视检查安装吊耳有无开裂或损坏。

（3）目视检查牵引逆变器吊耳安装螺栓的紧固情况。

（4）目视检查箱体焊缝有无裂纹。

2. 牵引逆变器柜门检查

（1）目视检查牵引逆变器柜门有无腐蚀、变形或其他损坏。

（2）目视检查柜门门锁是否损坏。

（3）目视检查柜门门锁是否锁紧到位。

3. 滤网检查

（1）目视滤网构架有无腐蚀、变形或其他损坏，若滤芯有损坏的情况，进行更换。

（2）目视滤网通风孔是否堵塞。

（3）每 3~6 个月必须对滤网进行一次除尘（根据现场情况、滤网的污染和堵塞情况确定），建议使用吸尘器或水枪除去滤网上的异物。

4. 线路电抗器检查

（1）目视检查电抗器构架有无腐蚀、变形或其他损坏。

（2）目视检查电抗器电缆连接情况，电缆表皮有无破损。

（3）目视检查电抗器出风口的盖板通风孔是否堵塞。

（4）每年对电抗器及出风口盖板进行一次除尘，建议使用吸尘器和抹布进行除尘。

（5）每年检查一次电抗器的绝缘性能，建议对 5% 的电抗器进行绝缘电阻检查，若发现异常，则扩大检查范围，绝缘电阻检查的测量方法如下：

拆下电抗器两端的线缆，使用 2500V 兆欧表，表笔分别连接到电抗器的线缆端子和电抗器接地柱上，调节兆欧表到 2500V，记录最终的绝缘电阻。要求实测值不小于 $20M\Omega$。

5. 牵引逆变器控制连接器检查

（1）目视检查控制连接器有无腐蚀、污垢等。

（2）目视检查控制连接器的连接是否有松动。

6. 牵引逆变器密封条检查

（1）检查箱门密封条的弹性，取下箱体柜门，静置 1h 以上，使密封条压缩形变进行恢复，如果密封条最小厚度小于 7mm,而且柜体内有明显的灰尘进入,则需要更换柜门密封条。定修和架修时进行该检查。

（2）检查箱体盖板密封条的弹性,取下箱体盖板,静置 1h 以上,使密封条压缩形变得以恢复。如果密封条最小厚度小于 2mm,而且柜体内有明显的灰尘进入,则需要更换,架修时进行该检查。

（3）检查密封条,如有其他可能造成柜体密封不良的情形,则需要更换。

（4）使用年限达到 5 年时,应更换密封条。

7. 牵引逆变器柜内外观检查

（1）检查柜内电气安装螺栓连接防松标记是否错位。

（2）检查柜内电缆有无断线、磨损、变色。

（3）检查柜内连接铜排、安装座、安装绝缘子有无损坏。

（4）检查柜内是否有进水、进尘等其他异常情况。

8. 固定放电电阻检查

（1）目视检查电阻表面有无变色、开裂、剥落等损坏,必要时更换。

（2）检查端子是否连接可靠,必要时重新紧固。

（3）每年检查一次电阻阻值,如果阻值超过允许的误差范围,更换电阻。

（4）使用年限达到 15 年时,应更换固定放电电阻。

9. 充电电阻检查

（1）目视检查电阻表面有无变色、开裂、剥落等损坏。

（2）检查连接线缆是否有损坏的情况。

（3）每年检查一次电阻阻值,如果阻值超过允许的误差范围($65\Omega \pm 10\%$）,更换电阻。

10. 模块支撑电容检查

（1）目视检查电容表面有无变色、开裂、剥落、鼓包等损坏。定修时进行该检查。

（2）测量电容值。用电容检测仪器（精度要求 $\geqslant 0.5$ 级）检查电容值。如果实测电容值相比出厂初始实测值（4300μF,DC2000V）下降超过 8% ,则需更换电容。

11. 短接接触器检查

每 6 个月对短接接触器进行一次检查,检查步骤如下:

（1）拆下灭弧罩进行检查。

（2）清洁可见部分。

（3）检查螺栓螺母是否紧固。

（4）检查主触头。规定主触头最大磨耗量为 2mm×15mm,如图 3-3-1a）所示。两个触头中任何一个的磨耗达到 80% ,则需要更换触头,并且两个触头同时更换。

12. 充电接触器检查

（1）清扫灰尘、污物,检查各紧固部位有无松动。

（2）检查接触器主触头,若主触头接触面拉弧严重或卡滞,应更换接触器主触头。

（3）检查接触器辅助连锁,分别测量接触器在断开和闭合状态下的常开、常闭连锁接触是否良好,若接触不良,应更换接触器辅助触头。

（4）通常分断次数达 2×10^6 次时更换新品。

（5）最低动作电压。在接触器的线圈上接入直流可调电压,电压由 0V 开始升压,检查动作电压。判断基准为 77V 以上吸合衔铁、10V 以下释放衔铁。动作电压在判断基准之外时,进行调整。

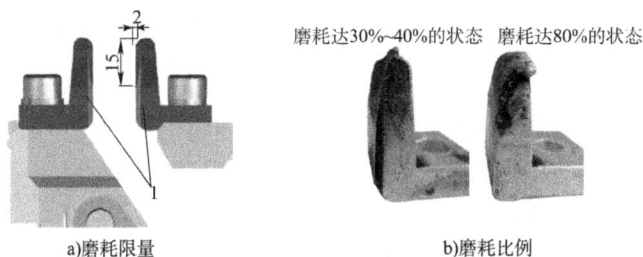

图 3-3-1　短接接触器触头图（尺寸单位:mm）

13.电缆、电缆夹紧件、电缆连接检查

（1）目视检查电缆表面有无变色、开裂、剥落等损坏。

（2）检查母排连接螺栓防松标记是否错位。

（3）检查控制插头是否连接牢固。

（4）检查电缆夹紧件夹紧是否可靠。每隔 15 年应更换一次电缆夹紧件。

14.变流器模块检查

（1）检查变流器模块内驱动板、脉冲分配板等插件的连接是否可靠。

（2）变流器模块内部的驱动板、脉冲分配板等插件每 10 年需要进行一次更换。

（3）变流器模块每 15 年需要进行一次更换。

15.牵引控制单元检查

（1）目视检查各插件是否安装到位。

（2）牵引控制单元每 10 年需要进行一次更换。

16.风机接触器及断路器检查

（1）清扫灰尘、污物,检查各紧固部位有无松动。

（2）检查接触器主触头,若主触头接触面拉弧严重或卡滞,应更换接触器主触头。

（3）检查接触器辅助连锁,分别测量接触器在断开和闭合状态下的常开、常闭连锁接触是否良好,若接触不良,应更换接触器辅助触头。

17.风机检查

（1）目视检查风机外观有无损伤,必要时更换。

（2）检查风机内有无污垢和其他异物,必要时用压缩空气清除粘在风机上的污垢和其他异物。

思政课堂

电力电子器件的发展演变

电力电子器件是轨道交通车辆变流装置（牵引逆变器/辅助逆变器）的物质基础，它经历了一个长期的发展历程。

1955年，水银整流器机车问世，标志着牵引动力电传动技术实用化的开始。1957年，硅可控整流器（即普通晶闸管）的发明，标志着电力牵引跨入了电力电子时代。1965年，晶闸管整流器机车问世，全球兴起了单相工频交流电网电气化的高潮，使牵引动力电传动系统发生了根本性的技术变革。

20世纪80年代以后，GTO以全控型高压大功率器件的身份首次出现在铁路牵引领域。20世纪90年代以后，以绝缘栅极双极型晶体管（IGBT）为代表的复合型器件异军突起。IGBT集MOSFET的驱动功率小、开关速度快的优点和GTR通态压降小、载流能力大的优点于一身，性能十分优越，但当时它的电流电压定额还不能满足铁路电传动的需要。2000年以后，随着IGBT器件性能的提高，在大功率电力机车和高速动车组上，IGBT器件占据了统治地位，获得了广泛的应用。

纵观铁路牵引领域传动技术的变革，可以说正是电力电子器件的进步推动了铁路牵引电传动技术的升级换代，一代电力电子器件造就一代铁路变流器产品。

学习笔记

要点总结

牵引逆变器的检查维护分为日检、周检、月检、定修、架修和厂修等。

对牵引逆变器的检查维护主要包括以下项目:柜体外观检查,柜门检查,滤网检查,线路电抗器检查,控制连接器检查,密封条检查,柜内外观检查,固定放电电阻检查,充电电阻检查,模块支撑电容检查,短接接触器检查,充电接触器检查,电缆、电缆夹紧件、电缆连接检查,变流器模块检查,牵引控制单元检查,风机接触器及断路器检查,风机检查。

能力拓展

请根据本节内容,利用智慧职教城市轨道交通、铁道机车等专业教学资源库、MOOC 学院《机车车辆电气设备的检查与调试》在线课程等数字化资源、各地铁公司检修规程等资源及公共网站等途径,完成下面的任务。

任务1:请收集牵引逆变器、辅助逆变器检修作业图片及检修工艺方面的资料,制作PPT,课上分享。

PPT 要求:不少于10页,图片清晰,配备检修流程图和必要的文字说明。

其他要求:能理解制作的 PPT 内容,能进行流利的讲解。

任务2:(1)请收集牵引逆变器、辅助逆变器检修标准化作业视频。

要求:每个小组(3~4 人)收集 1~2 个视频,了解牵引逆变器、辅助逆变器检修需要的工装、工具,检修流程,检修内容,并进行某个检修等级的作业演练。

(2)各小组由组员扮演牵引逆变器或者辅助逆变器检修员,完成一套检修标准化作业,录制成视频,进行课上分享。

要求:着装规范(统一穿实训服),动作标准,流程正确。视频时长不少于5分钟,图像清晰,声音清晰,无噪声。

任务3:请查找地铁公司辅助逆变器日检、周检、月检、定修、架修和厂修的检修工艺文件,完成下面的表格。

检修类型	日检	周检	月检	定修	架修	厂修
工装工具						

续上表

依据的标准						
作业流程						
检修内容						

3-4 知识拓展 电器为什么会发热？

Tip one：先介绍一个与发热有关的名词——温升

电器是根据外界施加信号和要求，能手动或自动地断开或接通电路，断续或连续地改变电路参数，以实现对电或非电对象的切换、控制、检测、保护、变换和调节的电工器具。

一般情况下，电器是指一个具有完整功能的电工器具，如继电器、接触器。由多个电器集中安装在一起构成一个具有更加复杂电气功能的设备称为电气设备，如牵引逆变器。它是由大功率器件 IGBT、接触器、控制单元等很多电器集成在一起构成的一个大型电气设备。

这里主要针对单个电器进行介绍。

有触点电器是由导电材料(如触头)、导磁材料(如铁芯)和绝缘材料(如塑料外壳)等组成的。

电器在工作时由于有电流通过导体和线圈而产生电阻损耗。如果电器工作于交流电路，则由于交变电磁场的作用，在铁磁体内产生涡流和磁滞损耗，在绝缘体内产生介质损耗，所有这些损耗几乎全部都转变为热能。其中，一部分散失到周围介质中；另一部分加热电器本身，使其温度升高。

电器温度升高后，其本身温度与周围环境温度之差，称为温升。

电器的温度超过某一极限值后，其中金属材料的机械强度会明显下降，绝缘材料的绝缘强度会受到破坏。若电器温度过高，会使其使用寿命降低，甚至遭到破坏。反之，电器工作时的温度也不宜过低，因为电器工作时温度太低，说明材料没有得到充分利用，经济性差，相对体积大、质量大。

为了确保电器的工作性能和使用寿命，各国电器技术标准都规定了电器各部件的发热温度极限及允许温升。所谓发热温度极限，就是保证电器的机械强度、导电、导磁性以及介质的绝缘性不受危害的极限温度。允许温升是发热温度极限与最高环境温度的差值。

因为电器的工作环境直接影响电器的散热过程，我国国家标准规定最高环境温度为 +40℃(一般为35℃)，即

$$允许温升 = 发热温度极限 -40℃$$

当海拔1000m时，各种不同材料和部件的发热温度极限见表3-4-1。

电器部件及材料发热温度极限   表3-4-1

序号	部件名称	材料和形式	发热温度极限(℃)
1	发热温度不影响接触压力的触头	紫铜或铜合金	115
		银或银合金触头	以不损害相邻部件为限
2	发热温度影响接触压力的触头	磷青铜	75
		弹簧负片构成的簧片	75
		夹形触头刀型开关铜质触头	90
3	用螺钉、铆钉紧固的导电连接	紫铜或黄铜	95
		紫铜或黄铜接触处镀锡	100
		紫铜或黄铜接触处镀银	105
		铝质	80
4	单层电流线圈	铜质	145
5	软连接线	铜质镀(或搪)锡	130
6	电阻	康铜或类似的电阻带/丝	390
		铁铬铝电阻带/丝	640
		镍铬电阻带/丝	690
7	绝缘线圈及与绝缘材料接触的金属零件	A级绝缘	120
		E级绝缘	135
		B级绝缘	145
		F级绝缘	170
		H级绝缘	195

关于表中绝缘等级的说明：由于绝缘材料的品种繁多，耐热性各不相同，为此国家标准规定按耐热性将绝缘材料分为7个等级，见表3-4-2。

绝缘材料的最高允许温度   表3-4-2

绝缘等级	Y级	A级	E级	B级	F级	H级	C级
最高允许温度(℃)	90	105	120	130	155	180	>180

有些电器铭牌上有该电器所使用的绝缘材料等级的标识，如电机铭牌中有一项参数，"绝缘等级：H级"，意味着该电机所采用的绝缘材料的最高允许温升可达180℃，说明该电机的耐温性能较好。

Tip two：电器的发热从何而来

电器工作时，电流通过导电部分将产生电阻损耗，此损耗将转变为热能。正常状态时，其中一部分散发到周围介质中去；另一部分使导体的温度升高，形成温升。如果发热时间极短（如短路时的发热），由于来不及散热，可认为损耗功率全部用来加热导体，提高导体的温升。

铁磁体在交变磁场中,磁通的方向和数值变化使铁磁材料反复磁化,产生的磁滞与涡流损耗可以导致铁质零件发热。一般来说,这个损耗不大。但如果制造不当,如材料较差、铁片较厚或片间绝缘不好,则涡流损耗就比较大。磁滞与涡流损耗一般与磁通密度、磁通变化率及铁磁材料有关。

在交流电器中,常采用硅钢片叠成导磁铁芯,用以减小磁滞损耗和涡流损耗。

Tip three:电器的工作制与发热的关系

电器在使用过程中,由于工作任务的要求不同,其工作时间也不同。如供电系统中的一些开关,只要不出现故障和必要的检修,就会一直处于工作状态;而机车上控制空气压缩机的电器则处于一种断续工作状况,需要补充压缩空气时,便开始工作,压缩空气充足时便不工作。

由于工作时间不同,故电器的发热及冷却状况也不同。从电器发热与冷却的观点来看,一般将电器的工作状况分为长期工作制、间断长期工作制(8h 工作制)、短时工作制及短路。

1. 长期工作制时电器的发热

长期工作制是指电器通电后连续工作到发热稳定,此时温升达到稳定值,其特点是电器损耗所产生的热量全部散发到周围介质中。当发热未达到稳定前,这个热量一部分用于升高导体的温度,另一部分散发到周围介质中去。因此,长期工作制下的电器,其允许温升应以稳定温升为准。

间断长期工作制(8h 工作制)也属于长期工作制。在电器规定的工作时间内温升早已达到稳定值,但超过 8h 之后将停止工作。因此,电器触头工作于间断长期工作制时,其允许温升可以比长期工作制时取得略高一些。

2. 短时工作制时电器的发热及过载系数

电器的短时工作制是指电器通电时间很短,温升未达到稳定就停止工作,并且下一次工作要等到电器冷却到周围介质温度。因此,短时工作制下的电器,允许超载运行,这样可使电器得到充分作用,其功率(或电流)的过载倍数与发热时间 t_d 及时间常数 T 有关。T 越大,t_d 越小,过载倍数则越高。

3. 间断工作制时电器的发热

间断工作制(反复短时工作制)是指电器在通电和断电周期循环下的工作过程。通电时间内温度未达到稳定值,断电后又不能冷却到周围介质温度。多次重复通电后,电器可能达到稳定温升。

在电器标准中,常用通电持续率 T_D 来表示间断工作制的负荷轻重程度。通电持续率的定义是:工作时间 t_1 与工作周期 t 之比的百分数。显然 T_D 值越大,说明工作时间越长,任务越繁重,过载系数就越小。

4. 短路时电器的发热

电路发生短路故障时，其短路电流远大于额定电流；当保护电器还未将故障切除前，电器必须能承受住一定时间内短路电流的发热考验。由于短路电流的时间很短，可以认为是绝热过程，即不考虑散热，全部损耗都用来加热电器。当短路电流引起的发热超过电器中某部分材料所能承受的发热温度极限时，便会发生火灾。

综上所述，电器工作时会因电阻损耗、磁滞损耗、涡流损耗等引起发热，因不同工作制下的电器发热及冷却状况不同，在考虑采用多大额定电流的电器时，可在稳定温升基础上，进行适当调整，以便充分发挥电器的性能。

后面将给大家讲述电器如何散热，敬请期待。

牵引电机

项目 4

城市轨道交通车辆电器

牵引电机是城市轨道交通车辆得以实现牵引及电制动的动力设备。在起动、牵引及制动等各种工况下，都是通过电气传动控制系统改变牵引电机的转速以达到车辆调速的目的。牵引电机将电能转变为机械能，产生牵引力驱动列车；又可将机械能转变为电能，实现电制动。所以，牵引电机是城市轨道交通车辆电气设备中最主要的构成部分，其性能和可靠性直接关系到城市轨道交通车辆的运行。

牵引电机取代蒸汽机用于城市轨道交通车辆已有100多年的历史，但是就其类型而言，不外乎有两大类，即直流牵引电机和交流牵引电机(包括直线牵引电机)。

牵引电机与普通交直流电机相比，具有如下工作特点。

1. 使用环境恶劣

由于牵引电机安装在车体下面，直接受雨、雪、潮气的影响，车辆运行中掀起的尘土也容易侵入电机内部。此外，由于季节和负载的变化，还经常受温度和湿度变化的影响。因此，电机绝缘容易受潮、受污，对其性能和寿命产生极为不良的影响。所以，牵引电机的绝缘材料和绝缘结构应具有较好的防潮、防尘性能及良好的通风、散热条件。

2. 外形尺寸受限制

牵引电机悬挂在车体下面，其安装空间受到很大的限制，轴向尺寸受轨距的限制，径向尺寸受动轮直径的限制。为了获得尽可能大的功率，要求牵引电机结构必须紧凑，并采用较高等级的绝缘材料和性能较好的导电、导磁材料。

3. 动作用力大

车辆运行通过钢轨不平顺处时，因撞击而产生的动作用力会传递给牵引电机，使牵引电机承受很大的冲击和振动。因此，牵引电机的基本结构与普通电机相同，但某些部件具有特殊的形式，以适应上述工作特点的要求。

4-1 学习任务　直流牵引电机结构原理认知

知识分享

　　直流牵引电机,特别是直流串励牵引电机,由于具有适合牵引需要的"牛马"特性、起动性能好、调速范围宽、过载能力强、功率利用充分、控制简单等优点,多年来一直作为各种车辆的主要牵引动力。应用大功率可关断晶闸管(GTO)等元件,构成斩波调速系统,进一步改善了直流传动城市轨道交通车辆的运行性能。

牵引电机的结构
与工作原理

　　在学习直流牵引电机在城市轨道交通车辆上的应用之前,首先要了解直流牵引电机的基本结构、工作原理及其机械特性。

一、直流牵引电机的基本结构

　　直流牵引电机(图4-1-1)的结构与普通直流电机基本相同,主要由静止的定子和旋转的转子两部分组成。定子的作用是产生磁场、提供磁路和作为牵引电机的机械支撑,由机座、主磁极、换向极、端盖和轴承等部件组成。转子的作用是产生感应电势和电磁转矩,从而实现能量转换,由转轴、电枢铁芯、电枢绕组和换向器等部件组成。转子通过电枢轴承与定子保持一定的间隙,就是磁路中的空气间隙。此外,直流牵引电机还有一套电刷装置,电刷和换向器接触,以实现电枢电路与外电路的连接。

图4-1-1　直流牵引电机实物图

　　轨道交通车辆中采用的直流牵引电机是由整流装置向其提供脉动的直流电源,因此,又称其为脉流牵引电机。脉流牵引电机因供电电源有较大脉动,发热严重,换向困难,所以它的某些部件具有特殊的结构形式。

1. 定子

(1)机座

　　机座(图4-1-2)兼起机械支撑和导磁磁路两个作用。它既用来作为安装电机所有零件的外壳,又是联系各磁极的导磁铁轭。

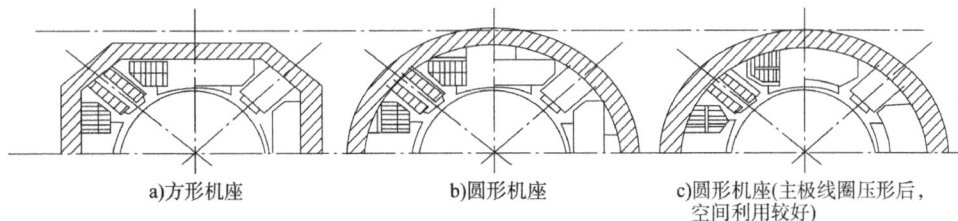

a)方形机座　　　　　b)圆形机座　　　　　c)圆形机座(主极线圈压形后,空间利用较好)

图4-1-2　牵引电机机座形状

（2）主磁极

脉流牵引电机的主磁极（简称主极）是用来产生主磁场的，它由主极铁芯和主极线圈两部分组成，如图4-1-3所示。

（3）换向极

脉流牵引电机的换向极用来产生换向磁场以改善电机换向性能，由换向极铁芯和换向极线圈两部分组成。

（4）补偿绕组

为了改善脉流牵引电机的换向，提高电机运行的可靠性，大容量的脉流牵引电机设置了补偿绕组。补偿绕组跨嵌在相邻两个主极极靴槽内，其安装情况如图4-1-4所示。

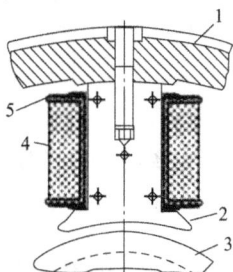

图4-1-3　主极结构

1-机座;2-主极铁芯;3-转子;

4-主极线圈;5-绝缘框架

图4-1-4　补偿绕组

1-主极铁芯;2-补偿绕组;3-极靴槽

（5）绕组接线

为了便于调节牵引电机的磁场和改变牵引电机的旋转方向，总是将主极线圈单独接成一个电路，用电缆直接引出；换向极线圈、电枢绕组及补偿绕组串联成另一个电路，另外用电缆引出。

2. 转子

（1）转轴

转轴是牵引电机中工作最困难的部件之一，因为它不仅要传递牵引电机产生的巨大转矩，而且还要经常承受很大的冲击载荷（特别是抱轴式牵引电机），此时转轴将利用弹性变形来吸收大部分的冲击力。其弹性变形虽然不大，但经常反复变形会使转轴的材料产生疲劳，甚至出现裂纹或折损。同时，转轴上还安装着电枢铁芯、换向器、滚动轴承内圈和小齿轮等零部件，使转轴经常存在着内应力。所以，用来制造转轴的钢材必须具有很高的机械强度和足够的韧性。电力机车牵引电机的转轴采用优质合金钢，如铬锰钢和铬铝钢等。

（2）电枢铁芯

电枢铁芯是牵引电机磁路的一部分，也是承受电磁力作用的部件。在电枢铁芯圆周表面均匀开有电枢槽,槽内嵌装电枢绕组。由电枢铁芯和电枢绕组构成了脉流牵引电机的电枢,电枢绕组中流过电流,在磁场中受到电磁力的作用,使电枢旋转,把电能转换成机械能。可见它们是牵引电机中实现能量转换的枢纽,因此称为"电枢"。电枢冲片如图4-1-5所示。

(3)电枢绕组

电枢绕组是脉流牵引电机实现能量转换的部件,把电枢线圈嵌放在电枢铁芯圆周的电枢槽中,按一定规律与换向器连接起来就构成了电枢绕组。

(4)换向器

换向器(图4-1-6)是直流和脉流牵引电机特有的重要部件,其作用是在发电机状态下将电枢绕组中产生的交变电动势整流成电刷间的直流电势;在电动机状态下将输入的直流电流逆变成电枢绕组中的交变电流,以产生单方向的电磁转矩。电机运行时,换向器既要通过很大的电流,又要承受各种机械应力,因此,换向器工作情况的好坏,直接影响电机的运行性能。

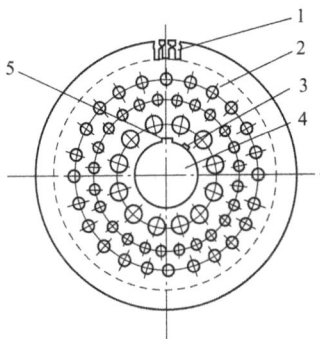

图4-1-5 电枢冲片
1-电枢槽;2-通风孔;3-标记孔;
4-轴孔;5-键槽

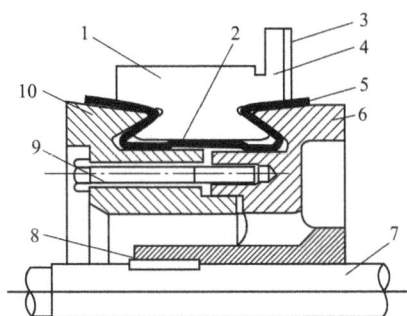

图4-1-6 换向器结构
1-换向片;2-绝缘套筒;3-云母片;4-升高片;
5-V形云母环;6-换向器套筒;7-转轴;
8-键;9-换向器螺栓;10-压圈

3.电刷装置

脉流牵引电机的换向器端装有电刷装置,其作用是使转动的电枢绕组与外电路连接起来。电刷装置由电刷、刷握、刷握架、刷杆和刷架圈等组成。电刷装置的结构和电刷的性能对牵引电机换向性能影响很大,为了保证良好的换向效果,电刷装置应满足以下要求:

(1)电刷应有良好的集流性能和换向能力。

(2)刷握在换向器轴向、径向和切线方向位置都能调节。轴向调节是为了保证电刷处在换向器中央部位;径向调节是为了保证刷盒底面与换向器表面的距离;切线方向调节是为了保证电刷准确地处在主极中心线上。

(3)电刷和换向器工作表面应保持紧密和可靠的接触,电刷压力稳定并保持均匀不变。

(4)电刷装置应具有较高的机械强度,并能承受振动和冲击。

(5)刷杆等绝缘零件应有较高的介电强度,不因受潮、受污而造成闪络或飞弧故障。

4.电枢轴承和抱轴轴承

（1）电枢轴承

脉流牵引电机的转子通过两个电枢轴承和端盖支撑在机座上。现代牵引电机大都采用承载能力大的滚柱轴承。

（2）抱轴轴承

抱轴式悬挂牵引电机的抱轴轴承是指将电机支承在车辆动轮轴上的凸出结构，可采用滑动轴承或滚动轴承。在目前技术条件下，动轮轴上安装滚动轴承还有困难，所以一般采用滑动轴承。

二、直流牵引电机的工作原理

直流牵引电机的工作原理与普通直流电机的工作原理相同，都是基于电磁感应的原理。此处利用图 4-1-7 所示的结构简图来说明其工作原理。

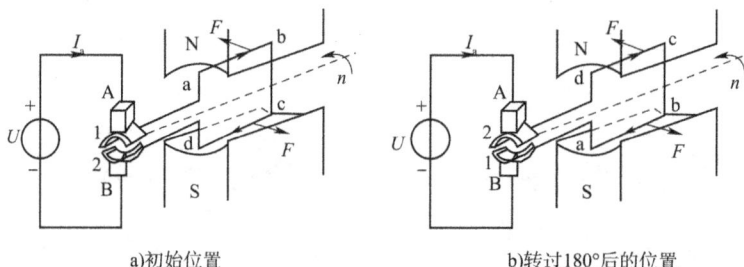

a)初始位置   b)转过180°后的位置

图 4-1-7 直流电机工作原理图

图 4-1-7 中 N、S 为一对主磁极，通过直流电源励磁产生恒定磁场。励磁绕组未画出，图中 a、b、c、d 线圈表示电枢绕组，1、2 为两个换向片，与电枢绕组相连，A、B 两个电刷与外电路相连。

接通直流电源之后，电刷两端加了一个直流电压，图 4-1-7a）所示情况为：A 刷为正，B 刷为负，换向片 1 与 A 刷相接触，直流电流 I_a 从 A 刷流入，经换向片 1→线圈 a→线圈 b→线圈 c→线圈 d→换向片 2，从电刷 B 流出，形成一个回路。利用左手定则，可以判断电枢绕组的 ab 边和 cd 边都受到电磁力的作用，力的方向如图所示。这一对力对电枢将产生一个绕电机转轴旋转的电磁力矩，使得电枢沿逆时针方向转动起来。

电枢转到180°之后，ab 边在下，cd 边在上，因为电刷不动，换向片与电枢一起转动，所以此时换向片 1 转到下方与 B 刷相接触，换向片 2 转到上方与 A 刷相接触，电源电流 I_a 从 A 刷流入，经换向片 2→线圈 d→线圈 c→线圈 b→线圈 a→换向片 1，从电刷 B 流出，形成一个回路。此时，电枢绕组中的电流与之前比较，方向相反，但电枢的电磁转矩方向不变，仍然是逆时针方向，所以转轴旋转方向不变。因此，电机电枢可绕转轴连续旋转。

综上所述，直流牵引电机同普通直流电机一样，就是利用励磁绕组通电产生磁场，使通电的电枢绕组受到电磁力的作用而绕电机转轴旋转工作的一种电器装置。

三、直流牵引电机的机械特性

直流牵引电机的机械特性跟普通直流电机一样,也与励磁方式有关。直流电机的励磁方式有他励、并励、串励和复励四种,如图4-1-8所示。

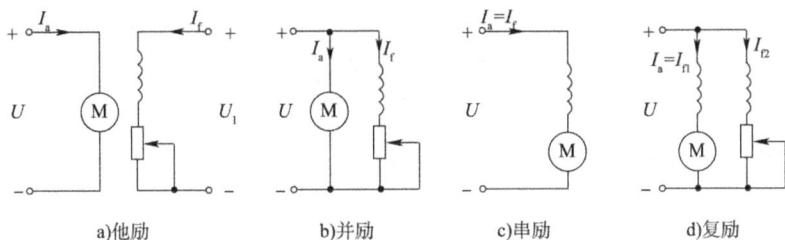

图4-1-8 直流牵引电机的励磁方式

直流电机电枢绕组两端的感应电动势公式见式(4-1-1),电枢回路电压方程式见式(4-1-2)。将式(4-1-1)代入式(4-1-2),得式(4-1-3);式(4-1-4)为电磁转矩公式的变形式,再将式(4-1-4)代入式(4-1-3),得直流电机的转速公式(4-1-5)。

$$E_a = C_e \Phi n \tag{4-1-1}$$

$$E_a = U - I_a R_a \tag{4-1-2}$$

$$n = \frac{E_a}{C_e \Phi} = \frac{U - I_a R_a}{C_e \Phi} \tag{4-1-3}$$

$$I_a = \frac{T}{C_T \Phi} \tag{4-1-4}$$

$$n = \frac{U - \dfrac{T}{C_T \Phi} R_a}{C_e \Phi} = \frac{U}{C_e \Phi} - \frac{R_a}{C_T C_e \Phi^2} T \tag{4-1-5}$$

式(4-1-5)为直流电机转速 n 与电磁转矩 T 之间的关系式。式中第一部分 $U/(C_e \Phi)$ 在电源电压和主磁通不变时是常数,称为理想空载转速,用 n_0 表示。主磁通是由励磁电源产生的,因此励磁方式不同,电动机的机械特性不同。

1. 他励直流电机的机械特性

他励直流电机的励磁绕组单独使用一个电源,其磁通不受负载的影响,当励磁电压一定时,Φ 是个定值,则式(4-1-5)可以表示为

$$n = n_0 = CT \tag{4-1-6}$$

式中:$C = \dfrac{R_a}{C_T C_e \Phi^2}$ 为一常数,反映电机的机械特性曲线斜率。

因此,他励直流电机的机械特性曲线是一条略微下斜的直线,如图4-1-9所示。

说明当负载 T 增加时,由于电枢电流 I_a 与 T 成正比,I_a 增大,电枢电阻的压降 $I_a R_a$ 增大,造成转速下降。由 C 的表达式可

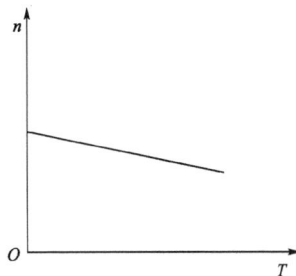

图4-1-9 他励直流电机的
机械特性曲线

以看出,机械特性曲线斜率较小且较平滑,因此,他励直流电机的机械特性属于硬特性。

2. 串励直流电机的机械特性

串励直流电机的励磁绕组与电枢绕组串联,励磁电流与电枢电流相同。因此,串励直流电机的励磁电流较大,且负载变化时,励磁电流随电枢电流的变化而变化,若不考虑主磁通饱和,则有:

$$\varPhi = K_\varPhi I_f = K_\varPhi I_a \tag{4-1-7}$$

式中:K——比例系数。

将式(4-1-7)代入电磁转矩公式,有:

$$T = C_T \varPhi I_a = C_T K_\varPhi I_a^2 \tag{4-1-8}$$

再将式(4-1-8)代入式(4-1-5),得:

$$n = \frac{U}{C_e K_\varPhi I_a} - \frac{R_a}{C_e K_\varPhi} = \frac{U}{C_e K_\varPhi \sqrt{\dfrac{T}{C_T K_\varPhi}}} - \frac{R_a}{C_e K_\varPhi} = \frac{U}{C_e \sqrt{\dfrac{K_\varPhi}{C_T}}\sqrt{T}} - \frac{R_a}{C_e K_\varPhi} \tag{4-1-9}$$

式(4-1-9)给出了串励直流电机的转速与转矩间的关系,据此可以得出串励直流电机的机械特性曲线如图4-1-10所示。

图4-1-10所示的曲线表明,当串励直流电机轻载或空载时,转速很高,容易发生飞车事故;负载增加时,转速下降很快,特性很软,因此,串励直流电机不允许轻载或空载运行。

由于串励直流电机的电磁转矩与电枢电流的平方成正比,因此起动转矩较大,过载能力较强,所以一般用于起重机、电动机车等起动转矩要求较高的运输设备中。

他励、复励和串励3种励磁方式的直流牵引电机的机械特性曲线如图4-1-11所示。

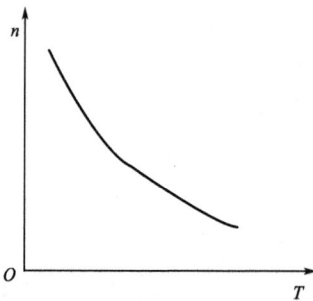

图4-1-10　串励直流牵引电机的机械特性曲线　　　　图4-1-11　直流牵引电机的机械特性曲线

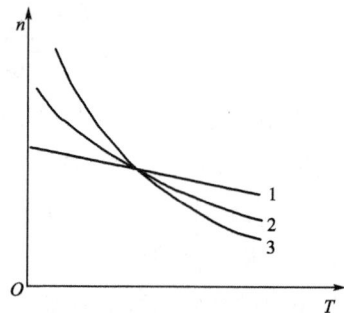

1-他励;2-复励;3-串励

复励直流牵引电机的机械特性介于并励与串励之间,如图4-1-11中的曲线2所示。它兼有并励与串励的特点,所以它既可以用于轻载或空载的情况,也可以用于负载变化较大的场合,应用范围较广。

四、直流牵引电机在城市轨道交通车辆中的应用

由于串励直流电机在负载变化时,其受到的干扰比他励直流电动机小(后面有具体的分

析),因而被广泛应用于城市轨道交通车辆中。

1. 城市轨道交通车辆中直流牵引电机的调速

由式 $n = \dfrac{E_a}{C_e\Phi} = \dfrac{U - I_a R_a}{C_e\Phi}$ 可知,可通过改变牵引电机的端电压 U 和改变牵引电机的主极磁通 Φ 两种途径来调节电动机的转速。

(1)改变牵引电机的端电压 U

可通过如下方式来改变牵引电机的端电压 U:

①改变牵引电机定子绕组和励磁绕组的连接方式,如由串联改为串并联的方式。由于连接方式有限,所以可调的电压等级也有限,同时使牵引电机的接线变得较复杂。

②在电动机回路中串接电阻,通过凸轮或斩波方法来调节电阻值的大小实现调压。由于这种方法要消耗电能,不经济,现在已基本不使用。

③在牵引电机与电源之间串接斩波器,调节斩波器的导通比来改变电动机的端电压,其原理如图 4-1-12 所示。这是目前在城市轨道交通车辆中广泛使用的一种调节直流电动机端电压的方法。

(2)改变牵引电机的主极磁通 Φ

一般采用主极绕组上并联分路电阻,使电流的一部分流经分路电阻,从而减少励磁电流、磁势和磁通,电路如图 4-1-13 所示。

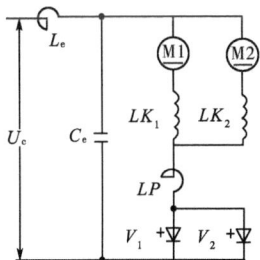

图 4-1-12　斩波调压原理　　图 4-1-13　利用分路电阻实现磁削的原理图

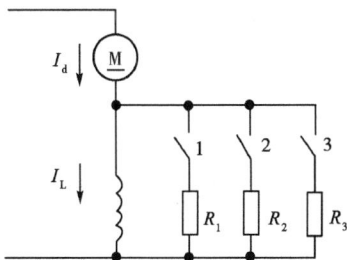

直流串励牵引电机在恒电压下削弱磁场时,牵引电机的电流增加,动车的功率和牵引力也随之增加,所以普遍采用这种方法来提高动车的功率和速度,但是削弱磁场的深度是有限制的。因为在高速度大电流时削弱磁场会导致牵引电机换向困难,可能产生火花甚至环火。

牵引电机在恒功率条件下削弱磁场,不能提高牵引力和功率,但是可使牵引电机的恒功率范围扩大。

2. 直流牵引电机的电制动

直流牵引电机的制动有机械制动和电气制动两种方式。电气制动通常简称电制动,是指通过某种方法,让牵引电机的电磁转矩与电机的转向相反,从而形成制动转矩的一种方法。

电气制动是利用牵引电机由牵引时的电动状态改为发电状态,将已有的机械能转变为电能。牵引电机所产生的电能,如果利用电阻发热使之转化为热能散掉,称为电阻制动或能耗制动;如果将电能重新反馈回电网中去加以利用,就称之为再生制动或回馈制动。

(1)电阻制动

直流串励牵引电机在进行电阻制动时,按其接线方式不同可以分为以下两种制动方式:

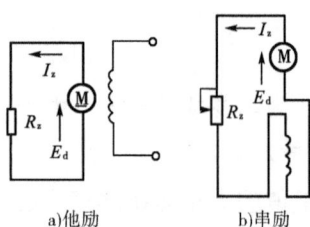

图 4-1-14　电阻制动原理

①他励式电阻制动。将励磁绕组改由另外电源供电,电枢绕组与制动电阻 R_z 相连接的方式称为他励式电阻制动,如图 4-1-14a)所示。改变他励绕组的励磁电流和磁通,可以调节电动机的制动电流和制动力。

②串励式电阻制动。牵引电机励磁绕组反向与电枢串联,再接到制动电阻 R_z 上,牵引电机仍保持串励形式,如图 4-1-14b)所示。

这种方式虽不需要有额外的励磁电源,但是需要改变 R_z 的大小来调节制动电流和制动力。城市轨道交通车辆采用斩波器与制动电阻并联,通过改变斩波器的导通比来调节电阻,如图 4-1-15 所示。

(2)再生制动

再生制动时,牵引电机处于发电机状态向电网回馈电能,如图 4-1-16 所示。采用 GTO 斩波装置,可以比较方便地实现再生制动。

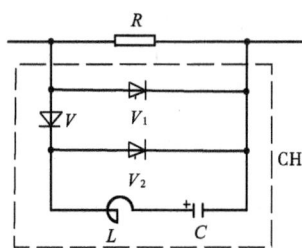

图 4-1-15　斩波调阻原理

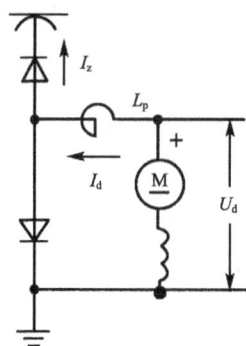

图 4-1-16　再生制动原理

3. 牵引电机在城市轨道交通车辆应用中的问题

(1)负载分配不均问题

列车运行时,为了充分利用动车的功率及黏着重量,动车上各台牵引电机的负载应该均匀分配。但实际上由于各台牵引电机特性曲线的差异和动轮直径的差异,不可避免地造成各牵引电机间负载分配的不均匀。

①牵引电机之间的特性差异引起负载分配不均。

当两台特性有差异的牵引电机装在同一动车上并联运行时,即使动轮直径完全相同,从

图 4-1-17a)可以看出,串励牵引电机由于特性较软,在同一运行速度下的负载电流 I_1 和 I_2 的差值 ΔI_d 比较小。而特性差异程度相同的他励牵引电机,由于特性较硬[图 4-1-17b)],负载电流 I_1 和 I_2 的差值 ΔI_d 要比励牵引电机大得多,输出转矩的差异他励牵引电机也要比串励牵引电机大得多。所以,串励牵引电机负载分配不均匀的程度远比他励牵引电机小。

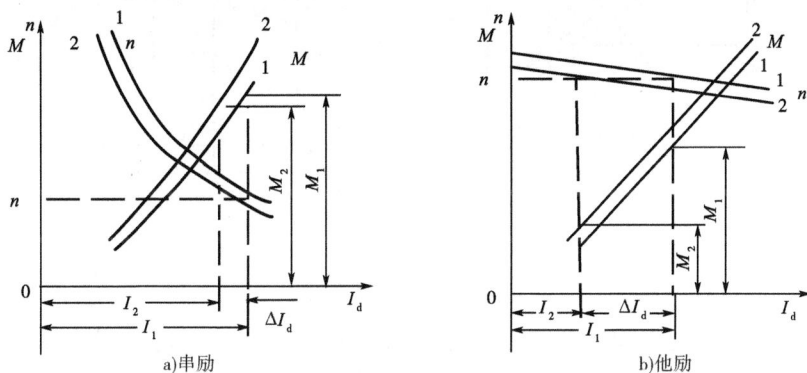

图 4-1-17　牵引电机的特性差异引起的负载分配不均

②动轮直径的不同引起负载分配不均。

如果两台牵引电机的特性完全相同,而它们各自的动轮直径不同,两台牵引电机的转速将会产生某些差异。设一台牵引电机的转速为 n_1,另一台牵引电机的转速为 n_2,比较图 4-1-18a)和图 4-1-18b)可以看出,串励牵引电机负载分配不均匀程度比他励牵引电机小。

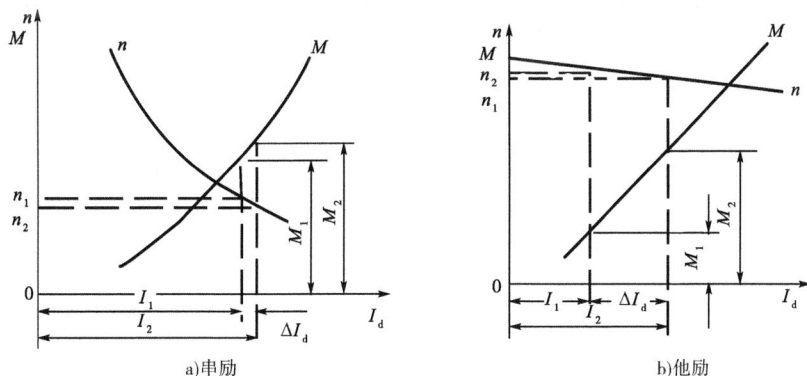

图 4-1-18　动轮直径不同引起的负载分配不均

结论:就牵引电机间负载分配而言,串励优于他励。

(2)电压波动对牵引电机工作的影响

接触网电压经常会发生波动,例如,当动车运行经过两个牵引变电所供电的交界处时,供电电压会发生突然变化,在动车速度还来不及变化时,就可能产生较大的电流冲击和牵引力冲击。图 4-1-19 表示串励、他励牵引电机在电压突然增加时产生的电流和牵引力(转矩)的变化。设电动机原来的端电压为 U_1,相应的转速特性曲线为 $n_1 = f_1(I_d)$;变化后的电压为 U_2,相应的转速特性曲线为 $n_2 = f_2(I_d)$。比较图 4-1-19a)和图 4-1-19b)可以看出,当电网电压波动时,由于他励牵引电机具有硬特性,其电流冲击和牵引力冲击都比串励牵引电机大得多,这将引起列车冲动并使牵引电机工作条件恶化。

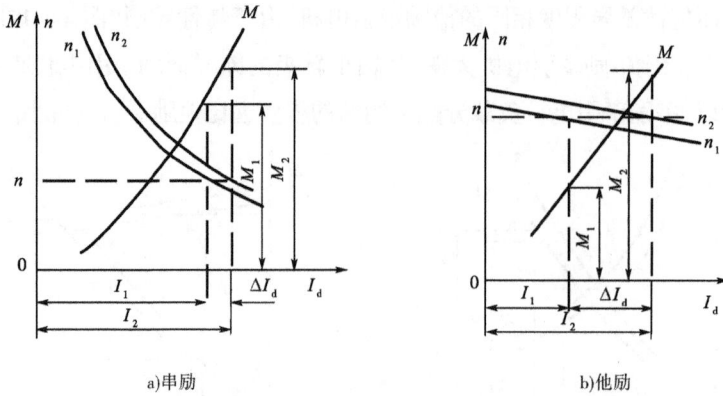

图 4-1-19　电压波动时牵引电机电流和牵引力的变化

另外,当牵引电机的外加电压突变时,由于他励牵引电机励磁电路内电流不变,电枢反电势不能及时增加,将使过渡过程开始阶段的电枢电流冲击过大。而串励牵引电机的励磁绕组与电枢绕组串联,因而电流增长速度相同,虽有磁极铁芯内涡流的影响,磁通增长速度稍慢于电枢电流的增长速度,但引起的电流冲击比他励牵引电机要小得多。

结论:就电压波动对牵引电机的影响而言,串励优于他励。

(3)功率的利用问题

图 4-1-20 给出了串励和他励电动机的机械特性 $M = f(n)$,变换比例后,就是动车的牵引特性 $F = f(v)$。

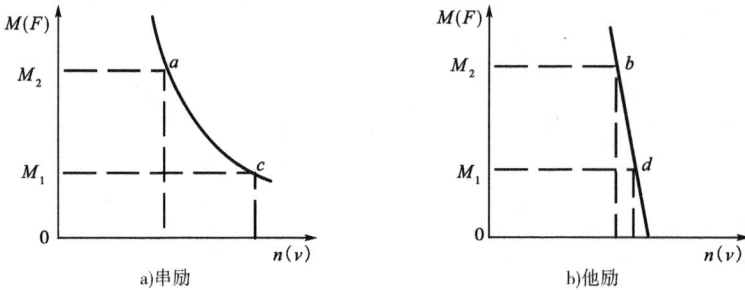

图 4-1-20　牵引电机机械特性与功率利用的关系

假设串励和他励牵引电机具有相同的额定转矩和额定转速,当转矩自 M_1 变化到 M_2 时,串励牵引电机的工作点由 c 点变为 a 点。因为功率是转矩和转速的乘积,即牵引力和速度的乘积,其功率变化可用 a 点横、纵坐标所围成的矩形面积与 c 点横、纵坐标所围成的矩形面积之差来表示。同理,他励牵引电机在转矩自 M_1 变化到 M_2 时,工作点由 d 点变为 b 点,其功率变化可用 d 点和 b 点横、纵坐标所围成的矩形面积之差来表示。两者相比,由于串励牵引电机具有软特性,转速随着转矩的增大而自动降低,所以串励牵引电机的功率变化比他励牵引电机要小,接近恒功率曲线,可以合理地利用与牵引功率有关的电器设备的容量。

结论:从功率利用率的角度出发,串励优于他励。

（4）黏着重量的利用问题

具有硬特性的牵引电机产生空转的可能性较小。图 4-1-21 中的曲线 1 是最大黏着力曲线,曲线 2 是滑动摩擦力曲线,曲线 3、4、5 分别是他励牵引电机和串励牵引电机的机械特性曲线。假定牵引电机原来工作在最大黏着牵引力曲线上的 B 点,速度为 v_0。如果偶然因素使轮轨间的黏着条件受到破坏,黏着力曲线 1 下降到 1′ 的位置,摩擦力曲线 2 也相应降到 2′ 的位置。在 v_0 速度下牵引电机的牵引力超过了黏着限制,逐渐发生空转。牵引电机的转速将沿着特性曲线上升,转速上升到 A 点时,滑动摩擦力等于牵引力,滑动速度不再增加。从图 4-1-21a）中可以看出,他励牵引电机因具有硬特性,在空转过程中牵引力随转速的上升而迅速下降,很快地与滑动摩擦力相平衡,停止空转。当引起黏着破坏的原因消失时,它能较快地恢复到原来的工作状态。

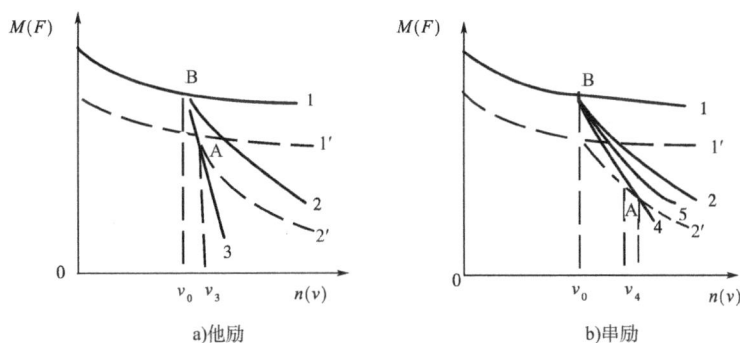

图 4-1-21　牵引电机特性与空转的关系

1-最大黏着力特性;2-滑动摩擦力特性;3-他励牵引电机机械特性;

4-串励牵引电机较软的机械特性;5-串励牵引电机很软的机械特性

串励牵引电机由于特性较软,如图 4-1-21b）中曲线 4 所示,空转后的稳定滑动速度 v_4 高于他励牵引电机的稳定滑动速度 v_3。如果串励牵引电机的特性很软,如图 4-1-21b）中曲线 5 所示,一旦黏着破坏,将产生更大的滑动速度形成空转,使车轮踏面磨损,牵引力下降。

结论：从黏着重量利用的角度出发,他励牵引电机优于串励牵引电机。

思政课堂

轨道机车车辆的心脏——牵引电机

用于轨道机车车辆和道路交通车辆上的电机称为牵引电机,在这些车辆上牵引电机的主要功能是为车辆的运行提供所需驱动力及为车辆减速提供所需的制动力,使车辆完成运输的功能。

由于直流牵引电机的特性非常符合"起动力矩大,运行中能自动保持恒功率运行"的牵引要求,所以无论在国内还是国外,早期轨道车辆上都一直是直流牵引电机担当主角。20世纪 90 年代以前的地铁线路,如北京地铁 1 号线、2 号线地铁车辆使用的便是直流牵引电机。

　　20 世纪 80 年代以后，随着 GTO、GTR、IGBT 等大功率、全控型电力电子器件的出现，三相鼠笼式交流电机和直线电机也加入了牵引电机的行列。三相鼠笼式交流电机因其调速范围大、坚固耐用而发展迅速，几乎在所有的调速领域得到应用。20 世纪 90 年代后期的地铁车辆基本都是采用交流牵引电机，如 1993 年开通试运营的上海地铁 1 号线 2 号线后续增补车辆就采用了交流牵引电机。

　　直线电机因其结构简单、体积小、没有机械接触、维护工作量小等优点被轨道车辆所采用，主要用于磁悬浮列车和地铁车辆。目前，直线电机用作地铁、轻轨和城际列车动车牵引电机的比例不高，在部分地铁线路上有应用，如广州地铁 4 号线、5 号线、6 号线等。

学习笔记

要点总结

城市轨道交通车辆从接触网获取电能,经牵引逆变器进行 DC/AC 变换及变压变频控制后,提供给牵引电机,再由牵引电机将电能转化为机械能,产生牵引力驱动列车;又可将机械能转变为电能,实现电气制动。牵引电机是城轨车辆得以实现牵引及电气制动的动力设备。

城轨车辆上所用的牵引电机有直流牵引电机、交流牵引电机两种类型,目前交流牵引电机的使用最为广泛。

直流牵引电机的结构与普通直流电机基本相同,主要由静止的定子和旋转的转子两大部分组成。定子的作用是产生磁场、提供磁路和作为牵引电机的机械支撑,由机座、主磁极、换向极、端盖和轴承等部件组成。转子的作用是产生感应电势和电磁转矩,从而实现能量转换,由转轴、电枢铁芯、电枢绕组和换向器等部件组成。转子通过电枢轴承与定子保持一定的间隙,就是磁路中的空气间隙。此外,直流牵引电机还有一套电刷装置,电刷和换向器接触,以实现电枢电路与外电路的连接。

直流牵引电机的工作原理简单来说就是利用励磁绕组通电产生磁场,使通电的电枢绕组受到电磁力的作用,从而绕电机转轴旋转,通过机械装置将转子的旋转力矩传递给轮对,从而带动整个车辆运行。

能力拓展

请根据本节内容,利用智慧职教城市轨道交通、铁道机车等专业教学资源库、MOOC 学院《机车车辆电气设备的检查与调试》在线课程等数字化资源及公共网站等途径,完成下面的任务。

任务1:请收集城轨车辆用直流牵引电机的图片,制作 PPT,课上分享。

PPT 要求:不少于 5 页,图片清晰,配备必要的文字说明。

其他要求:能理解制作的 PPT 内容,能进行流利的讲解。

任务2:请收集直流牵引电机故障和检修等方面的视频。

要求:每组收集 1~2 个视频,了解直流牵引电机的工作状态、可能出现的故障及如何进行检修等,从而加深对直流牵引电机结构、工作原理的理解,进行课上分享。

任务3:请收集城轨车辆使用的不同型号的直流牵引电机的资料,了解它们的结构差异,完成下面的表格。再把找到的图片、文字和下表整理成 PPT,进行课上分享。

型号			
所用线路			

续上表

结构特点			
主要技术参数			
优缺点			

4-2 学习任务 交流牵引电机结构原理认知

知识分享

直流牵引电机具有优良的牵引和制动性能,通过调节端电压和励磁,就可以方便地进行调速。但是,直流牵引电机的换向器结构尚存在一系列缺陷:如电动机换向困难、结构复杂、工作可靠性较差、制造成本高、维修工作量大。特别是高电压大功率直流牵引电机,换向变得更加困难,使电动机的工作可靠性降低。随着大功率晶闸管,特别是近年来全控型电力电子器件的迅速发展,可调压调频的逆变装置已经成功解决了交流电动机的调速问题。交流牵引电机没有换向器,就消除了由此引起的一连串问题,而且交流牵引电机具有结构简单、维修方便、体积小、质量小、转速高、功率大、能自动防滑等一系列优点,所以是一种较理想的牵引电机,在城市轨道交通领域中正在迅速取代直流牵引电机。

交流牵引电机结构

城市轨道交通车辆普遍采用的是交流异步牵引电机,这是因为同步牵引电机需要集电环和电刷或者在转子上安装旋转整流器,不适于频繁起动和停止的工作需要,也不能在轮径不同或牵引电机转速有差别时由一台逆变器驱动多台牵引电机并联工作。

异步电动机在空间利用和重量上都优于同步牵引电机,因此被广泛应用。异步牵引电机采用 VVVF 控制,即直流电通过逆变器变为三相交流电,用电压和频率的变化来控制异步牵引电机的转速变化,获得最佳的调速性能,并实现再生制动。

一、交流异步牵引电机的基本结构

交流异步牵引电机如图 4-2-1 所示,主要由定子、转子、端盖、轴承、测速装置和主动齿轮等部分组成。定子的作用是产生旋转磁场并从机械上支撑整个电机,它的主要零部件有定子铁芯、定子绕组等。转子是用来产生感应电势和电磁转矩以实现能量转换的主要部件,它由转子铁芯、导条、端环和转轴等组成。端盖用于支撑转子和实现电机内部与外部的隔离,方便电机转子的安装。轴承是连接定子和转子的部件,实现电机定子和转子稳定的、转动灵活的机械连接。测速装置用于测量电机转子转速,将转速信号传送给控制系统,构成异步牵引电机转速控制的反馈环节。

图 4-2-1 交流异步牵引电机

下面针对交流异步牵引电机各组成部件的结构进行详细说明。

1. 定子

定子由定子铁芯、定子绕组、引出线等零部件组成。

（1）定子铁芯

定子铁芯采用硅钢片和端板叠压而成，定子铁芯上设置的切槽为回退式切槽，增加了通风空间，提高了冷却效果。

（2）定子绕组

定子绕组是指安装在定子铁芯上的绕组。每相绕组一般由多个线圈或线圈组构成。

（3）引出线

传动端的铝托座上部接线盒内连接有引出线，使用接头用银焊焊接在三相线圈的引出连线上，牵引电机外部设置橡胶衬套。可以将三相电源引出线牢牢固定，然后再用绝缘材料进行处理。引出线绝缘部分是用蚂蟥钉固定的，当列车在通过道岔受冲击或其他原因使得铝托架产生断裂时，可以不用分离引出线连接部位就可以直接更换。

2. 转子

转子，又称电枢，主要由转轴、电枢铁芯、电枢绕组和换向器等组成，如图4-2-2所示。

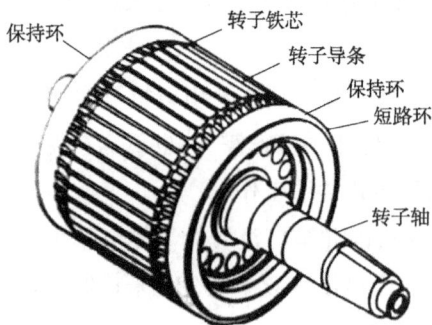

图 4-2-2　牵引电机转子

转子为牢固的鼠笼形状，该结构适用于高速运转。转子导条采用电阻系数较大，强度足够的铜锌合金。为了尽量减少运转过程中因温度上升而产生的热膨胀，短路环采用电阻系数较小的纯铜。此外，为了应对高速转动，还在短路环的外围设置了保持环。

（1）转轴

转轴是用来传递扭矩，一般用合金钢锻压而成。

（2）电枢绕组

电枢绕组的作用是产生感应电动势和通过电流产生电磁转矩，实现机电能量转换。它是电机的主要电路部分。电枢绕组通常是用圆形或矩形截面的导线绕制而成，再按一定规律嵌放在电枢槽内，上下层之间以及电枢绕组与铁芯之间都要妥善地绝缘。为了防止离心力将绕组甩出槽外，槽口处需用槽楔将绕组压紧，伸出槽外的绕组端接部分用无纬玻璃丝带绑紧。绕组端头则按一定规律嵌放在换向器铜片的升高片槽内，并用锡焊或氩弧焊焊牢。

（3）铁芯

电枢铁芯是电机磁路的一部分，也是承受电磁力作用的部件。当电枢在磁场中旋转时，在电枢铁芯中将产生涡流和磁滞损耗，为了减小这些损耗的影响，电枢铁芯通常用0.5mm厚的电工钢片叠压而成，电枢铁芯固定在转子支架或转轴上。电枢铁芯冲片沿铁芯外圈均匀地分布着槽，在槽内嵌放电枢绕组。

3. 轴承装配

传动侧的圆柱滚子轴承考虑到保持架导向面的滑动摩擦生热，采用了滚子导向方式的保持架有效地解决了该问题。为了有效防止轴承电蚀，在两侧轴承的外圈喷镀了陶瓷，形成了绝缘保护膜。

轴承润滑采用的结构是:在中间加油时通过加油嘴加进的润滑脂能从两处均衡地注入轴承内部,能延长分解的周期。另外,在传动侧、非传动侧设有注油管路,电动机解体检查时,可以很容易地进行清洗。另外,为了增大润滑脂量,在传动侧、非传动侧的端盖上设有环状润滑脂室,这种结构能为轴承不断提供新的润滑脂。

4. 通风系统

冷却风采用从车体风道抽取的方式,排气部安装了排风罩盖,以防止雨雪进入。风从非传动侧端盖的进风口进入电动机内部。在电动机内部,有三条风道:第一条是定转子间隙形成的风道,第二条是转子上的通风孔形成的风道,第三条是定子外表面用钢板焊成的风道。前两条风道是电动机的主要通风道,第三条风道主要用来降低定子线圈端部的局部温度。风量从端盖通风口流出,经风罩排到电动机外部。牵引电机通风结构如图4-2-3所示。

二、交流异步牵引电机的工作原理

三相异步牵引电机也由定子和转子两部分组成,按转子绕组形式不同,可分为绕线式和鼠笼式两种。三相异步牵引电机工作时,定子通入三相交流电流之后,在定子绕组中将产生旋转磁场,此旋转磁场将在闭合的转子绕组中感应出电流,从而使转子受到旋转电磁力矩的作用而转动起来(图4-2-4)。因此,在研究三相异步牵引电机的原理之前,应先了解旋转磁场的产生及特点。

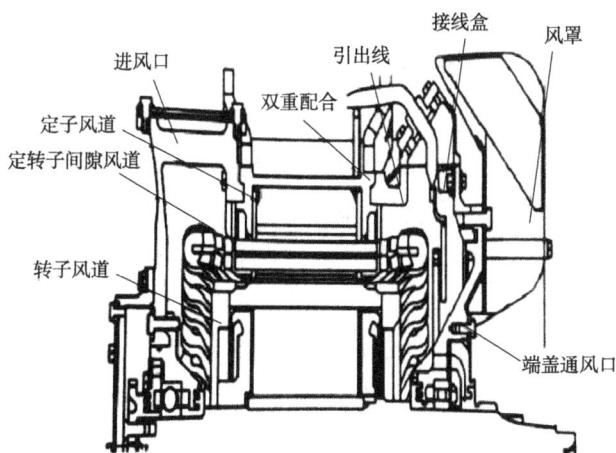

图 4-2-3　牵引电机通风结构

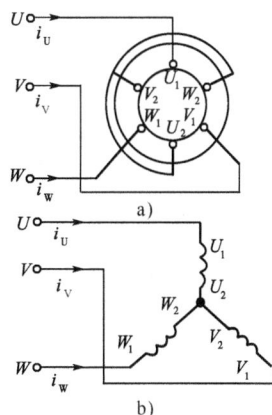

图 4-2-4　三相定子绕组的分布

1. 旋转磁场的产生

三相异步牵引电机定子绕组是空间对称的三相绕组,即 $U_1 - U_2$、$V_1 - V_2$ 和 $W_1 - W_2$,空间位置相隔120°。若将它们作星形连接,如图4-2-4所示,将 U_2、V_2、W_2 连在一起,U_1、V_1、W_1 分别接三相对称电源的 U、V、W 三个端子,就有三相对称电流流入对应的定子绕组,即:

$$i_U = I_m \sin\omega t$$

$$i_V = I_m \sin(\omega t - 120°)$$

$$i_W = I_m \sin(\omega t + 120°)$$

其波形如图 4-2-5 所示。

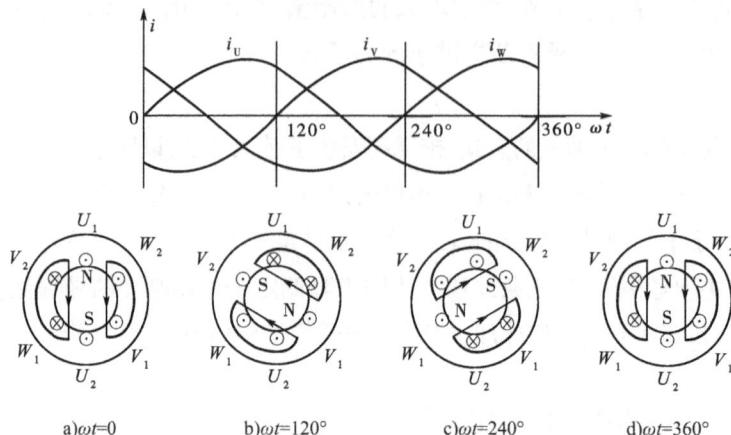

a)ωt=0　　b)ωt=120°　　c)ωt=240°　　d)ωt=360°

图 4-2-5　一对磁极的旋转磁场及对应波形

由图 4-2-5 波形图可看出，在 $\omega t = 0$ 时刻，$i_U = 0$；i_V 为负值，说明 i_V 的实际电流方向与参考方向相反，即从 V_2 流入（用⊗表示），从 V_1 流出（用⊙表示）；i_W 为正值，说明实际电流方向与 i_W 的参考方向相同，即从 W_1 流入（用⊗表示），从 W_2 流出（用⊙表示）。根据右手螺旋法则，可判断出转子铁芯中磁力线的方向是自上而下，相当于定子内部是 N 极在上、S 极在下的一对磁极在工作，如图 4-2-5a)所示。

当 $\omega t = 120°$ 时，i_U 为正值，电流从 U_1 流入（用⊗表示），从 U_2 流出（用⊙表示）；$i_V = 0$；i_W 为负值，电流从 W_2 流入（用⊗表示），从 W_1 流出（用⊙表示）。合成磁场如图 4-2-5b) 所示，从图中可以看出，合成磁场在空间上沿顺时针方向转过了 120°。当 $\omega t = 240°$ 时，同理，合成磁场如图 4-2-5c)所示，从图中可以看出，它又沿顺时针方向转过了 120°。当 $\omega t = 360°$ 时，其磁场与 $\omega t = 0$ 时的相同，合成磁场沿顺时针方向又转过了 120°，N、S 磁极回到 $\omega t = 0$ 时刻的位置，如图 4-2-5d)所示。

综上所述，当三相交流电变化一周时，合成磁场在空间上正好转过一周。若三相交流电不断变化，则产生的合成磁场在空间上不断转动，形成旋转磁场。

2. 转子的转动原理

图 4-2-6 所示为三相异步牵引电机工作原理。为简单起见，图中用一对磁极来进行分析。

三相定子绕组中通入交流电后，便在空间中产生旋转磁场，在旋转磁场的作用下，转子将做切割磁力线的运动，从而在其两端产生感应电动势。感应电动势的方向可根据右手螺旋法则来判断。由于转子本身为一闭合电路，所以在转子绕组中将产生感应电流，称为转子电流。电

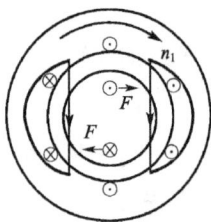

图4-2-6　三相异步牵引电机工作原理

流方向与电动势的方向一致,即上面流出,下面流进。

转子电流在旋转磁场中受到电磁力的作用,其方向可由左手定则来判断,上面的转子导条受到向右的力的作用,下面的转子导条受到向左的力的作用,这对电磁力作用在转子上,具有使转子绕其轴旋转的作用,因此称为电磁转矩。在电磁转矩的作用下,转子沿着顺时针方向转动起来。显然,转子的转动方向与旋转磁场的转动方向一致。

虽然转子的转动方向与旋转磁场的转动方向一致,但转子的转速 n 永远达不到旋转磁场的转速 n_1,即 $n < n_1$。这是因为,若转子的转速等于旋转磁场的转速,则转子与磁场间将不存在相对运动,即转子绕组不再切割磁力线,转子电流、电磁转矩都将为零,转子将转动不起来。因此,转子的转速总是低于同步转速。正是由于转子转速与同步转速间存在一定的差值,故将这种电机称为异步电机。因为异步电机是以电磁感应原理为工作基础的,所以异步电机又称为感应电机。

三、交流异步牵引电机的特性

1. 交流异步牵引电机的转矩特性

由图 4-2-7 所示的交流异步牵引电机的等效电路,可得以下计算公式。

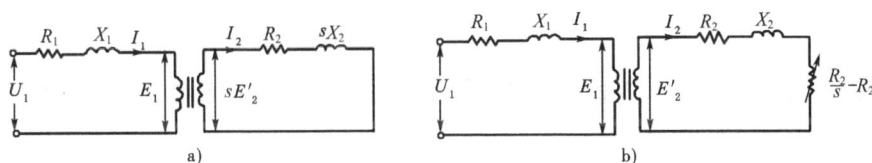

图 4-2-7 交流异步牵引电机等效电路

由于定子绕组本身的阻抗压降比电源电压要小得多,即可以近似认为电源电压 U_1 与感应电动势 E_1 相等,即

$$U_1 \approx E_1 = 4.44 f_1 K_1 N_1 \Phi \tag{4-2-1}$$

式中:f_1——三相电源频率;

K_1——定子绕组系数,与定子绕组结构有关,略小于 1;

N_1——定子每相绕组的匝数;

Φ——旋转磁场的每极磁通,通常指忽略漏磁后每极主磁通的最大值 Φ_{m}。

转子感应电动势:

$$E_2 = 4.44 f_2 K_2 N_2 \Phi = 4.44 s f_1 K_2 N_2 \Phi = s E_{20} \tag{4-2-2}$$

$$E_{20} = 4.44 f_{20} K_2 N_2 \Phi = 4.44 f_1 K_2 N_2 \Phi \tag{4-2-3}$$

式中:f_2——转子频率;

K_2——转子绕组系数,与转子绕组结构有关,略小于 1;

N_2——转子每相绕组的匝数;

f_{20}——起动时转子绕组的频率,与定子频率 f_1 相等。

转子电流：

$$I_2 = \frac{E_2}{\sqrt{R_2^2 + X_2^2}} = \frac{sE_{20}}{\sqrt{R_2^2 + (sX_{20})^2}} \tag{4-2-4}$$

$$X_{20} = 2\pi f_{20} L_2 \tag{4-2-5}$$

式中：R_2——转子绕组的电阻；

X_2——转子绕组的电抗；

X_{20}——转子绕组的等效电抗。

电磁转矩：

$$T = C_T \Phi I_2 \cos\Phi_2 \tag{4-2-6}$$

式中：C_T——电机结构常数；

$\cos\Phi_2$——转子功率因数。

将由式（4-2-1）~式（4-2-4）推得的 Φ 和 I_2 的表达式代入式（4-2-6），可得：

$$T = C \cdot \left(\frac{U_1^2}{f_1}\right) \cdot \frac{sR_2}{R_2^2 + (sX_{20})^2} \tag{4-2-7}$$

由于交流异步牵引电机在正常工作时，转子转速与旋转磁场的旋转速度很接近，即转差率 s 很小，故 $\frac{R_2}{s}$ 比 R_1、$(X_1 + X_2)$ 都大得多，因此，异步牵引电机的转矩可近似用式（4-2-8）表示：

$$T = K\left(\frac{U}{f}\right)^2 f_s \tag{4-2-8}$$

转子每相的电阻和静止时的感抗通常也是常数。因此，当电源电压一定时，电磁转矩为转差率的函数，即 $T = f(s)$。其曲线称为异步牵引电机的转矩特性曲线，如图4-2-8所示。

从三相异步牵引电机的转矩特性曲线可以看出，当牵引电机起动时，$s=1$，对应的电磁转矩为起动转矩。随着牵引电机的转速加大，转差率不断减小，电磁转矩不断上升，但电磁转矩达到最大值后，随转差率的减小，电磁转矩也减小。当转差率为零时，转速等于同步转速，电磁转矩等于零，这是一种理想情况。最大电磁转矩 T_m 又称为临界转矩，对应的转差率为临界转差率 s_m。

2. 交流异步牵引电机的机械特性

将图4-2-8顺时针转过90°，并把转差率 s 变换成转速 n，便可得到如图4-2-9所示的 n 和 T 的关系曲线，称为异步牵引电机的机械特性曲线。图中的 T_{st} 为牵引电机的起动转矩，T_N 为额定转矩，n_N 为额定转速，T_m 为最大转矩，n_m 为产生最大转矩时的转速（该转速并不是最高转速）。

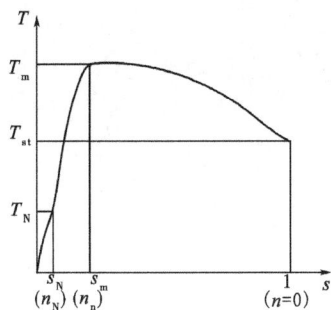

图 4-2-8 三相异步牵引电机的
转矩特性

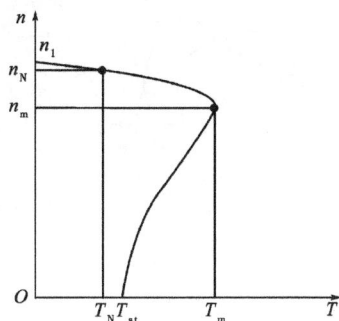

图 4-2-9 三相异步牵引电机的
机械特性

（1）稳定区和不稳定区

由图 4-2-9 可知，以临界转差率 s_m 对应的临界转速 n_m 为界，曲线分为两个不同特征的区域，上边为稳定区，下边为不稳定区。

在稳定区（$n_m < n < n_1$），电磁转矩与电机轴上的负载转矩保持平衡，因此牵引电机匀速运行。若负载转矩发生变化，则电磁转矩自动调整，最后达到新的平衡状态使电机稳定运行。例如，图 4-2-10 所示是一个自适应过程的曲线图。

设当负载转矩为 T_a 时，电机稳定运行于 a 点，此时电磁转矩也等于 T_a，转速为 n_a；若负载转矩改变为 T_b，由于惯性，速度不能突变，负载改变后最初的电磁转矩仍为 T_a，则

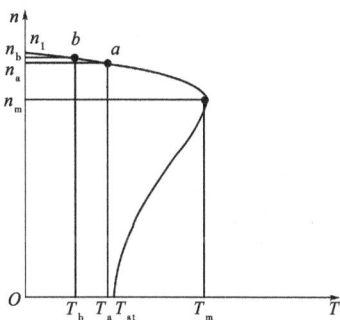

图 4-2-10 自适应过程曲线图

由于 $T_a > T_b$，即牵引电机的电磁转矩大于负载转矩，牵引电机加速，工作点上移，电磁转矩减小，直到过渡过程到达 b 点，电磁转矩等于 T_b，转速不再上升，电动机便运行于 b 点，牵引电机在新的转速下开始稳定运行，完成一次自适应调节过程。同理，当负载转矩增大时，其过程相反，牵引电机也可以自动调节达到新的稳定运行状态。

在不稳定区（$0 < n < n_m$），恒转矩负载的电动机在任意点上均无法稳定运行，因为如果负载有所增加，电磁转矩会立即小于负载转矩，引起转速急剧下降，又进一步使电磁转矩变小，即转速进一步下降，造成电动机停转（堵转）；而假如负载减小，牵引电机会因电磁转矩大于负载转矩而升速，升速继续造成电磁转矩增大，进一步升速的结果是使牵引电机进入稳定工作区。

由图 4-2-10 可以看出，牵引电机在稳定区的转速随电磁转矩的变化较小，曲线较平稳。该段曲线越平稳，则负载变化对稳态转速的影响越小，这种机械特征称为硬特性。

（2）特性曲线的变化

变流异步牵引电机的力矩随电源的频率、电压的变化而相应变化的曲线如图 4-2-11 所示。

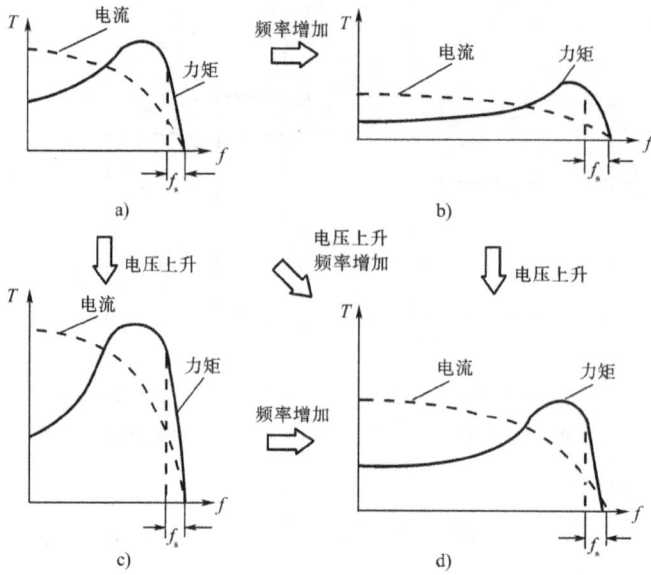

图4-2-11　异步牵引电机基本特性曲线的变化

f_s-转差频率

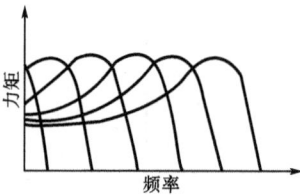

图4-2-12　U/f恒定时异步牵引电机基本特性曲线的变化

由图4-2-11可见，最大力矩随频率的增大而减小，故特性曲线被拉长，如图4-2-11b）所示；相反，最大力矩随着电压的增大而增大，因此特性曲线被纵向拉高，如图4-2-11c）所示；如果同时增大 U 和 f，特性曲线将同时"长高"和"拉长"，如图4-2-11d）所示。

当等比例地改变电源的频率和电压，即电源的电压与频率之比保持恒定时，感应牵引电机的力矩变化曲线如图4-2-12所示。

四、交流异步牵引电机的转速控制

由异步牵引电机的转差率公式 $n = n_1(1-s) = \dfrac{60f_1}{p}(1-s)$ 可知，可通过以下3种方法进行调速：

（1）改变定子绕组的磁极对数 p——变极调速。

（2）改变电动机的转差率 s。其方法有改变电源电压调速和绕线式异步牵引电机转子串电阻调速等。

（3）改变供电源频率 f_1——变频调速。

为了得到与直流串励牵引电机类似的牵引特性，异步牵引电机的转速控制有以下几种方法：U/f恒定控制、恒转差频率控制、恒功率控制和恒电压控制。

1. U/f恒定控制

通过逆变器 PWM 脉宽调制实现电动机输入电源的电压 U 和频率 f 成比例地增加，但保

持 U/f 及转差频率 f_s 恒定,从而使磁通 $\Phi = \dfrac{U_1}{4.44K_1N_1f_1}$ 恒定,转子电流 $I_2 = \dfrac{sE_{20}}{\sqrt{R_2^2 + X_2^2}} =$

$\dfrac{4.44K_2N_2f_1\Phi s}{\sqrt{R_2^2 + (sX_{20})^2}}$ 恒定,电机电磁转矩 $T = K\left(\dfrac{U}{f}\right)^2 f_s$ 恒定,从而实现在较大的速度范围内输出恒

定力矩。该控制特性与直流串励牵引电机保持电枢电流和励磁电流恒定、调节电压改变速度的控制方法相似。

但是,因逆变电路输出电压的最大值受电网电压及电动机额定电压的限制,故采用这种控制方法获得的调速范围是有限的。

U/f 保持恒定时,如果忽略定子的漏阻抗,气隙磁通和转矩也不变。但是,当定子频率 f 降低至一定数值以下时,虽然定子漏阻抗数值也相应减小,但定子电阻却与频率无关,此时定子电阻压降影响大大增加,因而造成气隙磁通迅速减小,转矩随之减小,所以用恒 U/f 运行时,低频特性不够理想。为此,在低频时要适当加大电压,即增大 U/f 值,以保持气隙磁通不变。

2. 恒转差频率控制

恒转差频率控制是逆变电路的输出电压达到最大值后,仅仅改变逆变电路输出频率 f_1 的控制方法。在式(4-2-8)中,保持 U 和 f_s 恒定,则力矩 T 与电源频率 f 的平方,即车辆速度的平方基本成反比。这相当于直流串励牵引电机的自然特性。

3. 恒功率控制

恒转差频率控制时,随着速度增加,力矩急剧下降;如果设计上转差频率对于最大值留有余地,在速度增加的同时增加转差频率,可以防止力矩下降过多。

根据式(4-2-8),使转差频率 f_s 与电源频率成正比地增加,则力矩 T 与电源频率,即车辆速度基本成反比,力矩的下降比恒转差频率控制方式小。

这种控制方法使转差率 $\dfrac{f_1 - f_s}{f_1}$ 为恒定。由图 4-2-11 可知,随着电源频率的增加,对应于力矩最大值的转差率变小,f_s 不能取得过大。此时,电源电压恒定、转差率与电源频率成正比、输入电流基本恒定,称为恒功率控制。这相当于直流串励牵引电机的削弱磁场控制。

4. 恒电压控制

U/f 恒定控制时,当逆变电路输出电压 U 达到最大值时,如果输出电流、转差率到最大转矩对应点还有余量,可以用恒电压控制扩大速度范围。

根据公式(4-2-8),U 恒定而增加 f,则使 f_s 与 f 的平方成正比地增加,则同样可获得恒定转矩,从而扩大恒转矩控制范围,进一步提速。但如前所述,f_s 增加的范围十分有限,f_s 与 f 的平方成正比地增加的速度范围比较窄。

以上方法只适用于开环控制系统。城市轨道交通车辆一般采用闭环控制系统。目前,用于城轨车辆的闭环控制系统有转差 – 电流控制、矢量控制及直接转矩控制等。

五、交流异步牵引电机在城轨车辆中的应用

1. 异步牵引电机并联运行

变压变频控制有集中控制和分别控制两种方式，它们各有利弊。

图 4-2-13 所示是集中控制方式原理图，图 4-2-14 所示是分别控制方式原理图。分别控制方式所用的元器件及控制装置增多，相应会增加故障率和投资，但是它可以克服集中控制时由于轮径差和异步牵引电机特性不一致而产生黏着力降低或滑行的问题；更重要的是，当某个逆变器出现故障时，还有其他几个逆变器照常工作，车辆仍可继续运行。用降功率来抑制空转或滑行时，也只涉及个别轴，所以功率损失较小。城市轨道交通车辆通常采用由一台逆变器供电、多台异步牵引电机并联运行的集中控制方式。

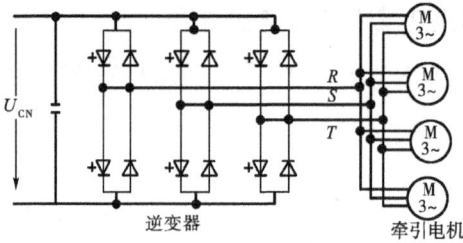
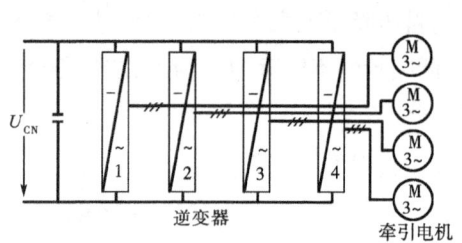

图 4-2-13　集中控制方式原理图　　　　　图 4-2-14　分别控制方式原理图

2. 负载分配不均的理论分析

(1)电动机电气特性的不同引起的负载分配不均

由于电动机特性差异引起的电动机负载分配不均的情况如图 4-2-15 所示。具有不同特性的两台电动机(图 4-2-15 中的电动机 1 和电动机 2)在相同转速时所产生的电磁力矩分别为 T_1 和 T_2，从而造成两台电动机的电流不同。

根据前面电动机特性的分析可知，对异步电动机电气特性影响最大的因素是转子的电阻(图 4-2-16)，故应选择电阻分散性小、温度变化率小、截面尺寸均匀的材料做电动机转子导体。

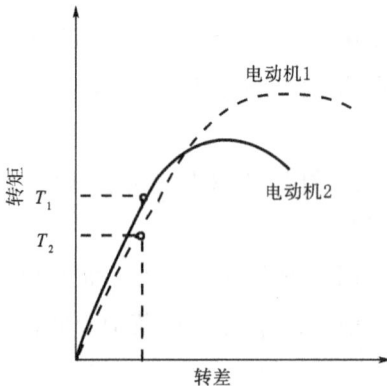
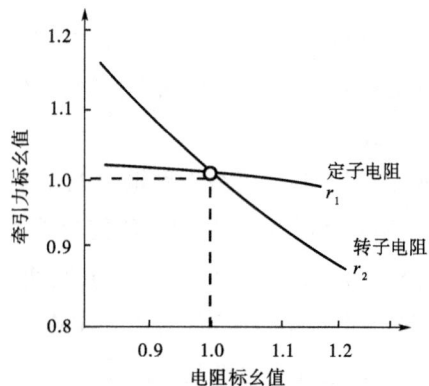

图 4-2-15　电动机特性差异引起　　　　　图 4-2-16　电动机转子电阻的影响
电动机负载分配不均

（2）动轮轮径的不同引起的负载分配不均

由于动轮轮径不同,也会产生电动机负载分配不均的情况,如图4-2-17所示。牵引工况时,轮径大的电动机负载偏大,轮径小的负载偏小。制动工况则相反,轮径大的负载偏小,轮径小的负载偏大。

（3）额定转差率的不同引起的负载分配不均

负载分配不均程度还与电动机的额定转差率有关,如图4-2-18所示。额定转差率越小,负载分配不均程度越严重,即使轮径差不大,也会有较大的牵引力差;但额定转差率大又对电动机的效率、温升和动车性能不利,需综合考虑。

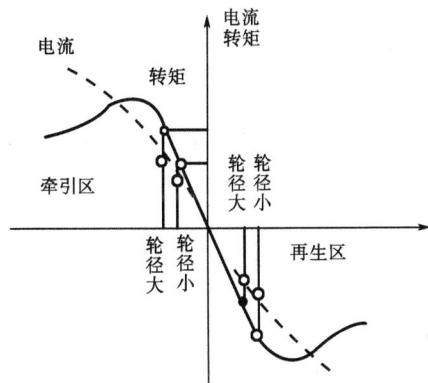

图4-2-17 动轮轮径差异引起电动机
负载分配不均

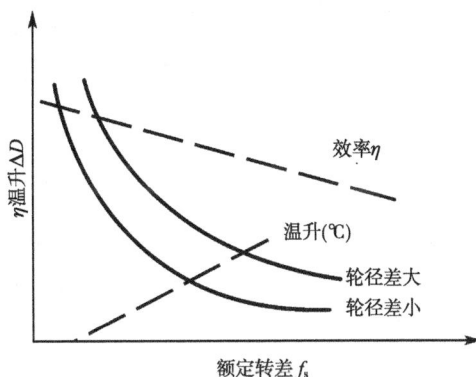

图4-2-18 电动机额定转差率的影响

3. 交流异步牵引电机与普通异步电机的不同点

与一般工业用普通异步电机相比,交流异步牵引电机在设计上有如下特点:

（1）为减小转矩不平衡,额定转差率通常设计得比一般异步电机大约3%。为了确保所需的转差率,转子导条使用高电阻、高强度的铜锌合金材料;为了尽量抑制热膨胀,端环采用低电阻的纯铜;为了提高转子的强度和可靠性,将转子导条和端环焊牢后,还在端环上加装保持环。为保证各电动机的转速－转矩特性相近,选择电阻分散性小、温度变化率小、截面尺寸均匀的导条材料;在左轴端设置高精度的转速检测装置,以便对转速进行精确控制。

（2）来自逆变电路的电流高次谐波分量较大,为防止集肤效应引起的交流电阻增大而增加温升,一般采取减小导体截面积、限制绕组导体高度的措施。例如,增加定子线圈的并联支路数,使线圈断面形状接近于扁平。

（3）异步电动机无换向器,允许提高额定转速,缩小体积、减小质量,因而减速器采用尽可能大的传动比。

（4）适当加大气隙。由于牵引电机运行环境恶劣,无法避免沙尘和垃圾侵入,为便于拆装,气隙通常为同样大小的普通异步电机的2倍。

（5）加大通风量,改善散热效果,并留有一定的温度裕量。考虑电流谐波分量损耗、电动机表面和进出风口滤网污染使散热效果变差,应有30～50℃的温度裕量。

（6）定子选用加强防尘、耐振的结构,适当增加定子有效材料,提高转轴强度。

故障处理

故障类型：3个牵引电机故障。

故障现象："车辆显示屏"显示3个牵引电机图标变为红色，列车无法动车。

故障分析：此故障发生在区间，列车失去牵引力，自动停车，无法动车；经查看"车辆显示屏"，有3个牵引电机图标显示为红色。列车运行期间，司机可通过"MVB复位"和操作降级模式进行应急处理。

列车运行期间，司机可采取的应急故障处理流程如表4-2-1所示。

牵引电机故障的应急故障处理流程   表4-2-1

步骤	作业程序	作业内容
1	确认故障信息，判断故障	1.作业：点击"车辆显示屏"查看牵引状态界面。2.口呼：3个牵引电机为红色图标。
2	汇报列车故障信息	1.接通电话：司机手持联控电话，点击"联控显示屏"中的"行调"按键，接通电话。2.报告行调："行调，××次在××站－××站上/下行区间列车出现3个牵引电机为红色图标，无法动车，司机申请执行车辆故障处理流程。"报告完毕后，点击"完毕"按钮。3.行调回复："××次，申请执行车辆故障处理流程，行调同意。"回复完毕后，点击"完毕"按钮。4.结束通话：挂断电话。
3	司机广播安抚乘客	紧急广播：通过"车辆显示屏"选择播放预置的"临时停车"紧急广播。
4	确保列车处于受电弓升起、主控钥匙打开和主断路器分闸的状态	1.手指眼看："受电弓升"绿灯亮、"主控钥匙"在"开"位。2.口呼：受电弓升起、"主控钥匙"在"开"位。3.作业：按压"主断分"按钮。4.手指眼看："主断分"红灯亮。5.口呼：主断路器分。
5	操作MVB复位	1.手指眼看："MVB复位"按钮。2.口呼：复位MVB。3.作业：保持按下"MVB复位"按钮5秒。
6	复位MVB成功后，闭合主断路器，尝试动车	1.手指眼看："主断合"按钮。2.口呼：合主断。3.作业：按下"主断合"按钮。4.手指眼看："主断合"绿灯亮。5.口呼："主断合"绿灯亮。6.作业：尝试动车。
7	操作降级模式尝试动车	1.手指眼看："运行模式选择"开关。2.口呼："运行模式选择"至"降级"位。3.作业："运行模式选择"至"降级"位，并尝试动车。
8	动车后报行调	1.接通电话：司机手持联控电话，点击"联控显示屏"中的"行调"按键，接通电话。2.报告行调："××次在××站－××站上/下行区间列车已动车，列车设备正常，司机操作了降级模式，申请限速退出服务。"报告完毕后，点击"完毕"按钮。3.行调回复："××次，申请限速退出服务，行调同意。"回复完毕后，点击"完毕"按钮。4.结束通话：挂断电话。

要点总结

城市轨道交通车辆所用的交流牵引电机以三相鼠笼式异步牵引电机为主。该类型电机与直流牵引电机的最大区别是其转子无需外接电源。因为它的定子绕组通入的是三相交流电,将产生交变的旋转磁场,从而在鼠笼式转子的封闭导条上产生感应电流,从而使转子受到磁场力的作用而旋转起来。因此,三相鼠笼式异步牵引电机没有电刷和换向器等部件,这是其与直流牵引电机在结构上的最大不同。

交流牵引电机主要由定子、转子、端盖、轴承、测速装置和主动齿轮等部分组成。定子的作用是产生旋转磁场并从机械上支撑整个电机,它的主要零部件有定子铁芯、定子绕组等。转子是用来产生感应电势和电磁转矩以实现能量转换的主要部件,它由转子铁芯、导条、端环和转轴等组成。端盖用于支撑转子和实现电机内部与外部的隔离,方便电机转子的安装。轴承是连接定子和转子的部件,实现电机定子和转子稳定的、转动灵活的机械连接。测速装置用于测量电机转子转速,将转速信号传送给控制系统,构成异步牵引电机转速控制的反馈环节。

能力拓展

请根据本节内容,利用智慧职教城市轨道交通、铁道机车等专业教学资源库、MOOC 学院《机车车辆电气设备的检查与调试》在线课程等数字化资源及公共网站等途径,完成下面的任务。

任务1:请收集城轨车辆用三相鼠笼式异步牵引电机的图片,制作 PPT,课上分享。

PPT 要求:不少于 5 页,图片清晰,配备必要的文字说明。

其他要求:能理解本人制作的 PPT 内容,能进行流利的讲解。

任务2:请收集三相鼠笼式异步牵引电机故障和检修等方面的视频。

要求:每组收集 1~2 个视频,了解三相鼠笼式异步牵引电机的工作状态、可能出现的故障及如何进行检修等,从而加深对三相鼠笼式异步牵引电机结构、工作原理的理解,进行课上分享。

任务3:请收集城轨车辆使用的不同型号的三相鼠笼式异步牵引电机的资料,了解它们的结构差异,完成下面的表格。再把找到的图片、文字和下表整理成 PPT,进行课上分享。

型号			
所用线路			

续上表

结构特点			
主要技术参数			
优缺点			

4-3 学习任务 直线牵引电机结构原理认知

知识分享

近年来,作为最有实用价值的非黏着驱动方式,直线牵引电机在城市轨道交通车辆中的应用已受到越来越多的重视。

直线牵引电机无旋转部件,呈扁平形,可降低车辆高度,从而缩小地铁隧洞直径,降低工程成本。直线牵引电机运行不受黏着限制,可得到较高的加速度和减速度;其噪声较小。这些都是适合城市轨道交通车辆应用的突出优点。

一、直线异步电机的工作原理

简单地说,将旋转电机轴向切开,沿水平方向展开,就可以得到直线电机的基本结构(图4-3-1)。由于用直线运动取代了旋转运动,所以称为直线电机。

图4-3-1 直线电机的结构原理图

直线电机可分为直线异步电机(LIM)、直线同步电机(LSM)和直线直流电机(LDCM)。在城市轨道交通中,以直线异步电机(LIM)应用较多。

1. 直线异步电机的分类

(1)按结构分类

直线异步电机按结构可分为平板形单边式直线异步电机[图4-3-2a)]、平板形双边式直线异步电机[图4-3-2b)]、圆筒形直线异步电机(图4-3-3)。

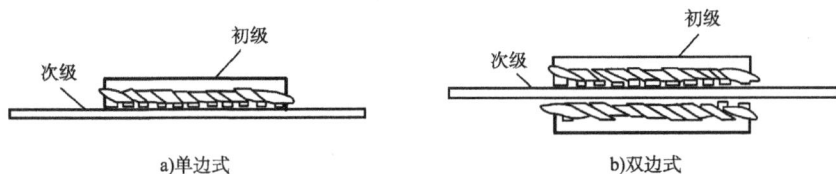

图4-3-2 短初级平板形直线异步电机示意图

(2)按电源分类

直线异步电机按电源可分为三相电源直线异步电机和二相电源直线异步电机。

(3)按动体分类

直线异步电机按动体可分为短初级方式(以初级作为动体,图4-3-2)直线异步电机和短次级方式（以次级作为动体，图4-3-4）直线异步电机。

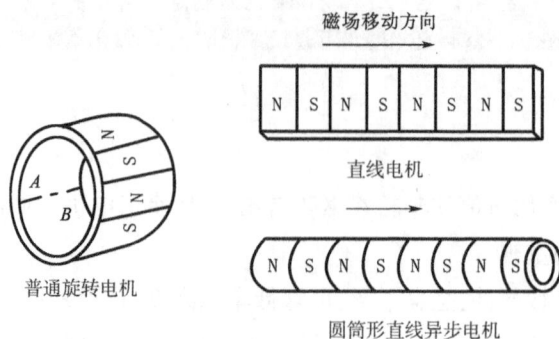

图4-3-3 圆筒形直线异步电机结构形式示意图

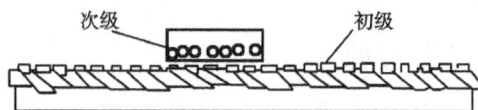

图4-3-4 短次级平板形单边式直线异步电机示意图

2. 直线异步电机的结构与磁场

（1）直线异步电机的结构

直线异步电机也由定子和转子组成。定子也由冲上齿槽的电工钢片叠成，槽里也同样嵌有绕组。转子大多采用非磁性体（铜板或铝板）和磁性体（钢板）构成的复合金属板，兼具两者优点。它可以是定子移动，也可以是转子移动。为了避免与动体概念混淆，本教材后面将定子称为初级导体，转子称为次级导体。次级导体只有感应电流的流动，不需要外界供电。初级导体和次级导体之间有一定距离即气隙，一般来说，要比旋转电机的气隙大。

（2）直线异步电机的磁场

当初级绕组通入三相或二相交流电时，在直线电机的长度方向产生行波磁场，这与旋转电机中产生旋转磁场的原理相同。以时间 t 和距离 x 作为函数变量的磁通密度 B，以式（4-3-1）表示。

$$B = B_0 \cos\left(\omega t - \frac{\pi x}{\tau}\right) \tag{4-3-1}$$

式中：B_0——真空中的磁通密度，单位为 Wb/m^2；

ω——电源角频率，单位为 rad/s；

t——时间，单位为 s；

x——定子表面上的距离，单位为 mm；

τ——极距，单位为 mm。

极距 τ 是磁通密度 B 的半波长，图4-3-5所示 B 的波形是 $t = 0$ 时的波形，随着 t 的增加，B 的波形将向右移动。

初级通入交流电后产生的交变磁通，在次级的金属板感应出涡流。设引起涡流的感应

电压为 E_e,磁通的作用面积为 A,则:

$$E_e = -A \frac{dB}{dt} = \omega A B_0 \sin\left(\omega t - \pi \frac{x}{t}\right) \tag{4-3-2}$$

次级有电感 L 和电阻 R,则金属板上的涡流电流 I_e 为:

$$I_e = \frac{E_e}{Z} = \frac{E_e}{Z}\sin\left(\omega t - \pi \frac{x}{t} - \varphi\right) \tag{4-3-3}$$

式中:$Z = \sqrt{R^2 + (\omega L)^2}$;

$\varphi = \tan^{-1}\frac{\omega L}{R}$。

涡流电流 I_e 在行波磁场作用下产生连续推力 F,如图 4-3-5 所示。F 有正有负,但正推力远大于负推力,所以直线异步电机可以直线推动动体。

二、直线异步电机的特性

1. 基本特性

(1)推力-速度特性

图 4-3-6 是将直线异步电机的推力-速度特性与旋转异步电机的特性相比较。

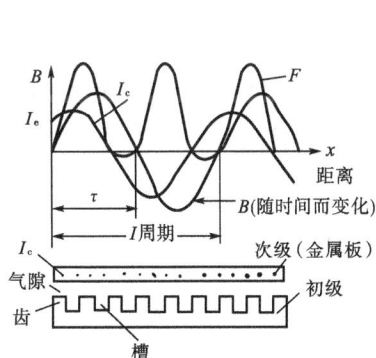

图 4-3-5　直线异步电机的行波磁场、涡流 I_e 和连续推力 F

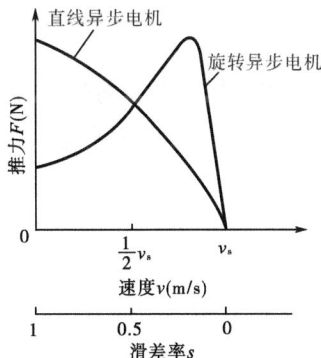

图 4-3-6　直线异步电机的推力-速度特性与旋转异步电机的特性比较

直线异步电机的滑差率 s 表示为:

$$s = \frac{v_s - v}{v_s} \tag{4-3-4}$$

旋转异步电机的转矩最大值发生处转差率较低,而直线异步电机的最大推力在高滑差率处,即 $s \approx 1$。可见,直线异步电机的起动推力大,高速区域的推力小,比较符合动车的驱动要求。

如图 4-3-7 所示,直线异步电机的推力-速度特性近似成直线。其推力为:

$$F = \frac{(F_s - F_\mu)(v_f - v)}{v_f} \tag{4-3-5}$$

式中：F_s——起动推力，单位为 N；

   F_μ——摩擦力，单位为 N；

   v_f——空载速度，单位为 m/s。

（2）速度-时间特性

直线异步电机的速度随时间以指数函数规律增加。其特性可表示为：

$$v = v_f\left(1 - e^{-\frac{t}{T}}\right) \tag{4-3-6}$$

图 4-3-8 所示为 $T=1$ 时的直线异步电机的速度-时间特性，实际上时间常数 T 随负荷质量等因素而变化。

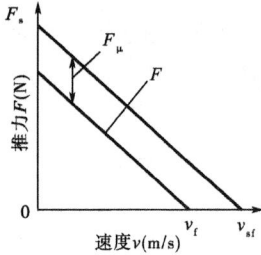

图 4-3-7　直线异步电机的
推力-速度特性

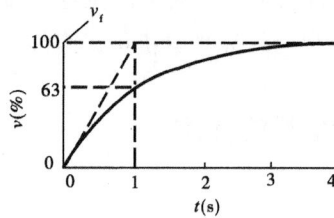

图 4-3-8　直线异步电机的
速度-时间特性

（3）推力-气隙特性

图 4-3-9 表示直线异步电机的推力 F 随气隙 g 变化的特性。气隙小，对电机特性和工作稳定性有利。但为了保证在长距离运动中，初、次级不致相擦，通常直线异步电机的气隙要比旋转异步电机的大。一般旋转异步电机的极距气隙比为 $\tau/g = 10$ 左右，而直线异步电机的为 $\tau/g = 20$ 左右，因而 LIM 的效率和功率因数都较低。

（4）推力-负荷占空因数特性

推力-负荷占空因数特性如图 4-3-10 所示。负荷占空因数（Duty Factor）即通电时间与整个周期时间之比，当负荷占空因数增大时，直线异步电机的推力按指数函数规律下降。

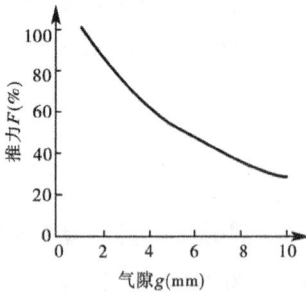

图 4-3-9　直线异步电机的
推力-气隙特性

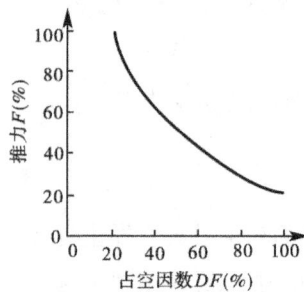

图 4-3-10　直线异步电机的推力-负荷
占空因数特性

2.边缘效应

直线电机不像旋转电机是闭合圆环结构，而是长直的、两端开断结构。由于动体长度有限,存在着始端和终端,引起了边缘效应(端部效应),这是直线电机和旋转电机的基本差异。直线电机的纵向(磁场移动的方向)和横向都存在边缘效应。

(1)纵向边缘效应

①静态纵向边缘效应。铁芯和绕组的不连续,使得各相的互感不相等,即使电源是对称的三相交流电压,由于三相绕组在空间位置不对称,在各相绕组中也将产生不对称电流,利用对称分量法将得到顺序、逆序和零序电流。因而在气隙中出现脉振磁场和反向行波磁场,运行过程中将产生阻力和增大附加损耗。这种效应当初、次级相对静止时也存在,因而称为静态纵向(指磁场移动的方向)边缘效应。

②动态纵向边缘效应。直线电机做初、次级相对运动时,次级导体板在行波磁场方向上的涡流分布是不对称的(图4-3-11)。这使得初级进入端的磁场削弱,离开端的磁场加强。这种当初、次级相对运动时的磁场和涡流分布的畸变,称为动态纵向边缘效应。运动速度越高,动态纵向边缘效应越显著,使行波磁场方向上的推力分布越不均匀,起减小推力的作用。

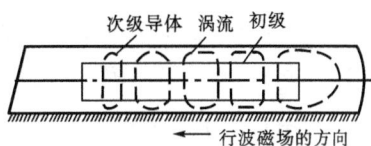

图4-3-11 直线电机行波磁场
方向上的涡流分布

(2)横向边缘效应

城市轨道交通车辆应用的直线电机,大多是次级导体板的宽度小于初级铁芯的宽度,因而在横向的边缘区域磁场削弱,造成空载气隙磁场横向分布不均匀,这是第一类横向边缘效应。通常采用气隙系数来表示气隙磁通密度的最大值与铁芯宽度范围内磁通密度的平均值之比,以简化第一类横向边缘效应的定量计算。

次级导体板对电流分布及气隙磁场密度沿横向分布的影响,称为第二类横向边缘效应。次级导体板的宽度大于初级铁芯的宽度时影响较大。

三、直线异步电机的优缺点

1. 优点

(1)直线异步电机最主要的优点是直接产生直线运动而不需要中间转换装置。

(2)起动推力大,可实现大范围的加速和减速,零部件不受离心力的作用,直线速度不受限制。

(3)直线异步电机的初级和次级的结构都很简单,特别是次级,有时甚至可直接利用部分设备本体或运行轨道。它可在条件恶劣(潮湿、粉尘、有害气体)的环境中使用。

(4)总体结构简单,扁平形部件高度低,噪声小,质量小,维修容易。

(5)短初级平板形直线异步电机的次级长,因而散热面大,热负荷可以取得较高。

2. 缺点

(1)效率和功率因数低(一般为0.6~0.65)。通常直线异步电机的极距气隙比要比旋转异步电机的大一倍左右。初级和次级之间的气隙大,需要的磁化电流大,所以空载电流大；边缘效应特别是纵向边缘效应减小了驱动推力，增大了损耗。

（2）除驱动推力外，直线电机初级和次级间有吸引力，因而必须增加构架强度。

（3）应满足长距离保持一定气隙的精度要求。

四、直线异步电机在城轨车辆中的应用

直线异步电机应用于城轨车辆时，需要根据城轨车辆的特殊运行条件等进行一定的结构适应性设计，这种专门为城轨车辆设计的直线电机称为直线牵引电机。直线牵引电机的初级可以设置在车上，也可以设置在地面，分别称为车载初级式和地面初级式。

直线牵引电机没有旋转部件，不需要齿轮、轴承，不接触就可以传递动力。在城轨车辆中，利用直线牵引电机来实现非黏着驱动，突破了动轮和轨道之间依靠黏着传递动力的种种限制。同时，可降低车辆高度，从而缩小地铁隧洞直径，降低工程成本。

利用直线牵引电机，城轨车辆容易得到较高的加速度、减速度和运行速度。

城轨车辆较多采用车载初级式直线异步电动机，初级安装在车辆的转向架上，从地面接触网受电，电源的变换和控制设备都安装在车上，动车的质量比较大。而次级就是沿线路敷设在两根走行钢轨之间的导体板，建设费用比较低。

对客流量很大的线路，为了减小动车质量，实现地面对列车的集中控制，采用沿线路敷设线圈的地面初级式直线异步电机比较有利。

超导磁悬浮列车多采用地面初级式直线电机，在这种情况下，直线同步电机（LSM）和直线直流电机（LDCM）比较有利，而日本的 ML-100 型超导磁悬浮列车采用了直线异步电机（LIM）。

学习笔记

要点总结

直线牵引电机作为非黏着驱动方式,在城市轨道交通车辆中有一定的应用。

直线牵引电机相当于将旋转电机轴向切开,沿水平方向展开。由于用直线运动取代了旋转运动,所以称为直线电机。

直线牵引电机无旋转部件,呈扁平形,可降低车辆高度,从而缩小地铁隧洞直径,降低工程成本。直线牵引电机运行不受黏着限制,可得到较高的加速度和减速度;其噪声较小。这些都是适合城市轨道交通车辆应用的突出优点。

直线异步电机也由定子和转子组成。定子也是由铁芯和绕组组成,但呈平面布置。转子大多采用非磁性体(铜板或铝板)和磁性体(钢板)构成的复合金属板,兼具两者优点。为了避免混淆,在直线电机中,将定子称为初级导体,转子称为次级导体。它可以是定子移动,也可以是转子移动。次级导体只有感应电流的流动,不需要外界供电。初级导体和次级导体之间有一定距离即气隙,一般说来,要比旋转电动机的气隙大。

能力拓展

请根据本节内容,利用智慧职教城市轨道交通、铁道机车等专业教学资源库、MOOC学院《机车车辆电气设备的检查与调试》在线课程等数字化资源及公共网站等途径,完成下面的任务。

任务1:请收集城轨车辆用直线牵引电机的图片,制作PPT,课上分享。

PPT要求:不少于5页,图片清晰,配备必要的文字说明。

其他要求:能理解本人制作的PPT内容,能进行流利的讲解。

任务2:请收集直线牵引电机使用和检修等方面的视频。

要求:每组收集1~2个视频,了解直线牵引电机的工作状态、可能出现的故障及如何进行检修等,从而加深对直线牵引电机结构、工作原理的理解,进行课上分享。

任务3:请收集城轨车辆使用的不同型号的直线牵引电机的资料,了解它们的结构差异,完成下面的表格。再把找到的图片、文字和下表整理成PPT,进行课上分享。

型号			
所用线路			

续上表

结构特点			
主要技术参数			
优缺点			

4-4 实践任务　牵引电机检查与维护

工艺流程

牵引电机的检修包括工装设备准备、解体前检查、解体、吹扫和清洗、检修、组装、组装后试验等工序。下面进行详细介绍。

一、工装设备

(1)牵引电机检修需要的主要设备包括:空转试验台、吹扫设备、清洗设备、烘干设备、耐压试验机、轴承清洗机、动平衡机、导条振动测量仪。

(2)牵引电机检修需要的主要工装包括:总装吊具、过渡铜套、导向杆、拆传动端封环工装、拆传动端内封环工装、拆非传动端内封环工装、拆传动端轴承外圈工装、拆非传动端轴承外圈工装。

牵引电机
与构架的分解

二、工艺流程

步骤一:解体前的检查。

(1)查阅履历卡(簿),根据实际技术状态和历次检修的记载及运用动态变化,确定重点检修项目。

(2)外观检查:电机各部分状况,特别注意有无裂纹、松动、折断、灼伤等现象。

(3)测量绝缘电阻:用1000V兆欧表测量定子绕组对地的冷态绝缘电阻;用500V兆欧表测量转轴对定子的绝缘电阻。

(4)在50Hz、1500V的工况下,正、反转各15min,检查下列项目:

①检查电机是否振动,以确定电机转子是否需做动平衡。

②检查轴承有无异音。

③观察是否有其他异状,确定故障所在。

步骤二:解体。

(1)定、转子分离

①拆去测速传感器的绑线和卡子、非传动端外轴承盖螺栓,退下非传动端外轴承盖。

②拆去非传动端轴承座螺栓,在非传动端轴承座上装上两个导向螺杆,在传动端轴锥上装上总装吊具,再用顶出螺栓两端同时对称顶出转子。

(2)端盖与转子分离

①用拉拔器拉出传动端外封环。

②卸下传动端轴承外盖,退下传动端端盖。

③使用拉轴承外圈工装,将轴承外圈和传动端内封环拉出。

④使用拉拔器将大轴承内圈和传动端轴套从转子轴上拆下。

⑤打开非传动端扣片,退出压测速齿轮的螺钉,取下测速齿轮。

⑥退出非传动端外封环螺栓,取下非传动端外封环。

⑦用拉拔器拉出非传动端轴承座,此时球轴承的半个内圈将同时被拉出。球轴承的外圈也同时可取出。

⑧使用拉轴承外圈工装,将轴承外圈和非传动端内封环拉出。

⑨使用拉拔器将两个轴承内圈和非传动端轴套从轴上拆下。

步骤三:吹扫和清洗。

(1)将轴承表面残油刮去,放入轴承专用清洗机清洗,清洗后的轴承按号放在专用存放架上。不能用棉纱擦洗轴承,如需擦洗,只能用棉布。

(2)清洗测速齿轮、封环、轴承盖、端盖等部件。

(3)定子、转子的清洗。

①用铲刀、刷子清除电机各部件外表面的油垢污物,黏结在定子或转子上的污垢硬壳要用铲刀仔细刮掉。

②把定子、转子吊入吹扫室,用压缩空气吹扫灰尘。

③把定子、转子分别吊入专用清洗机清洗。

④电机定、转子各部件,凡用清洗机无法洗掉的污垢,应用手工继续清洗。可用毛刷、软布等刷洗擦净。清洗后要求表面露出绝缘漆、覆盖漆的本色。

⑤定子前、后端盖可用高温压力清水直接冲洗,或用5%左右的洗涤液煮洗。清洗时可用刷子、铲子配合刮刷,直到洗净为止。

⑥清水冲洗完毕的电机定子、转子从清洗箱吊出后,用压缩空气吹去残留在转子内部及定子内外表面的水。

⑦把清洗干净的电机定子、转子吊入烘箱。

步骤四:检修。

(1)定、转子的检修

①定子的检修:用1000V兆欧表,测量定子绕组对地的绝缘电阻应不低于100MΩ。

②用双臂电桥或TZ测量仪测量定子三相绕组冷态直流电阻,测量值折合到20℃时应在规定范围内,3个线电阻与线电阻平均值的差不应超过平均值的+4%。

③允许用2500V兆欧表或升高电压的方法判断击穿点。

④定子应保持良好的清洁状态,绕组端部、槽口、通风孔内不许积存油污和灰尘。

⑤用50Hz、4500V正弦交流电进行对地耐压检查,1min无击穿闪络现象。

⑥轴、封环、平衡块、护环、端环、支架不得有裂伤变形及松动。轴锥面不得有擦伤、划痕等缺陷。

⑦转轴轴承位和轴锥面及轴锥过渡圆角处应进行磁粉探伤检查,不得有裂纹。

⑧平衡块丢失、松动、空转振动大或经重新刷漆后,转子需做动平衡试验。

（2）端盖的检修

①检查端盖的螺纹孔、止口面等,状况应良好。端盖有裂纹,允许焊修加固处理。

②端盖轴承安装孔座或内封环磨损拉伤时,可用金属喷涂或电刷镀方法修复,恢复至原形尺寸。

（3）轴承的检修

①轴承内外套圈、滚动体、工作表面及套圈的配合面,必须光,不得有裂纹、磨伤、压坑、锈蚀、剥离、疲劳起层等缺陷,有缺陷的应报废。

②轴承保持架不得有裂纹、飞边、变形。铆钉或螺钉不许有折断、松动,防缓件应作用良好。

③轴承的清洗,应采用能在轴承表面留下油脂的清洗剂。

④轴承拆装时,严禁直接锤击。加热温度不得超过120℃。轴承内圈与轴的接触电阻值应不大于统计平均值的3倍。

⑤轴承更换要成套,并分别在内、外圈上标明安装日期,下次检修时外圈要转动90°~120°。注意:绝缘轴承外圈上严禁刻画。

⑥更换轴承时,必须检查轴承内圈与轴径的配合尺寸,选配过盈量应符合技术要求和限度的要求。

（4）磁性排油螺栓检查

在电机传动端端盖下部安装了磁性排油螺栓。该螺栓的作用是吸附过滤传动端润滑油路中的铁质残渣,减少润滑油的铁质残渣,以免造成轴承的异常损害。因此经常对磁性排油螺栓进行清洗是保证轴承正常工作的重要一环。

步骤五:组装。

（1）非传动端端盖的组装

①定子非传动端止口上抹上密封胶,在非传动端端盖进风孔对角装吊环螺钉,将端盖吊于定子处,对准止口,用端盖螺栓将端盖均匀压入止口,禁止锤击端盖,以防变形。

②用烘箱加热轴套、封环和轴承内圈(球轴承仅需加热内圈),将它们按顺序套在轴上,轴承标记朝外。轴承内圈加热温度为110~120℃,其他件加热温度为140~160℃。

③内封环外圈上稍抹点润滑脂,油槽内加润滑脂,油槽朝上放置待用。滚柱轴承外圈上稍抹点润滑脂,标记朝外放置待用。

④将非传动端轴承座电磁感应加热或烘箱加热后水平放在平台上,将内封环放入轴承座内,放入后应有间隙,可转动。将滚柱轴承外圈放入轴承座内,用力顶压使其到位,稍后在轴承内抹上润滑脂,应用手指或合适的工具使润滑脂挤入轴承的滚柱间。注意:禁止锤击轴承外圈。

⑤在隔套内油槽加润滑脂,外油槽加润滑脂,将球轴承外圈上稍抹点润滑脂放入轴承隔套内,放时注意轴承上的缺口对正隔套缺口,轴承内抹上润滑脂,应用手指或合适的工具使润滑脂挤入轴承的球间。将隔套连同球轴承外圈一起放入轴承座内,放时注意隔套上的缺口对正轴承座缺口,放入时最好用均匀的压力压入,确实条件受限时可用铜棒对称均匀地轻击隔套,使其到位。注意:禁止锤击轴承外圈。

⑥将非传动端轴承座整体套在非传动端轴上。

⑦将球轴承内圈 F 加热后套在非传动端轴上。

⑧在轴承、隔套和轴承座三件对正的缺口上装上定位键,密封垫换新。

⑨装上测速齿盘,扣片四角扣在螺栓的边上,不得扣在角上。

(2)转子传动端的组装

①用烘箱加热轴套和轴承内圈,加热温度同上。将它们按顺序套在轴上,轴承标记朝外。

②内封环外圈上稍抹点润滑脂,油槽内加润滑脂,油槽朝上放置待用,滚柱轴承外圈上稍抹点润滑脂,标记朝外放置待用。

③将传动端端盖电磁感应加热或烘箱加热后水平放在平台上,将内封环放入端盖内(注意小销子应对正端盖相应的缺口),放入后应有间隙,可转动。将滚柱轴承外圈放入端盖内,用力顶压使其到位,稍后在轴承内抹上润滑脂,应用手指或合适的工具使润滑脂挤入轴承的滚柱间。注意:禁止锤击轴承外圈。

④用天车将传动端端盖连同轴承外圈吊起,套在传动端轴上,密封圈换新。

⑤轴承外盖的 4 个外槽内加润滑脂,内槽内加润滑脂,用螺栓将其拧在端盖上,轴承外盖与端盖的间隙抹密封胶。

⑥将传动端外封环在烘箱内加热到 140～160℃后套在传动端轴上,套前端盖应向内推到底。

(3)定子与转子的组装

①非传动端轴承座上装上 2 个导向螺杆。

②传动端轴上套上总装用铜套,用压板螺栓压紧,将总装吊弓套在铜套上,用锁紧螺栓锁紧,移动吊弓上的吊鼻,试吊转子,使转子成水平。

③徐徐移动天车,将转子水平装入定子内,转动 2 个导向螺杆,使非传动端轴承座上的加油孔对正端盖上的加油孔,传动端端盖的抱轴缺口与定子的抱轴缺口对正。

④两端端盖进入定子止口后,用端盖螺栓两端同时对称将端盖均匀压入止口,与拆卸时一样,拧螺栓时应晃动吊弓,使其可活动。禁止捶击,以防变形。注意:传动端端盖螺栓拧紧前,应调整齿轮罩安装孔与大吊挂间的距离。

⑤卸去总装吊具,卸去铜套,拨动转子应转动灵活。

⑥按总装图要求,在非传动端轴承外盖的止口位置抹上密封胶,在外盖未覆盖住的一个轴承座螺孔上抹上密封胶,用螺栓将外盖装在非传动端端盖上。

⑦测量测速传感器孔到测速齿轮齿顶的距离,应满足尺寸要求,孔口抹上密封胶(注意:此胶与抹轴承外盖的胶不同),用螺栓将测速传感器装上,按总装图要求将测速传感器电缆绑好。

步骤六:组装后的试验。

为保证电动机的检修质量,解体检修过的电机均需进行运转试验,以考核电机的运转状态,及时消除不良后果。中修后的电机必须进行下列试验:

(1)空转试验,电机在50Hz正弦、1500V电源驱动下,正、反转各15min,测量轴承温升。

(2)热态绝缘电阻测定:用1000V兆欧表测量定子绕组对地绝缘电阻,用500V兆欧表测量定子对转轴绝缘电阻。

(3)电机检修各项数据均按检修记录表要求详细记录。

三、检修注意事项

牵引电机检修时,应注意以下几点:

(1)经常清理磁性排油螺栓,首次运行15000km和每运行100000km应清理一次。

(2)电机非传动端轴承必须每运行120000km就补充润滑脂,补充润滑脂前应将注油嘴清理干净。补充了润滑脂的电机应在低速条件下移动车辆几千米使得润滑脂均匀分布,避免发生轴承滚珠或轨面损伤的情况。

(3)齿轮箱油必须每200000km就更换一次。

(4)橡胶部件的预期寿命为5年,其不仅与运行距离有关,还与存放时间有关。

(5)电机轴承经过拆卸后,即使没有达到运行里程,也应更换轴承。

(6)主动齿轮重新安装时,需用环规和塞规分别检查主动齿轮、转轴内孔合面积,压入时应严格控制压入量。

(7)非随车至机务段的电机运行前应拆下非传动端轴承盖中部的运输保护螺栓。

(8)接线盒内连接螺栓按规定力矩进行紧固,严禁超过该值,以免对接线柱造成损坏。

思政课堂

追求卓越——磁悬浮列车

我国从1991年开始发展磁浮技术,铁道部科学研究院、国防科技大学、西南交通大学和中国科学院电工研究所等部门都进行了大量的研究工作,部分研究成果处于国际先进水平。其中,国防科技大学磁悬浮研究工作始于1980年,1995年成功研制磁悬浮列车转向架系统;西南交通大学1986年开始研究,1994年成功研制出我国第一辆可载人常导磁悬浮列车,2000年成功研制第一辆高温超导磁悬浮模型车。

2000年6月,我国与德国磁浮国际公司合作,开展中国高速磁悬浮列车示范运营线可行性研究。同年12月,我国决定建设上海浦东龙阳路地铁站至浦东国际机场高速磁浮交通示范运营线。2001 年 3 月 1 日正式开工建设,2002 年 12 月 31 日实现单线试运行,2003 年 9 月开始双线试运行,2003 年底全线完成考核验收,2004 年 5 月正式投入商业试运营,最高试验速度达 501.5km/h。

　　2016 年 5 月 6 日,我国首条具有完全自主知识产权的中低速磁浮商业运营示范线——长沙磁浮快线开通试运营。长沙磁浮快线线路全长 18.55km,设计速度为 100km/h。长沙也成为继上海之后,我国第二个开通磁浮线路的城市。

　　目前,我国正在进行中高速磁浮关键技术的研究,重点攻克中高速磁浮交通系统悬浮、牵引与控制核心技术,具体包括时速 200km 的中速磁浮项目和时速 400km、时速 600km 的高速磁浮技术。经过多年的科技攻关,我国在高速磁浮交通的轨道、车辆、牵引、运行控制四项核心技术以及系统集成技术方面都已实现突破,得到了国内外同行的高度评价。

上海磁浮列车

学习笔记

要点总结

牵引电机的检修包括工装设备准备、解体前检查、解体、吹扫和清洗、检修、组装、组装后试验等工序。详见前文,这里不再赘述。

能力拓展

请根据本节内容,利用智慧职教城市轨道交通、铁道机车等专业教学资源库、MOOC 学院《机车车辆电气设备的检查与调试》在线课程等数字化资源、各地铁公司检修规程等资源及公共网站等途径,完成下面的任务。

任务1: 请收集城轨车辆牵引电机检修作业图片及检修工艺方面的资料,制作 PPT,课上分享。

PPT 要求:不少于10页,图片清晰,配备检修流程图和必要的文字说明。

其他要求:能理解本人制作的 PPT 内容,能进行流利的讲解。

任务2: (1)请收集城轨车辆牵引电机检修标准化作业视频。

要求:每个小组(3~4人)收集1~2个视频,了解牵引电机检修需要的工装、工具,检修流程,检修内容,并进行某个检修等级的作业演练。

(2)各小组由组员扮演牵引电机检修员,完成一套牵引电机检修标准化作业,录制成视频,进行课上分享。

要求:着装规范(统一穿实训服),动作标准,流程正确。视频时长不少于3分钟,图像清晰,声音清晰,无噪声。

任务3: 请查找城轨车辆用三相鼠笼式异步牵引电机和普通的鼠笼异步电机的有关资料,了解它们的结构有何不同,思考一下原因,完成下面的表格。

类型	三相鼠笼式异步牵引电机	普通的鼠笼异步电机
型号		
结构差异		

续上表

原因分析		

学习笔记

4-5 知识拓展　电器如何散热？

Tip one：电器的三种基本散热方式

电器工作时，只要温度高于周围介质及接触零件的温度，它便向周围介质散热。所以发热和散热同时存在于电器发热过程中。

当电器产生的热量与散失的热量相平衡时，电器的温升维持不变，这时称电器处于热稳定状态，此时的温升称为稳定温升。若温升随着时间而变化，则称为不稳定发热状态。

电器的散热以热传导、对流与热辐射3种基本方式进行，其传热过程如下。

1. 热传导

热传导的方向是由较热部分向较冷部分传递，或由发热体向与它接触的物体传递。热传导是固体传热的主要方式，它也可在气体和液体中进行。

2. 对流

对流是通过流体（液体与气体）的运动而传递热量。热量的转移和流体本身的转移结合在一起。根据流体流动的原因，对流分为自然对流和强迫对流。城轨车辆的电器较多采用强迫对流（通风机冷却）的方式，加强散热，缩小体积。

3. 热辐射

热辐射是发热体的热量以电磁波形式传播能量的过程。热辐射可穿越真空和气体而传播，但不能透过固体和液体物质。

Tip two：城轨车辆电器的散热方式

城轨车辆的电器大部分采用空气对流的方式进行散热，对于散热条件好、能满足自身散热需求的设备，一般采用自然通风方式进行散热，如牵引电机。它工作时会发热，但它悬挂在车下，在车辆行驶过程中，车下会产生较强的空气对流，这种对流可促进流动的冷空气与发热的牵引电机之间的热交换，满足牵引电机的散热需求。对于发热严重、结构比较紧凑、散热条件较差的设备，较多采用强迫对流散热，一般需用通风机促进电器周围空气的流动，形成强对流，从而达到较好的冷却效果，如牵引逆变器。在牵引逆变器箱内有IGBT等很多大功率器件，其工作时发热严重，另外，整个牵引逆变器箱内设备很多，受安装空间的限制，结构非常紧凑，所以整个箱体散热条件不佳，故一般在箱体内配备一台通风机，用来从外界吸收更多的冷风进入箱体，再把箱体内的热风尽快吹出去，从而达到较好的散热效果。图4-5-1和图4-5-2为牵引逆变器箱内的通风机及气流路径图。

通风机

图 4-5-1 牵引逆变器箱内的通风机

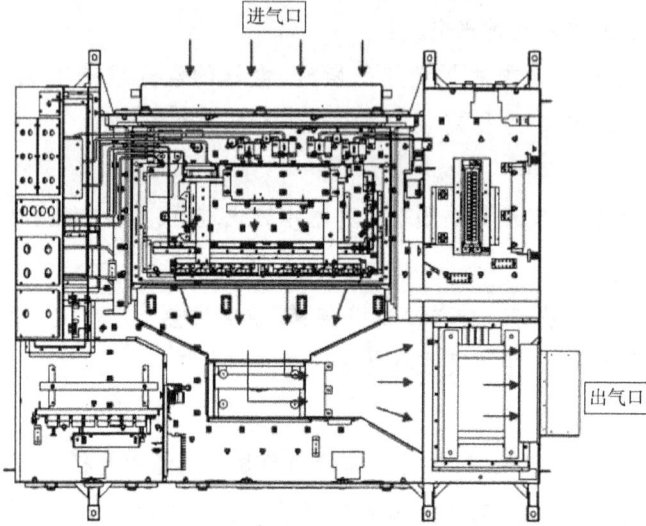

进气口

出气口

图 4-5-2 牵引逆变器箱内气流路径图

其他高压电气设备

教学目标

1. 了解避雷器的作用、结构和工作原理等。
2. 了解熔断器的作用、结构和工作原理等。
3. 了解线路滤波器和线路电感器的作用、结构和工作原理等。
4. 了解制动电阻的作用、结构和工作原理等。
5. 了解各高压电气设备的日常检查和定期维护检修工作内容和流程。

建议学时

4学时

本项目将介绍除受电弓、高速断路器外的其他独立安装的高压电气设备，其中包括避雷器、熔断器、线路滤波器和线路电抗器、制动电阻等，将重点介绍各电气设备的作用、安装位置、基本结构及工作原理。

5-1 学习任务　避雷器结构原理认知

知识分享

　　避雷器用于防止来自车辆外部的过电压（如雷击等）和车辆内部的操作过电压对车辆电气设备的破坏。避雷器是与被保护物并联的一种设备,当出现危及被保护物绝缘的过电压时,它的电阻便减到很小,形成一条过压放电电路,释放过高的电压,从而保护其他电器不被击穿。它的保护值范围应与变电所过电压保护相协调。

　　避雷器一般安装于 B 车车顶,受电弓侧,如图 5-1-1 中序号 2 所示。

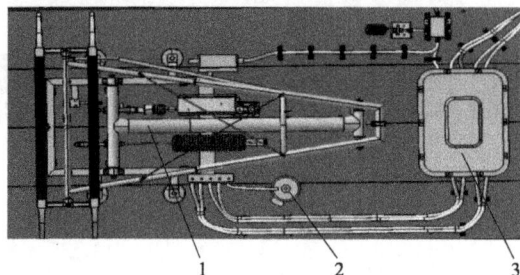

图 5-1-1　某城轨车辆 B 车二位端车顶高压电器布置图

1-受电弓;2-避雷器;3-熔断器箱

　　避雷器包括一个火花间隙和一个非线性电阻,这两部分被装配于一个陶瓷壳内,用一法兰盘密封,如图 5-1-2 所示。

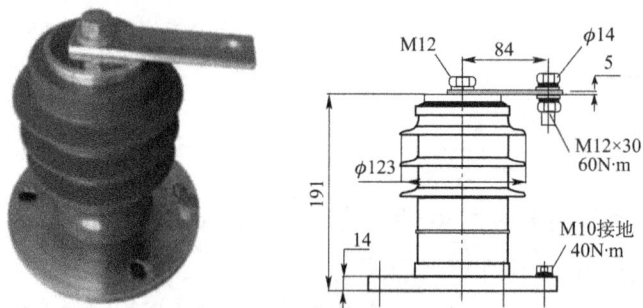

图 5-1-2　避雷器实物及尺寸图

一、避雷器的工作原理

　　避雷器是一种限制过电压的保护装置,通常由火花间隙和非线性电阻组成,其基本工作原理如图 5-1-3 所示。

　　避雷器与被保护物并联,当其两端电压在正常值范围内时,火花间隙处于绝缘状态,非线性电阻的阻值也很高,此时,避雷器表现为绝缘状态。

当出现的过电压危及被保护物时,非线性电阻阻值迅速下降到很低,火花间隙被击穿,此时避雷器相当于一个阻值很小的电阻,使高压冲击电流经它泄入大地,过电压得以释放。当电压恢复到正常值后,避雷器仍能恢复到原来的高阻绝缘状态,从而使电流重新回到原来的工作电路,流经被保护物,电路恢复正常工作。

过电压越高,火花间隙击穿越快,从而可以保证被保护物两端的过电压稳定在电路允许的正常值范围内。

击穿电压的幅值同击穿时间的关系称为伏-秒特性。为了使避雷器能可靠地保护被保护物,避雷器的伏-秒特性至少应比被保护物绝缘的伏-秒特性低 20% ~ 25%,如图 5-1-4 所示。另外,避雷器在放电时,应能承受耐热以及机械应力等变化,而本身结构不致损坏。

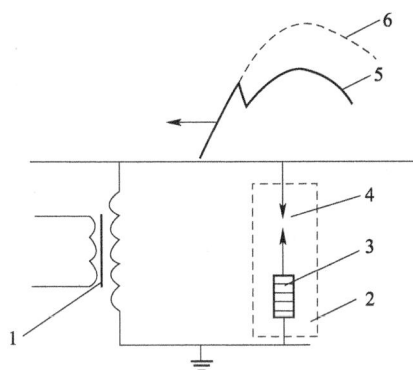

图 5-1-3 避雷器的工作原理
1-被保护变压器;2-避雷器;3-非线性电阻;
4-火花间隙;5-被限制的过电压波;
6-未被限制的过电压波

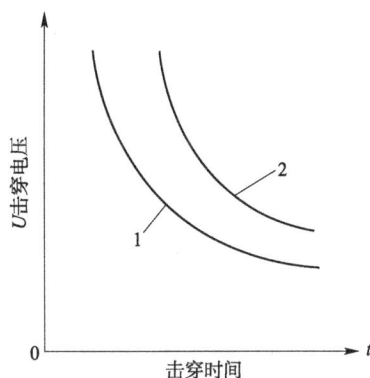

图 5-1-4 避雷器的伏-秒特性
1-避雷器的伏-秒特性;
2-被保护物绝缘的伏-秒特性

非线性电阻的作用是利用电阻同电流间的非线性关系(大电流时电阻值小,而小电流时电阻值大),一方面保证在击穿瞬间流过很大的冲击电流时,避雷器两端的电压变化不大,不致损坏被保护物的绝缘;另一方面又可以限制在火花间隙击穿后流过避雷器的电流大小,从而使得火花间隙的电弧很容易被切断。

二、避雷器主要技术参数

(1)电流参数:额定冲击释放电流、冲击电流、持续释放电流、短路电流。
(2)电压参数:阀座电压、冲击释放电压、直流放电电压。
(3)距离参数:爬电距离、放电距离。
(4)特性曲线。

三、避雷器主要技术参数举例

以下为 DC1500V 供电的地铁车辆使用的避雷器的主要技术参数:

标称电压：DC1500V；

最大电压：DC2000V；

额定冲击释放电流：10kA；

冲击电流：100kA；

短路电流：20kA；

阀座电压：2kV；

直流放电电压：6kV；

冲击释放电压：7.1kV；

爬电距离：165mm。

学习笔记

要点总结

避雷器用于防止来自车辆外部的过电压(如雷击等)和车辆内部的操作过电压对车辆电气设备的破坏。

避雷器是一种限制过电压的保护装置,通常由火花间隙和非线性电阻组成。它与被保护物并联,当其两端电压在正常值范围内时,火花间隙处于绝缘状态,非线性电阻的阻值也很高,此时,避雷器表现为绝缘状态。

当出现的过电压危及被保护物时,非线性电阻阻值迅速下降到很低,火花间隙被击穿,此时避雷器相当于一个阻值很小的电阻,使高压冲击电流经它泄入大地,过电压得以释放。当电压恢复到正常值后,避雷器仍能恢复到原来的高阻绝缘状态,从而使电流重新回到原来的工作电路,流经被保护物,电路恢复正常工作。

城轨车辆上的避雷器一般安装于 B 车车顶,受电弓侧。

能力拓展

请根据本节内容,利用智慧职教城市轨道交通、铁道机车等专业教学资源库、MOOC 学院《机车车辆电气设备的检查与调试》在线课程等数字化资源及公共网站等途径,完成下面的任务。

任务1:请收集城轨车辆用避雷器的图片,制作 PPT,课上分享。

PPT 要求:不少于5页,图片清晰,配备必要的文字说明。

其他要求:能理解本人制作的 PPT 内容,能进行流利的讲解。

任务2:请收集城轨车辆用避雷器故障和检修等方面的视频。

要求:每组收集1~2个视频,了解避雷器可能出现的故障及如何进行处理等,从而加深对城轨车辆用避雷器结构及工作原理的理解,进行课上分享。

任务3:请收集城轨车辆、动车组和电力机车使用的避雷器的资料,了解它们的差异,完成下面的表格。再把找到的图片、文字和下表整理成 PPT,进行课上分享。

类型	城轨车辆用	动车组用	电力机车用
型号			
结构			

续上表

主要参数			
安装位置			

学习笔记

5-2 学习任务　熔断器结构原理认知

知识分享

当电路发生故障或异常时,常常伴随着电流的不断上升,升高的电流有可能损坏电路中的重要器件,也有可能引起电路起火,导致火灾等重大事故。为了防止这类事故的发生,城轨车辆在主电路、辅助电路供电母线上串联熔断器。

当电路发生过载或短路故障时,通过熔断器的电流达到或超过某一限定值,熔体产生的热量使温度升高到熔体金属的熔点,熔体便自行熔断,从而切断故障电流,完成保护任务。

城轨车辆上用的直流快速熔断器必须保证在发生故障时能可靠地切断直流电源。在切断故障电流时最大的困难是灭弧问题。由于直流电源不存在自然过零点,故切断直流电弧比切断交流电弧困难得多。

在城轨车辆上使用的直流快速熔断器完全依靠强制电弧扩散到石英砂粒中冷却,迫使电弧熄灭,从而切断电路电流,技术难度很大。尤其是当直流回路的时间常数很大时,导致弧前时间很长,从故障开始到故障结束所需的能量增长时间很长,故障分断更为困难。

城轨车辆还可能发生低过载电流故障,它加大了熔断器在直流电压下熔断的难度。低过载电流的分断是城轨车辆用直流快速熔断器的又一技术难题。

综上所述,城轨车辆用直流快速熔断器技术难度较大。早期,只有法国、德国和日本掌握相关技术。其中,法国罗兰公司生产的城轨车辆用直流快速熔断器的产品质量最好,批量制造能力最强,但技术上都对我国高度保密封锁,既不转让也不合作,甚至连用过的报废熔断器都要"以旧换新"如数回收。因此,加快直流快速熔断器国产化进程成为我国相关企业的奋斗目标。

我国企业在该领域不断探索,其中西安西联电器公司在此方面做出了突出贡献,被原国家物资部列为"推进国产化"的优秀定点企业,迄今已有成熟的熔断器生产经历和市场经验,为我国的石化、钢铁、铁路、电力各行业大中型企业长期供应各种熔断器和电气备件,节省了大量外汇。

西联电器公司自主创新研制的城轨车辆、动车组用直流保护快速熔断器,实现了100%的国产化,用于电力牵引系统的过载和短路保护,能够直接替代法国、德国和日本的同类进口产品,与国外熔断器保持相同的电气保护特性和互换安装尺寸,是我国轨道交通车辆实现国产化的关键器件之一。其DTR系列已在上海电器科学研究所和中国铁道科学研究院通过了严格的电气性能和冲击振动试验。

下面对熔断器的基本组成和城轨车辆用的直流快速熔断器进行具体介绍。

一、熔断器的结构组成

熔断器由熔体、填充材料、绝缘管、支座（螺栓连接式熔断器除外）等部件组成。

1. 熔体

熔体的材料分为低熔点材料和高熔点材料。

低熔点材料包括铅、锡、锌、铅锡合金、低熔点合金等，有利于过载保护，但分断能力差。

高熔点材料多采用银、铜、铝等，不利于过载保护，但分断能力强。

2. 填充材料

填充材料一般要求熔点高、单位体积吸收电弧能量大、在灭弧过程中膨胀系数小、产生气体少、热容量大、热导率高。填料最好是椭圆形颗粒，大小适中。

常用的填充材料有石英沙（SiO_2）、三氧化二铝（Al_2O_3），如图 5-2-1 所示。

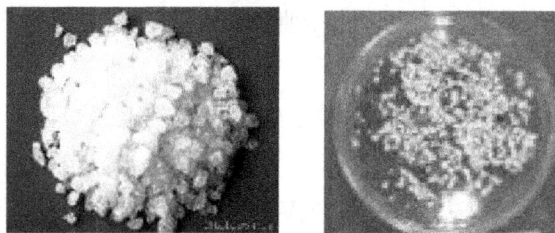

a)石英砂　　　　　　　　b)三氧化二铝

图 5-2-1　常用填充材料图片

3. 绝缘管

熔断器对绝缘管的要求是：机械强度高、耐热性好、耐弧性好、抗振、使用安全。

常用的绝缘管材料有：钢纸纤维管、三聚氰胺树脂、滑石陶瓷、氧化铝瓷。它们的绝缘强度依次增高。

二、城轨车辆用直流快速熔断器

城轨车辆所用的直流快速熔断器主要用于主电路和辅助电路的供电母线的保护，其具体保护范围见图 5-2-2 主电路原理简图。

根据其保护对象，城轨车辆用直流快速熔断器可分为以下四种：

（1）受流器熔断器：用于保护受流器到主电路范围内的电路故障，图 5-2-2 中代号为 MF 的熔断器即为受流器熔断器。对于采用受电弓受流的城轨车辆，该熔断器一般单独安装在一个熔断器箱内，安装在 B 车车顶受电弓附近（图 5-2-3 序号 3）或悬挂于车下（图 5-2-4）；对于采用第三轨受流器供电的车辆，该熔断器一般与第三轨受流器安装在一起。

（2）主母线熔断器：位于闸刀开关 KS（或称隔离开关 MS）之后，串联在去往 B 车、C 车牵引逆变器的主母线上，用于保护本单元 2 个动车的主电路。有的城轨车辆考虑到每条母线上已有高速断路器的保护,便没有配置这个熔断器,图 5-2-2 便没有这个熔断器。

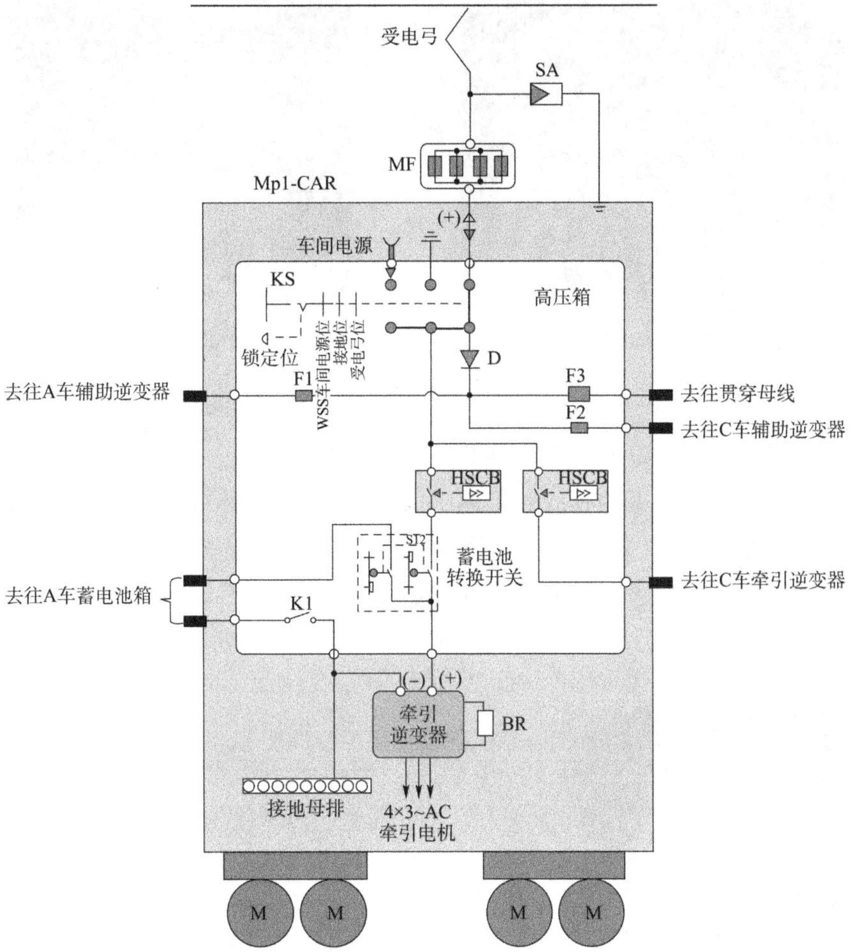

图 5-2-2　城轨车辆 B 车主电路简化图

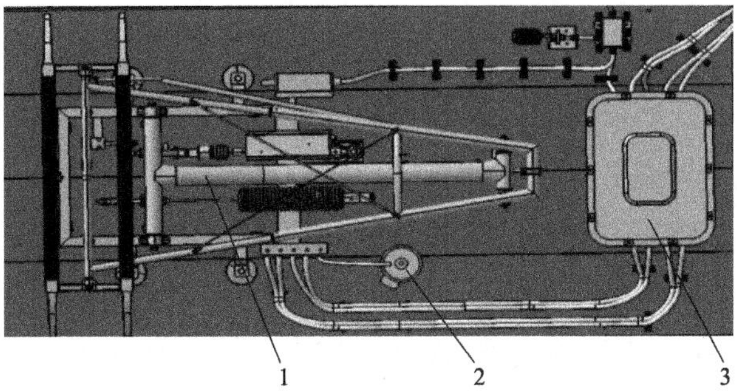

图 5-2-3　某城轨车辆 B 车二位端车顶高压电器布置图

1-受电弓;2-避雷器;3-熔断器箱

(3)辅助母线熔断器:位于闸刀开关 KS 之后,去往 A 车、C 车辅助逆变器的供电母线上,如图 5-2-2 中代号为 F1、F2 的熔断器,实物如图 5-2-5 所示。

图 5-2-4　悬挂于车下的熔断器箱（打开盖板状态）　　图 5-2-5　辅助母线熔断器和贯穿母线熔断器

（4）贯穿母线熔断器：在贯穿的辅助系统高压母线上设置熔断器，对贯穿母线进行保护，如图 5-2-2 中代号为 F3 的熔断器，实物如图 5-2-5 所示。

图 5-2-6 和图 5-2-7 为某地铁线路车辆所用的熔断器箱的结构图和内部电路图。该熔断器箱体采用玻璃钢材质，箱体盖在箱体顶部，可方便打开。箱体内工作温度不能超过 70℃，箱体冷却方式为自然冷却。箱体防护等级可达 IP66。

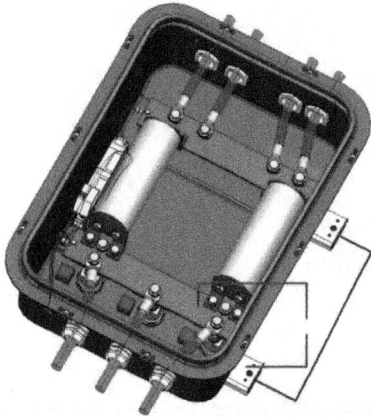

图 5-2-6　熔断器箱结构图　　　　　　　图 5-2-7　熔断器箱内部电路图

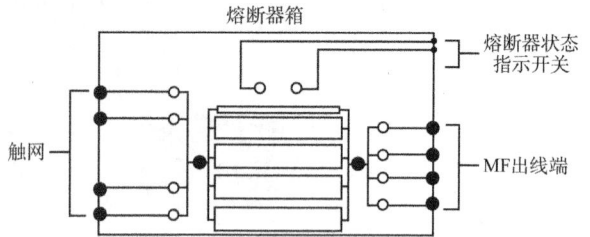

所用熔断器规格型号如下：

主熔断器：CC1900 C1 gRB 90 ∗ 254 TTD 600 A225860

指示熔断：CC1551 CP gRB 20 ∗ 127/1 F075744

指示熔断器底座（带微动开关）：PSI 20 ∗ 127 PRE + MC H097205

使用条件如下：

额定电压：DC1500V

网压变化范围：DC1000 ~ DC1800V

线路最高电压（不超过 5 分钟）：DC1980V（再生制动时）

三、熔断器箱的定期维护

熔断器箱定期检修计划及内容见表5-2-1。

熔断器箱定期检修计划及内容

表5-2-1

序号	操 作 描 述	频 率
1	清洁系统	每月一次
2	目视检查 无撞击印痕： (1)无箱体、箱盖裂纹； (2)电缆接头无破裂	每季度一次
3	检查整件装配体总的状态 箱盖一旦拆卸： (1)检查密封圈； (2)检查紧固力矩	1年一次
4	替换密封圈(箱体和箱盖间，电缆接头内)	5年一次
5	替换熔断器和柔性微动开关	10年一次

四、熔断器箱的检修

1. 熔断器箱的检查和替换

熔断器箱的检查和替换步骤如下。

(1)密封检测

①检查设备状态。如果在盖子或箱体上存在划痕、破裂、孔洞或其他损伤，并有可能影响熔断器的保护，则损坏部分必须更换。

②检查密封圈的位置和状态。

③检查葛兰头的密封有无损坏，是否密封在电缆周围。

④检查葛兰头状态。如果出现损坏(螺纹断裂、密封变形、破裂硬化)必须更换。

(2)检查、更换熔断器

①移除箱盖。

②使用欧姆表检测熔断器有无损坏。如果损坏，更换熔断器。箱内所有熔断器要一起更换。

(3)更换熔断器箱

①移除盖子并断开输入、输出电缆。

②松开螺栓并移开箱体。

③安装新的箱体并拧紧螺栓。

④连接所有电缆并拧紧螺栓。

2. 绝缘测试

熔断器箱的绝缘测试步骤如下：

①断开熔断器箱和接触网的电缆，切断电源供应；

②连接板和 2 个金属导轨分别连接到欧姆表的终端，施加有效值为 500V 的交流电 1min；

③绝缘电阻的测试值必须大于 10MΩ，在任何情况下装配体无电火花、电闪络、电痕和击穿现象。

重要提示：在此操作前，装配体须进行清洗并吹干。

✐ 学习笔记

要点总结

当电路发生故障或异常时,常常伴随着电流的不断上升,升高的电流有可能损坏电路中的重要器件,也有可能引起电路起火,导致火灾等重大事故。

当电路发生过载或短路故障时,通过熔断器的电流达到或超过某一限定值,熔体产生的热量使温度升高到熔体金属的熔点,熔体便自行熔断,从而切断故障电流,完成保护任务。

熔断器由熔体、填充材料、绝缘管、支座(螺栓连接式熔断器除外)等部件组成。

城轨车辆熔断器包括主母线熔断器、辅助母线熔断器、贯穿母线熔断器等。贯穿母线熔断器提供对贯穿母线的短路保护。辅助母线熔断器提供对去往 A 车、C 车辅助逆变器的供电母线的短路保护。这两种熔断器有的安装在高压箱内,有的单独安装在熔断器箱内,熔断器箱安装在 B 车车顶受电弓附近或悬挂于车下。

能力拓展

请根据本节内容,利用智慧职教城市轨道交通、铁道机车等专业教学资源库、MOOC 学院《机车车辆电气设备的检查与调试》在线课程等数字化资源及公共网站等途径,完成下面的任务。

任务 1:请收集城轨车辆用直流快速熔断器的图片,制作 PPT,课上分享。

PPT 要求:不少于 5 页,图片清晰,配备必要的文字说明。

其他要求:能理解本人制作的 PPT 内容,能进行流利的讲解。

任务 2:请收集城轨车辆用直流快速熔断器故障和检修等方面的视频。

要求:每组收集 1~2 个视频,了解直流快速熔断器可能出现的故障及如何进行处理等,从而加深对城轨车辆用直流快速熔断器结构和应用的理解,进行课上分享。

任务 3:请收集城轨车辆、动车组和电力机车使用的快速熔断器的资料,了解它们的差异,完成下面的表格。再把找到的图片、文字和下表整理成 PPT,进行课上分享。

类型	城轨车辆用	动车组用	电力机车用
型号			

续上表

功能			
结构			
主要参数			
安装位置			

学习笔记

5-3 学习任务　线路滤波器和线路电抗器结构原理认知

知识分享

线路滤波器包括线路电抗器和线路滤波电容器(支撑电容)。

一、线路滤波器的作用

(1)滤平输入电压。

(2)抑制电网侧发生的过电压对逆变器的影响,如变电所的操作过电压、雷击过电压等。

(3)抑制逆变器由换流引起的尖峰过电压。

(4)抑制电网侧传输到逆变器直流环节的谐波电流,抑制逆变器产生的谐波电流对电网的影响。

(5)限制变流器的故障电流。

图 5-3-1 为某城市轨道交通车辆主电路原理图,其中线路电抗器箱内的电感 L 与中间直流回路的支撑电容 C 即构成一个线路滤波器,其中 L 为线路电感器,中间支撑电容 C 兼起滤波电容器的作用。

二、线路电抗器

线路电抗器的作用是:在牵引工况下,吸收或释放前级过高的直流电压脉动;电制动工况下,用于储存牵引电机发出的尚不足以反馈电网的电能,当牵引电机再次发出的电能与电抗器储存的电能叠加大于网压时,这部分能量将反馈给电网。

由于该线路电抗器用于直流回路,为保证在任何电流情况下电感值的恒定,采用空心线圈结构。

在城市轨道交通车辆上,线路电抗器有两种安装方式:一种是集成在牵引箱内,另一种是单独构成一个独立单元,称为线路电抗器箱,单独安装。图 5-3-2 为集成在牵引箱中的情况,其中键号 #5 所指即为电抗器的安装位置,键号 #12 指的是其维修盖板。图 5-3-3 为独立安装的电抗器箱。

线路电抗器将与线路电容器构成谐振电路,因此电抗器的电感量须与线路电容器的电容量相匹配。在确定这两个参数时,必须验算它们的谐振频率,要求谐振频率与信号系统的调制频率有一定的差值,以免造成对信号系统的影响。谐振频率按 $f = 1/(2\pi\sqrt{LC})$ 计算。

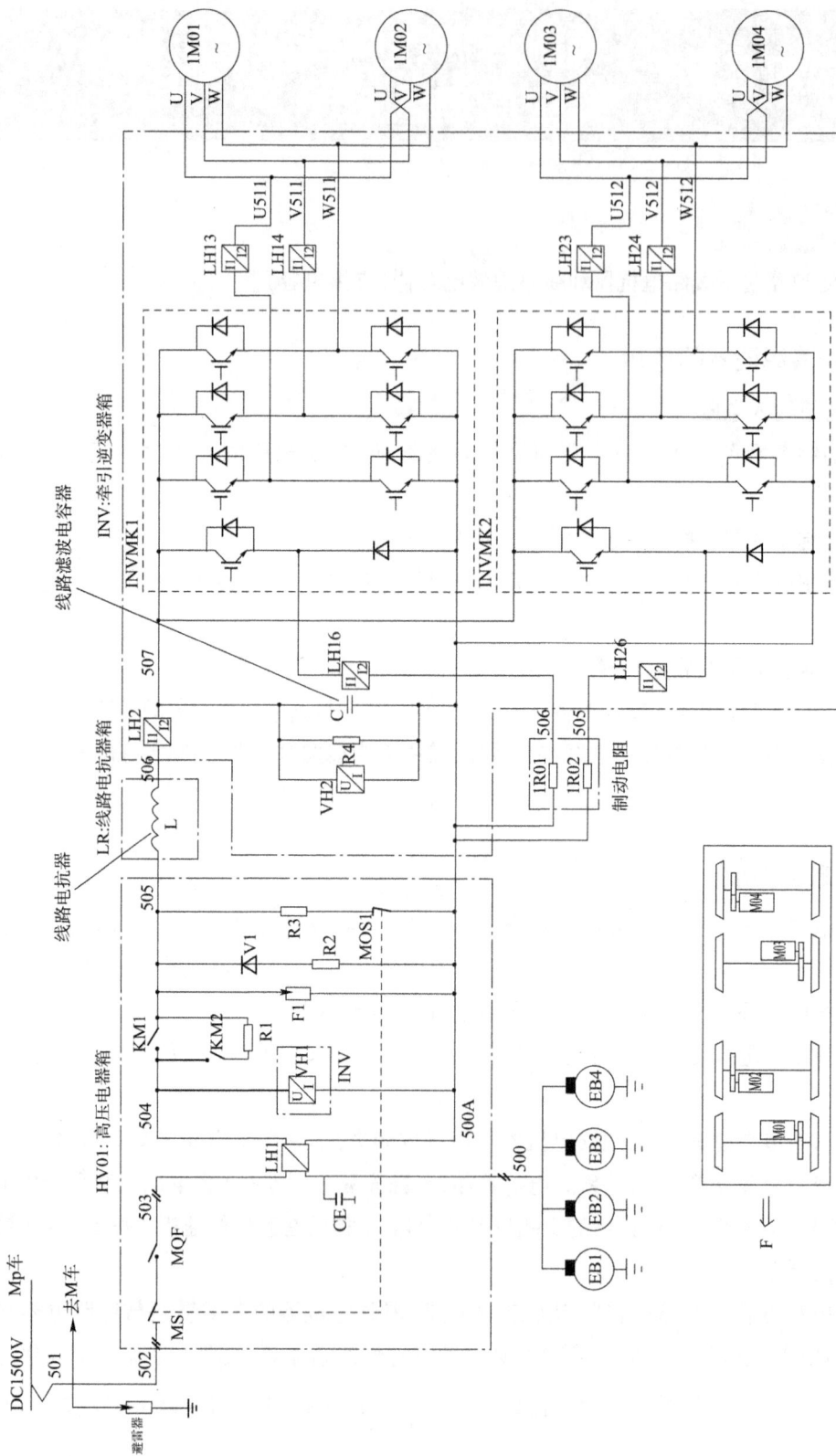

图5-3-1 城市轨道交通车辆牵引逆变器主电路原理图

对于网压为 DC1500V 的城轨车辆、逆变器容量在 1000kVA 以上的系统来说,电感量一般为 5 ~ 8mH。

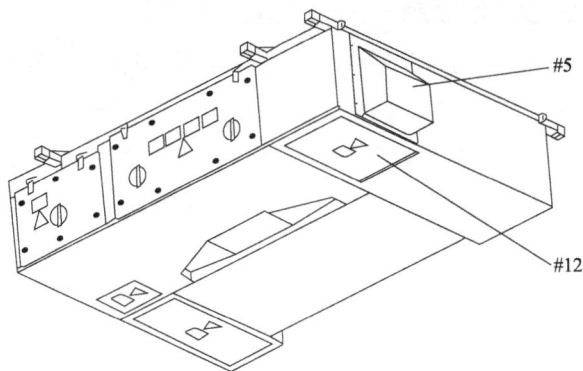

图 5-3-2 集成在牵引箱内的线路电抗器

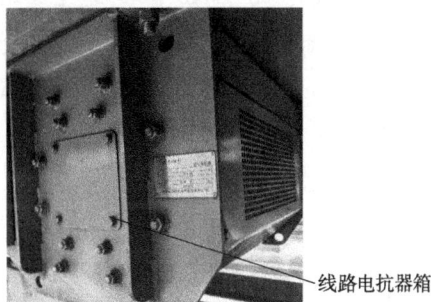

图 5-3-3 独立安装的线路电抗器箱

三、线路滤波电容器

线路滤波电容器是一种非常特殊的直流电容器。从功能上看,由于它用于逆变系统的直流环节(DC Link),因此称作"支撑电容器"。从性质上看,由于要求它能承受很大的谐波电流,因此称作"直流脉冲电容器"。

在 IGBT 逆变器主电路中,为降低 IGBT 换流时在元件上产生的过电压,要求主电路各部分连线的杂散电感(或称寄生电感)尽可能小,为此在主电路布线中采用很多措施,如叠层母排等。而支撑电容器是与 IGBT 的换流紧密相关的,不仅要求它与 IGBT 模块的连线电感尽量小,而且要求电容器内部电感(自感)极小(国外已做到 40nH)。

国外某公司支撑电容器系列产品主要参数举例如下。

最大电流 I_{max}:最高达 600A。

额定电压 U_N:最高达 6kV。

自感 $L_{self} \leqslant 40nH$。

额定能量 W_N:最高达 18kJ。

介质损耗因数 $\tan\delta_0$:2×10^{-4}。

最大峰值电流 $\hat{I}$:最高达 10kA。

最大浪涌电流 $\hat{C}_S$:最高达 100kA。

端子间直流试验电压 U_{TT}:$1.5U_N$,10s。

端子对外壳交流试验电压 U_{TC}:$2U_i + 1000V$,50Hz,10s(U_i 为绝缘电压)。

自放电时间常数 $\geqslant 10000s$。

单台电容器的电容量与电压 U_N 有关。U_N 越低,电容量可以做得越大。对应于不同的 U_N,电容量可从数百微法到数千以至上万微法。

思政课堂

国内首条跨市域轨道交通线路——广佛线

广佛线起于广州沥滘站,途经广州市的海珠区、荔湾区和佛山市的禅城区、南海区、顺德区,贯穿广东金融高新技术服务区、广佛都市圈,止于佛山新城东站,大致呈"厂字"走向,全长约 38.9km,2010 年 11 月 3 日开通试运营,是国内首条城际间城市轨道交通线路。该线路自开通至今,日均客流由 10.3 万人次增长到 53 万人次,沿线站点乘降量增长 5～10 倍以上,有力促进了广佛同城化发展。

作为区域轨道交通发展一体化的先行者,该线路开创了"一线联两城、两城管一线"的全新管理模式,在国家重大区域战略融合发展的大背景下,这种管理模式对其他同类型城市群的发展,具有重要的指导意义。

在跨市协同建设与运营方面,以广佛线为基础,历经 10 年探索和实践,广州、佛山两市基本形成较为成熟的跨市协同模式。2019 年,两市共同编制了《广佛两市城市轨道交通互联互通白皮书》和行动细则,为后续跨市线路的建设和运营提供了经验和借鉴。

广佛线列车

📝 学习笔记

要点总结

线路滤波器实质上就是由线路电抗器 L 和线路滤波电容器 C（支撑电容）构成的 LC 滤波电路，可以起到抑制网压波动、抑制过电压、限制故障电流等作用。

线路电抗器有的集成在牵引逆变器内，有的做成一个独立箱体。它一般采用空心线圈结构。在牵引工况下，吸收或释放前级过高的直流电压脉动；电制动工况下，用于储存牵引电机发出的尚不足以反馈电网的电能，当牵引电机再次发出的电能与电抗器储存的电能叠加大于网压时，这部分能量将反馈给电网。

线路滤波电容器集成在牵引逆变器中，一方面为逆变电路提供稳定的直流电压，另一方面与线路电抗器一起构成滤波环节，起到抑制过电压等作用。

能力拓展

请根据本节内容，利用智慧职教城市轨道交通、铁道机车等专业教学资源库、MOOC 学院《机车车辆电气设备的检查与调试》在线课程等数字化资源及公共网站等途径，完成下面的任务。

任务 1：请收集城轨车辆用线路电抗器和线路滤波电容器的图片，制作 PPT，课上分享。

PPT 要求：不少于 5 页，图片清晰，配备必要的文字说明。

其他要求：能理解本人制作的 PPT 内容，能进行流利的讲解。

任务 2：请收集线路电抗器和线路滤波电容器故障和检修等方面的视频。

要求：每组收集 1~2 个视频，了解线路电抗器和线路滤波电容器的工作状态、可能出现的故障及如何进行处理等，从而加深对线路电抗器和线路滤波电容器结构、工作原理的理解，进行课上分享。

任务 3：请收集城轨车辆和电力机车使用的线路电抗器的资料，了解它们的差异，完成下面的表格。再把找到的图片、文字和下表整理成 PPT，进行课上分享。

类型	城轨车辆用	电力机车用
功能		

续上表

结　构		
主要参数		
安装方式		

学习笔记

- -

- -

- -

- -

- -

5-4 学习任务　制动电阻结构原理认知

知识分享

在车辆处于电制动工况时,牵引电机工作于发电状态,输出三相交流电,再通过牵引逆变器整流成直流后回馈电网,实现再生制动。但当整流输出电压高于某一电压值时(如对于采用 DC750V 供电的地铁车辆,当整流输出电压高于 960V 时),该电压被禁止回馈电网,此时接入制动电阻,用来吸收过高的电压,故制动电阻又称过压吸收电阻。

制动电阻的
工作原理

制动电阻由斩波器控制,可根据需要调节电阻的大小,但总电阻应有充分的容量来承受持续制下 100% 的制动负载,直到电机电压升到极限。

一、制动电阻的功能及结构

多个制动电阻集中安装在一个箱体内,称为制动电阻箱,悬挂于车辆底架下方。每个动车下安装一台制动电阻箱,整列车一共安装 4 台制动电阻箱。图 5-4-1 为悬挂在车下的制动电阻箱,图 5-4-2 为制动电阻箱内的制动电阻。

图 5-4-1　悬挂安装在车下的制动电阻箱　　图 5-4-2　制动电阻箱内的制动电阻

制动电阻箱的
日检流程

早期的城轨车辆的制动电阻需要专门的风机进行冷却,因此制动电阻箱内还安装有冷却用的风机。现在,由于电制动的控制与早期车辆有所不同,制动电阻的发热靠自然冷却即可满足散热需求,故制动电阻箱内不再安装风机。

每台制动电阻箱内有两个电阻模块,分别连接到斩波器的两条桥臂上,如图 5-4-3 所示(BR1、BR2 即为制动电阻)。

制动电阻设计时充分考虑了高频脉动(500 ~ 700Hz)而产生的电磁噪声,斩波模块的脉冲为计数脉冲,即两路脉冲交替导通,第 1 个脉冲导通电阻模块 1 ~ 2,第 2 个脉冲导通电阻模块 3 ~ 4。斩波器脉冲时序图如图 5-4-4 所示。

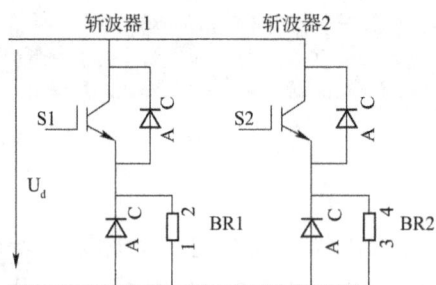

图 5-4-3　斩波电路原理图

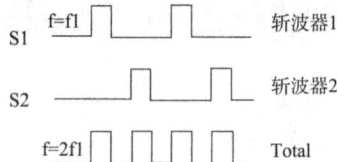

图 5-4-4　斩波器脉冲时序图

二、制动电阻的冷却

制动电阻属于高发热设备,应保证发热区无电缆等遮挡物。制动电阻采用强迫风冷,各种条件下的温度需求如下:

(1)电阻模块热点的最大峰值温度为≤600℃。

(2)出风口温升为≤350℃。

(3)制动电阻外壳80℃出风罩最大温度为160℃。

(4)出风格栅最大温度为350℃。

带状电阻条通过制动电流以发热的方式传递出去。根据这一原理,要求制动电阻采用强迫风冷的冷却方式。除要求有良好的热容量、耐振动外,还要求能防腐蚀,在高温下不生成氧化层,还要求制动电阻箱有足够的机械强度,在正常使用周期内不断裂。

三、制动电阻的主要技术参数

(1)电阻值:20℃时的阻值与热态时的阻值。

(2)电阻材料:材质及温度系数。

(3)功率:等效持续功率与短时最大功率。

(4)最高工作温度:一般600℃左右。

(5)冷却:多数采用自然风冷(列车走行风),少数采用强迫风冷(带风机)。

(6)保护:过热、过流、失风(若用强迫风冷)保护、IP 等级(电阻箱外观保护等级)。

四、制动电阻主要技术参数举例

DC1500V 网压供电的 4M2T 编组的地铁车辆使用的制动电阻参数如下:

(1)20℃时的电阻值:$2 \times 3.0\Omega$。

(2)热态电阻:$2 \times 3.5\Omega$。

(3)材料:AISI 310S。

(4)短时功率:$2 \times 750kW$。

(5)等效持续功率:$2 \times 220kW$。

要点总结

在车辆处于电制动工况时,牵引电机工作于发电状态,输出三相交流电,再通过牵引逆变器整流成直流后回馈电网,实现再生制动。但当整流输出电压高于某一电压值时(如对于采用 DC750V 供电的地铁车辆,当整流输出电压高于 960V 时),该电压被禁止回馈电网,此时接入制动电阻,用来吸收过高的电压,故制动电阻又称过压吸收电阻。

制动电阻由斩波器控制,可根据需要调节电阻的大小,但总电阻应有充分的容量来承受持续制下 100% 的制动负载,直到电机电压升到极限。

多个制动电阻集中安装在一个箱体内,称为制动电阻箱,悬挂于车辆底架下方。每个动车下安装一台制动电阻箱。现在的城轨车辆的制动电阻的发热靠自然冷却即可满足散热需求,故制动电阻箱内不再安装风机。

能力拓展

请根据本节内容,利用智慧职教城市轨道交通、铁道机车等专业教学资源库、MOOC 学院《机车车辆电气设备的检查与调试》在线课程等数字化资源及公共网站等途径,完成下面的任务。

任务 1:请收集城轨车辆用制动电阻的图片,制作 PPT,课上分享。

PPT 课件要求:不少于 5 页,图片清晰,配备必要的文字说明。

其他要求:能理解本人制作的 PPT 内容,能进行流利的讲解。

任务 2:请收集城轨车辆制动电阻故障和检修等方面的视频。

要求:每组收集 1~2 个视频,了解制动电阻的工作状态、可能出现的故障及如何进行处理等,从而加深对制动电阻结构和功能的理解,进行课上分享。

任务 3:请收集城轨车辆和电力机车使用的制动电阻的资料,了解它们的差异,完成下面的表格。再把找到的图片、文字和下表整理成 PPT,进行课上分享。

类型	城轨车辆用	电力机车用
功能		

续上表

结构		
主要参数		
安装方式		

学习笔记

5-5 知识拓展   常用的灭弧装置有哪些?

通过项目一、项目二知识链接的一系列理论分析,可以找出加速电弧熄灭的很多方法,如拉长电弧、降低温度、将长弧变为短弧、将电弧放置于特殊介质中、增大电弧周围气体介质的压力等。为了减少电弧对触头的烧损和限制电弧扩展的空间,通常要将这些方法加以应用,为此而采用的装置称为灭弧装置。一个灭弧装置可以采用一种方法进行灭弧,但在大多数情况下,则是综合采用几种方法,以增强灭弧效果,如拉长和冷却电弧往往是一起运用的。

Tip one:磁吹灭弧

磁吹灭弧是利用外加电动力使电弧拉长以致熄灭的灭弧方法。其实,在电器装置中,电器触头分断过程就是将电弧不断地拉长。如刀开关中闸刀的拉开也拉长电弧,电焊过程中将焊钳提高也可使电弧拉长并熄灭。电弧的拉长可以沿电弧的轴向(纵向)拉长,也可以沿垂直于电弧轴向(横向)拉长。如图 5-5-1 所示,F_1 为纵向拉长力,F_2、F_3 为横向拉长力。

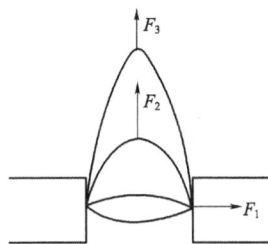

图 5-5-1　拉长电弧

触头分离时产生的回路电动力对电弧的拉长原理如图 5-5-2 所示。

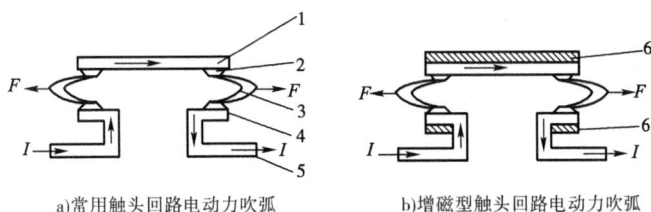

a)常用触头回路电动力吹弧　　　　b)增磁型触头回路电动力吹弧

图 5-5-2　触头回路电动力吹弧

1-触头桥;2-动触头;3-电弧;4-静触头;5-静触头座;6-磁性片

载流导体之间会产生电动力,如果把电弧看作一根软导体,那么当它受到电动力时就会发生变形,即拉长。如图 5-5-2 所示,在一对桥式双断点结构形式的触头断开时,电弧受回路电动力 F 的作用被横向拉长,也就是图 5-5-1 中受 F_2 作用力的情况。横向拉长时电弧与周围介质发生相对运动而加强了冷却,这样就加速了电弧的熄灭。如图 5-5-2b)所示,有时为了使磁场集中,在触头上添加磁性片(6),以增大吹弧力。

电弧拉长以后,电弧电压就增大,改变了电弧的伏安特性。在直流电弧中,其静伏安特性上移,电弧可以熄灭;在交流电弧中,由于燃弧电压的提高,电弧重燃困难。

因利用回路本身灭弧的电动力不够大,电弧拉长和运动的速度都较小,所以这种方法一般仅用于小容量的电器中。开断大电流时,为了有较大的电动力而专门设置了一个产生磁场的吹弧线圈,这种利用磁场力使电弧运动而熄灭的方法称为磁吹灭弧,如图 5-5-3 所示。由于这个磁场力比较大,其拉长电弧的效果也较好,如图 5-5-1 中 F_3 所示的情况。

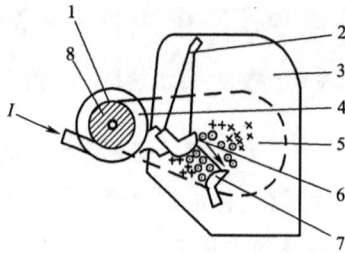

图 5-5-3　磁吹灭弧装置示意图

1-磁吹铁芯;2-导弧角;3-灭弧罩;4-磁吹线圈;5-磁夹板;6-静触头;7-动触头;8-绝缘套

在图 5-5-3 中,磁吹线圈(4)是接在引出线和静触头(6)之间,通过绝缘套与磁吹铁芯绝缘,导弧角(2)和静触头(6)固装在一起。磁吹线圈(4)中的磁吹铁芯(1)两端各装有一片导磁夹板(5);磁夹板(5)同时夹于灭弧室两侧,用来加强弧区磁场。设在灭弧室中的动、静触头就处在磁板之间。

当触头分开有电弧燃烧时,磁吹线圈和电弧本身均在电弧周围产生磁场。如图 5-5-3 所示,在弧柱下方一侧,磁吹线圈的磁通和电弧的磁通是相叠加的,而在弧柱上方一侧,两磁通是相削弱的,因此就产生磁吹力。电弧在磁吹力的作用下发生运动,电弧被拉长,电弧的根部离开静触头而移到导弧角(2)上,进一步拉长电弧,使电弧迅速熄灭。

导弧角(2)是根据回路电动力原理设置的,用来引导电弧很快离开触头且按一定方向运动,以保护触头接触面免受电弧的烧伤。

Tip two:灭弧罩灭弧

灭弧罩是让电弧与固体介质相接触,降低电弧温度,从而加速电弧熄灭的比较常用的装置。其结构形式是多种多样的,但其基本构成单元为"缝"。将灭弧罩壁与壁之间构成的间隙称为"缝"。根据缝的数量可分为单缝和多缝。根据缝的宽度与电弧直径之比可分为窄缝与宽缝。缝的宽度小于电弧直径的称窄缝,反之,大于电弧直径的称宽缝。根据缝的轴线与电弧轴线间的相对位置关系可分为纵缝与横缝。缝的轴线和电弧轴线相平行的称为纵缝;缝的轴线和电弧轴线相垂直的则称为横缝。

(1)纵向窄缝式灭弧罩

图 5-5-4 所示为一纵向窄缝的灭弧情况。当电弧受力被拉入窄缝后,电弧与缝壁能紧密接触。在继续受力情况下,电弧在移动过程中能不断改变与缝壁接触的部位,因而冷却效果好,对熄弧有利。但是在频繁开断电流时,缝内残余的游离气体不易排出,这对熄弧不利。所以,此种形式适用于操作频率不高的场合。

(2)纵向宽缝式灭弧罩

图 5-5-5 所示为一纵向宽缝的灭弧情况。宽缝灭弧罩的特点与窄缝的正好相反,冷却效果差,但排出残余游离气体的性能好。图 5-5-5 中所示情况是在一宽缝中又设置了若干绝缘隔板,这样就形成了纵向多缝。电弧进入灭弧罩后,被隔板分成两个直径较原来小的电弧,

并和缝壁接触而冷却,冷却效果加强,熄弧性能提高。此外,由于缝较宽,熄弧后残余的游离气体容易排出。所以,这种结构形式适用于较频繁开断的场合。

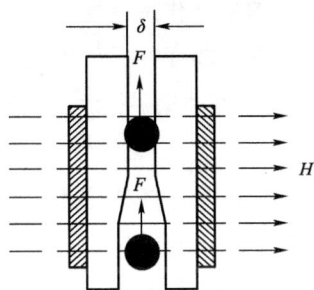

图 5-5-4 纵向窄缝式灭弧罩　　　图 5-5-5 纵向宽缝式灭弧罩

(3)横缝灭弧罩

为了加强冷却效果,横缝灭弧罩往往以多缝的结构形式使用,也称为横向绝缘栅片式灭弧罩,如图 5-5-6 所示。当电弧进入灭弧罩后,受到绝缘栅片的阻挡,电弧在外力作用下便发生弯曲,从而拉长了电弧,并加强了冷却。

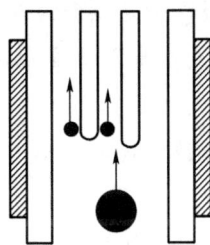

图 5-5-6 横向绝缘栅片式灭弧罩
1-灭弧罩;2-电弧

由于灭弧罩要受电弧高温的作用,所以对灭弧罩的材料也有一定的要求,如受电弧高温作用不会因热变形、绝缘性能不会下降,机械强度好且易加工制造等。灭弧罩过去广泛采用石棉水泥和陶土材料,现在逐渐改为采用耐弧陶瓷和耐弧塑料,它们在耐弧性能与机械强度方面都有所提高。

Tip three:油冷灭弧

油冷灭弧是将电弧置于液体介质(一般为变压器油)中,电弧将油汽化、分解而形成油气。油气中主要成分是氢,在油中以气泡的形式包围电弧。氢气具有很高的导热系数,这就使电弧的热量容易散发。另外,由于存在温度差,所以气泡产生运动,又进一步加强了电弧的冷却。由于电弧在油中灭弧能力比大气中拉长电弧大得多,所以这种方法一般用于高压电器中,如油开关。

Tip four：气吹灭弧

气吹灭弧是利用压缩空气来熄灭电弧的。压缩空气作用于电弧，可以很好地冷却电弧、提高电弧区的压力、很快带走残余的游离气体，所以有较高的灭弧性能。

由于气吹灭弧的灭弧能力较强，故一般运用在高压电器中，如韶山系列机车的空气断路器（主断路器）。

图 5-5-7 为韶山 4 改型电力机车上使用的 TDZ1A 型空气断路器（用于 25kV 高压电路的分断）所采用的气吹灭弧装置。压缩空气沿电弧径向吹入，然后通过动触头的喷口、内孔向大气排出，电弧的弧根能很快被吹离触头表面，因而触头接触表面不易烧损。因为压缩空气的压力与电弧本身无关，所以使用气吹灭弧时要注意熄灭小电流电弧时容易引起过电压，因此该灭弧装置两端并联有非线性电阻，用于抑制熄弧时产生的过电压。

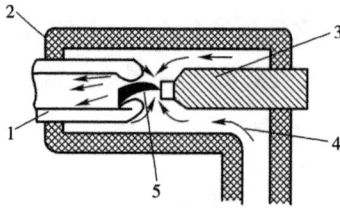

图 5-5-7　气吹灭弧装置

1-动触头；2-灭弧室瓷罩；3-静触头；4-压缩空气；5-电弧

Tip five：横向金属栅片灭弧

横向金属栅片又称去离子栅，它利用的是短弧灭弧原理。用磁性材料的金属片置于电弧中，将电弧分成若干短弧，利用交流电弧的近阴极效应和直流电弧的近极压降来达到熄灭电弧的目的。

横向金属栅片灭弧情况如图 5-5-8 所示。栅片的材料一般采用铁片。当电弧靠近铁栅片时，由于铁片为磁性材料，所以栅片本身就具有一个把电弧拉入栅片的磁场力（当电弧移近金属栅的上沿时，铁栅片又具有把电弧拉回的特性，可防止电弧逸出栅外、烧损他物）。当电弧被这个磁场力或外力作用刚进入铁片栅中时，由于磁阻较大，铁片栅对电弧的吸力不大。为了减小电弧刚进入铁栅片时的空气阻力，铁栅片做成楔口并交叉装配，如图 5-5-8b)所示，即只让电弧先进入一半铁片栅中以增大最初接触电弧的铁片片距。随着电弧继续进入铁片栅中，磁阻减小，铁片对电弧的拉力增大，足以使电弧进入所有的铁片栅中。电弧进入栅片后分成许多串联短弧，电流回路产生作用于各短弧上的电动力使短弧继续产生运动。此时应注意短弧被拉向触头方向运动的力，它会使电弧重燃并烧损触头。为了消除这种现象，可以采用凹形栅片和 O 形栅片。铁栅片在使用时一般外表面要镀上一层铜，以增大传热能力和防止铁片生锈。

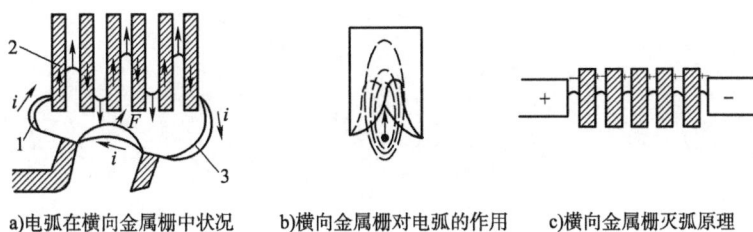

a)电弧在横向金属栅中状况　　　b)横向金属栅对电弧的作用　　　c)横向金属栅灭弧原理

图 5-5-8　横向金属栅片灭弧罩结构、原理示意图

1-入栅片前的电弧;2-金属栅;3-入栅片后的电弧

Tip six：真空灭弧

真空灭弧是使触头电弧的产生和熄灭在真空中进行,它是依据零点熄弧原理,以真空为熄弧介质工作的。

在真空中气体很稀薄,电子的自由行程远大于触头间的距离。当真空度为 10^{-5}mm 汞柱时,电子的自由行程达 43m。自由电子在弧隙中做定向运动时几乎不会和气体分子或原子相碰撞,不会产生碰撞游离。所以,将触头置于真空中断开时产生的电弧则是由于阴极发射电子和产生的金属蒸汽被电离而形成的。当电弧电流接近零时,阴极发射的电子和金属蒸汽减少,弧隙中残留的金属蒸汽和等离子体向周围真空迅速扩散。这样,弧隙可以在数微秒之内由导电状态恢复到真空间隙的绝缘水平。

因在真空中触头有很高的介质恢复速度、绝缘能力和分断电流的能力,因此真空灭弧装置已广泛应用于高压断路器中,如在和谐号电力机车和高速动车组上,都是采用真空断路器作为其主断路器,用来分断 25kV 的高压电路。

空调系统

教学目标

1.了解空调机组的结构和工作原理。

2.了解空调控制盘的结构和工作原理。

3.了解空调系统的检查与维护的工作内容。

建议学时

2学时

空调系统是城市轨道交通车辆的空气调节装置,用于处理车厢内空气,使之达到除湿、降温、升温的目的,给乘客创造一个舒适的乘车环境。

城市轨道交通车辆的空调机组一般采用车顶安装方式,因此所用的空调机组的结构形式为车顶单元式,安装在车辆顶部的 1/4 和 3/4 处,每节车安装 2 台。空调控制系统采用 KPC 控制器作为核心控制单元,一个控制盘控制同节车 2 台空调机组,空调控制系统通过控制盘控制空调机组,使车内保持舒适的环境。同时,控制系统将对空调机组进行诊断,将空调系统各元件的状态信息及故障信息发送给车辆控制单元,并可在驾驶室显示屏显示。

空调机组壳体由不锈钢材料制成,具有耐振、抗冲击等特点,能适应风吹、日晒、雨淋等露天环境。空调机组与车体之间采用减振器连接,空调机组的送、回风口采用防风、防水密封结构,无漏风、漏水现象,安装到车上时简便、可靠,无须特殊的工具和复杂的操作程序。

城市轨道交通车辆的空调机组分为客室空调机组和驾驶室空调机组,其中客室空调机组使用最多,因此本项目将以客室空调机组为例,介绍空调机组及空调控制盘的结构原理及检查维护等相关内容。

6-1 学习任务　空调机组结构原理认知

知识分享

一、空调机组的结构

空调机组有两个独立的空气系统:客室空气处理系统(室内部分)和冷凝器空气冷却系统(室外部分),具体组成如图 6-1-1 所示。

整列车空调的操作

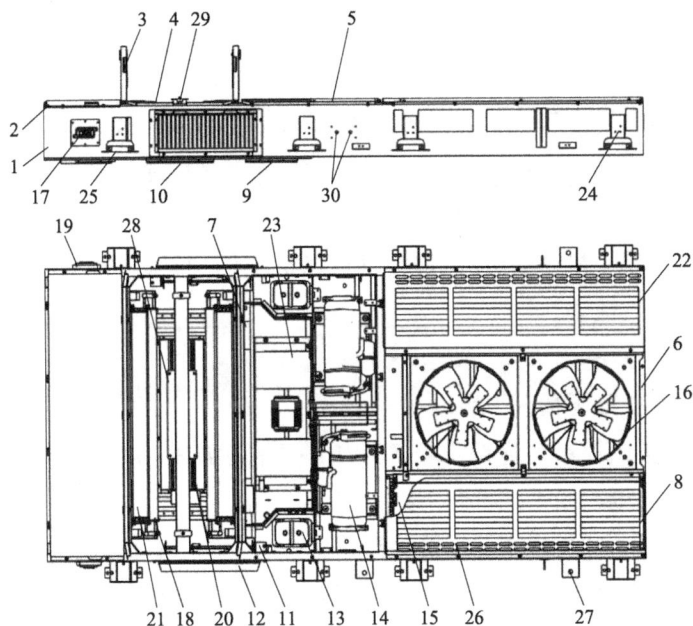

图 6-1-1　客室空调机组结构图

1-箱体总成;2-蒸发腔盖板一;3-蒸发腔盖板二;4-U 形橡胶嵌条;5-蒸发腔盖板三;6-冷凝腔盖板一;7-电加热;
8-冷凝腔盖板二;9-送风口密封条;10-回风口密封条;11-风阀一;12-新风口;13-气液分离器;14-压缩机;15-冷凝器;
16-轴流风机;17-主回路连接器;18-混合风滤网;19-控制回路连接器;20-风阀二;21-蒸发器;22-冷凝腔盖板三;
23-离心风机;24-安装座;25-减振器;26-干燥过滤器;27-定位销座;28-空气净化器;29-压板;30-检修阀

室内空气处理系统位于空调机组的前箱体部分,主要包括通风机、蒸发器、电加热器、新风口、新风阀、回风阀、回风滤尘网、空气净化器等部件。2 个新风口分别位于空调机组前箱体两侧,并安装有金属新风滤网;电动新风阀可控制新风量;1 个回风口位于空调机组前箱体底部,电动回风阀可控制室内回风量;空气净化器位于回风阀上方,具有空气净化的作用。新风和回风混合后,经过混合风滤网过滤后通过蒸发器(电加热器),空气被降温除湿(加热),然后由空调机组离心风机送出,通过分配风道吹入客室内,降低(提高)客室温度。

室外冷却系统位于空调机组一端。室外空气与冷凝器进行热交换,温度升高后被轴流风机排出;冷凝器内制冷剂被冷凝,经节流降压降温,进入蒸发器蒸发吸热,降低空调机组内混合风温度。

二、空调机组的工作模式

1.制冷

在制冷系统中,制冷剂由压缩机压缩成高温高压的蒸汽,进入风冷冷凝器,通过冷凝风机的运转,经外界空气强制冷却,冷凝成高压常温液体,然后进入毛细管节流降压,变成低温低压液体(含少量气体),进入蒸发器,吸收流过蒸发器的空气的热量,蒸发成低压蒸汽,被压缩机吸入,完成一个制冷循环。

2.制热

由新风口引入的新鲜空气及车内循环空气,被机组的通风机吸入并在电加热器前混合,通过电加热器加热,温度升高,再由通风机送入车内,使温度徐徐上升。

3.通风

制冷压缩机和冷凝风机全部停止运转,仅通风机工作,回风阀与新风阀均打开,维持客室内的氧气含量及空气流动。

4.紧急通风

紧急通风模式将在如下情况下启动:

(1)MVB 正常,空调控制系统收到来自 MVB 的"紧急通风"命令;

(2)MVB 故障,空调控制系统检测不到 380V 电源信号。

当以上任一情况发生时,空调控制器将断开所有吸合的接触器,机组停止运行。KPC 向紧急通风逆变器发送紧急通风信号,延时 10s,闭合紧急通风接触器,空调系统进入紧急通风模式。此时空调机组回风阀完全关闭,新风阀全开,制冷系统停止工作,通风机工作在降频降压状态下,为客室提供新风。

紧急通风模式结束的条件如下:

(1)当 MVB 网络正常时,如果空调控制器接收到 VCU 发出的结束紧急通风指令,空调系统结束紧急通风状态,恢复正常运行;

(2)如果网络故障,在紧急通风模式下空调控制系统检测到 380V 电源正常时,自动结束紧急通风状态,转到正常模式;

(3)如果一直没有撤销紧急通风的命令,则直至蓄电池亏电,结束紧急通风状态。

5.预冷

如果系统一开机即检测到温度 $T_i \geqslant T_{ic}$(设定温度),则执行预冷状态。新风阀关闭,回风阀打开,机组执行预冷模式。当温度降到 $T_{ic}-1℃$ 以下或预冷持续 30min 后收到预冷取消信号,预冷状态结束,此时系统仍根据客室内的温度工作在相应的工作模式,新风阀、回风阀均打开。

6.预热

如果系统一开机即检测到温度 $T_i \leqslant 12℃$ 时,则执行预热状态。启动预热模式后,空调新风阀关闭,回风阀打开,空调以全回风模式运行,使客室内温度迅速升高。预热模式运行时间超过 15min 或 T_i 达到 13℃ 以上,则预热模式结束,新风阀、回风阀均打开。

三、空调机组的工作原理

城轨车辆空调系统制热采用电加热器加热,其制冷系统原理如下:

压缩机从蒸发器吸入制冷剂 R407C 气体,将其压缩成高温高压的 R407C 蒸汽,排入风冷冷凝器,经与外界空气进行热交换,放出热量冷凝成高压常温的 R407C 液体,然后经毛细管降压后变成低温低压液体,进入蒸发器,吸收由室内流过蒸发器的空气的热量,蒸发成低压蒸汽再被压缩机吸入,完成一个制冷循环。制冷剂不断地从室内吸收热量,在室外放出热量,从而达到使室内降温、除湿的效果,如图 6-1-2 所示。

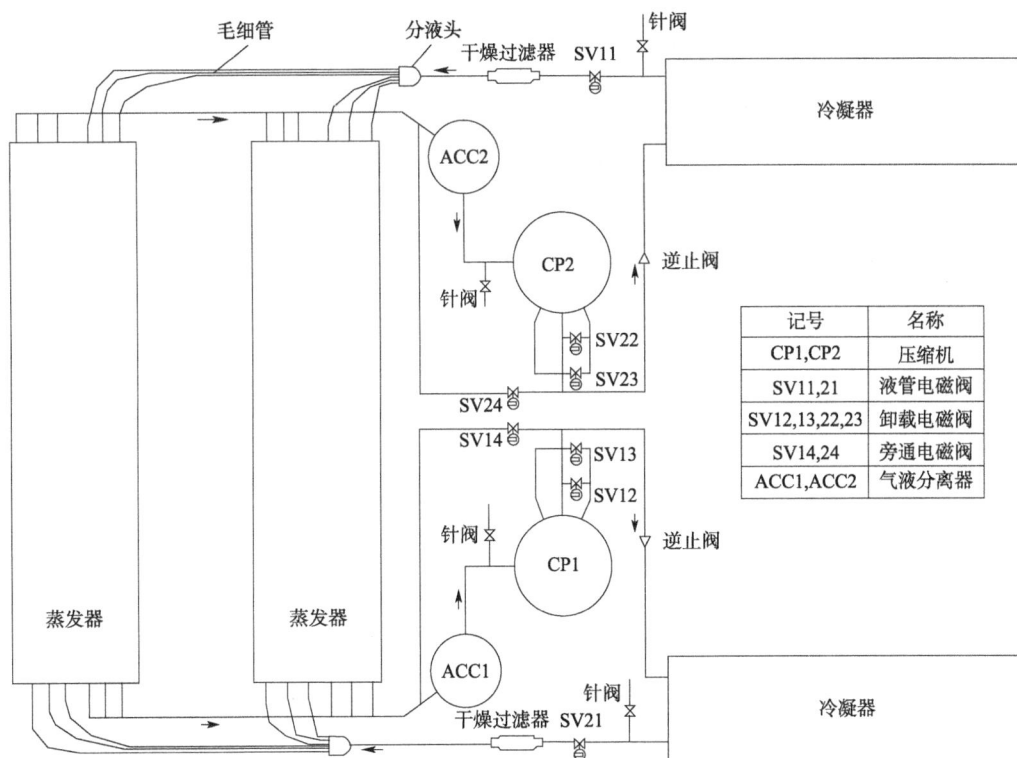

记号	名称
CP1,CP2	压缩机
SV11,21	液管电磁阀
SV12,13,22,23	卸载电磁阀
SV14,24	旁通电磁阀
ACC1,ACC2	气液分离器

图 6-1-2 空调系统原理图

学习笔记

要点总结

空调系统是城市轨道交通车辆的空气调节装置,用于处理车厢内空气,使之达到除湿、降温、升温的目的,给乘客创造一个舒适的乘车环境。

城市轨道交通车辆的空调机组一般采用车顶安装方式,每节车厢安装 2 台。

空调机组有两个独立的空气系统:客室空气处理系统(室内部分)和冷凝器空气冷却系统(室外部分)。

室内空气处理系统主要包括通风机、蒸发器、电加热器、新风口、新风阀、回风阀、回风滤尘网、空气净化器等部件,主要起回风、送风、降温除湿(加热)等作用。在室外冷却系统中,室外空气与冷凝器进行热交换,温度升高后被轴流风机排出;冷凝器内制冷剂被冷凝,经节流降压降温,进入蒸发器蒸发吸热,降低空调机组内混合风温度。

空调机组的工作模式有:制冷、制热、通风、紧急通风、预冷、预热 6 种工作模式。

能力拓展

请根据本节内容,利用智慧职教城市轨道交通、铁道机车等专业教学资源库、MOOC 学院《机车车辆电气设备的检查与调试》在线课程等数字化资源及公共网站等途径,完成下面的任务。

任务1:请收集城轨车辆用空调机组的图片,制作 PPT,课上分享。

PPT 课件要求:不少于 5 页,图片清晰,配备必要的文字说明。

其他要求:能理解制作的 PPT 内容,能进行流利的讲解。

任务2:请收集城轨车辆空调机组故障和检修等方面的视频。

要求:每组收集 1~2 个视频,了解空调机组的工作状态、可能出现的故障及如何进行处理等,从而加深对空调机组结构和功能的理解,进行课上分享。

任务3:请收集城轨车辆使用的空调机组和家用空调的资料,了解它们的差异,完成下面的表格。再把找到的图片、文字和下表整理成 PPT,进行课上分享。

类型	城轨车辆用	家用
结构		

安装方式		
控制方式		

学习笔记

6-2 学习任务 　空调控制盘结构原理认知

知识分享

控制盘是客室空调系统的控制中心,每个控制盘控制一节车厢内的 2 台空调机组。按照设定程序准确控制着空调系统的正常工作,完成通风、制冷、制热、停机等各项功能。

空调控制盘采用微机控制器 KPC 控制。每台空调机组在回风口、送风口和新风口处设置 NTC 型温度传感器检测回风温度、送风温度和新风温度,分别取两机组回风温度平均值作为客室温度,新风温度平均值作为室外温度。将客室温度或室外温度与 KPC 内部设定的温度比较后,自动进入通风、制冷、制热等工作状态。

空调控制盘以微机控制器 KPC 为控制核心,采用面板指示灯来显示运行情况。执行元件由接触器控制,保护元件采用低压断路器(空气开关)及热继电器。

一、空调控制盘的结构

客室空调控制盘结构如图 6-2-1 所示。

二、客室空调控制盘主要部件

下面以某城轨车辆上使用的空调机组为例,介绍其控制盘的主要部件。

1. 微机控制器

采用 KPC-1T2-Q69 型微机控制器,带有 MVB、RS232、USB 通信接口,如图 6-2-2 所示。

2. 接触器

该空调机组的控制盘采用西门子 3RT1016、3RT1017、3RT1026 系列接触器,如图 6-2-3 所示。

3. 热继电器

本套系统采用西门子 3RU11 型热继电器,其整定值为 2.4A,如图 6-2-4 所示。

4. 电动机热磁断路器

本套系统采用西门子 3RV10 型电动机热磁断路器,其整定值为 2.4A,如图 6-2-5 所示。

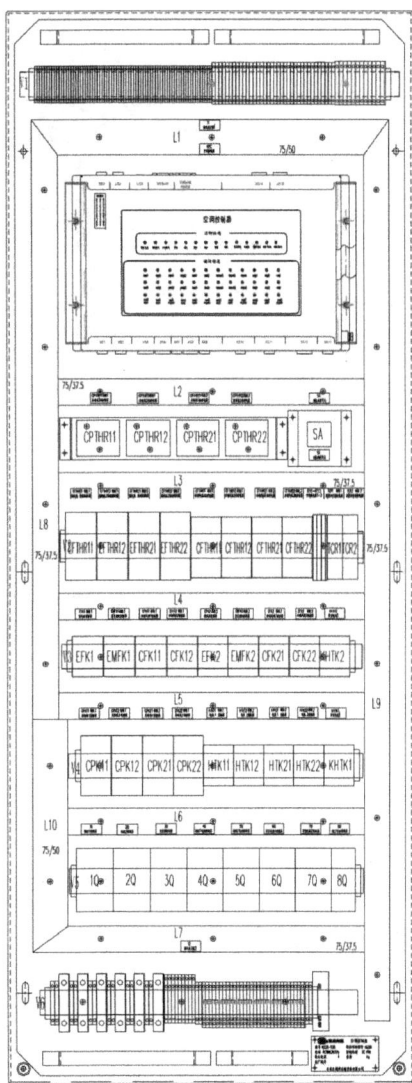

图 6-2-1　客室空调控制盘结构图

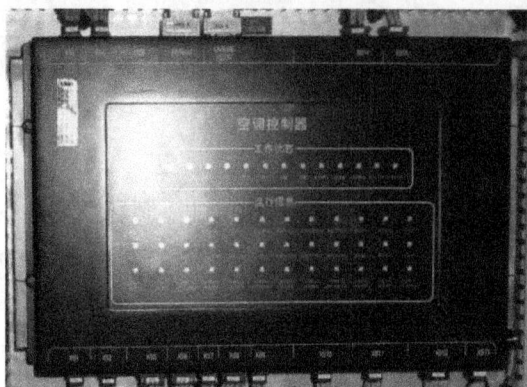

图 6-2-2　微机控制器

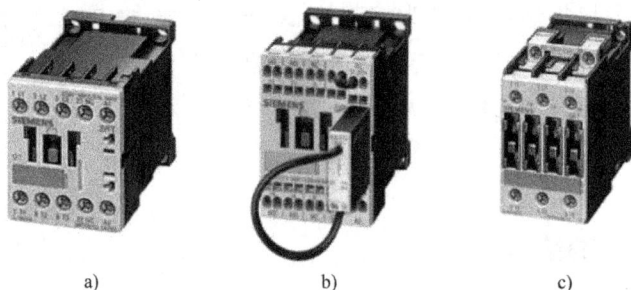

a)　　　　　　　　　　b)　　　　　　　　　　c)

图 6-2-3　接触器

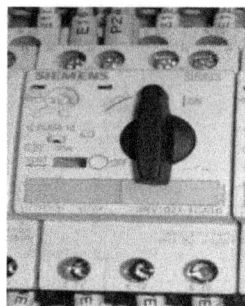

图 6-2-4　热继电器　　　图 6-2-5　电动机热磁断路器

5. 低压断路器

本套系统采用西门子 5SJ63 D50、5SJ63 C16、5SJ63 C20、5SJ63 D10、5SJ52 C04 型低压断路器，如图 6-2-6 所示。

空调控制系统通过控制器控制空调机组，使车内保持舒适的环境。控制系统采集各传感器以及各元件的检测信息，进行数据的运算、处理，并与车辆控制系统通过 MVB 网络进行通信。同时，控制系统将对空调机组工作状态进行诊断，将空调系统各元件的状态信息及故障信息发送给车辆控制单元，并可在驾驶室显示屏上显示。

图 6-2-6 低压断路器

思政课堂

国内首条无人驾驶列车运行线——上海轨道交通 10 号线

上海轨道交通 10 号线是国内第一条以无人值守下的列车自动运行（Unattended Train Operation，UTO）模式为设计目标的全自动运行地铁线路，全长约 46km。该线路于 2010 年 4 月 10 日以"有人驾驶模式"开通运营，2014 年 8 月 9 日进入有人值守下的列车自动运行模式（Driverless Train Operation，DTO），2016 年 12 月 30 日实现了国内首条驾驶室无人值守全自动运行列车的载客运营。

10 号线投用全自动运行系统后，已实现在无司机操作的情况下，每列车从早晨起车、检车出库、载客运行，直至运营结束后的列车回库、收车、洗车等全日自动化运营。

采用自动运行模式的列车平均出入库时间可缩减 50%，每公里配员数减少约 10 人，平均旅行速度提高 12.6%。全自动运行的 6 年时间里，列车兑现率、正点率均在 99% 以上，实现了全自动运行线路运营可靠、减员增效的目标。

上海地铁充分积累 10 号线全自动运行宝贵经验，逐步形成一系列标准与规范，并向国内规划和在建的全自动运行线路分享，不断提升城市智慧化建设和精细化管理能级，促进相关产业链向高端发展，大大推进了全国城市轨道交通全自动运行的发展进程。

上海轨道交通 10 号线列车

学习笔记

要点总结

空调控制盘是客室空调系统的控制中心,每个控制盘控制一节车厢内的 2 台空调机组,按照设定程序准确控制着空调系统的正常工作,完成通风、制冷、制热、停机等各项功能。

空调控制盘采用微机控制器 KPC 控制。每台空调机组在回风口、送风口和新风口处设置 NTC 型温度传感器检测回风温度、送风温度和新风温度,分别取两机组回风温度平均值作为客室温度,新风温度平均值作为室外温度。将客室温度或室外温度与 KPC 内部设定的温度比较后,自动进入通风、制冷、制热等工作状态。

空调控制盘以微机控制器 KPC 为控制核心,采用面板指示灯来显示运行情况。执行元件由接触器控制,保护元件采用低压断路器(空气开关)及热继电器。

能力拓展

请根据本节内容,利用智慧职教城市轨道交通、铁道机车等专业教学资源库、MOOC 学院《机车车辆电气设备的检查与调试》在线课程等数字化资源及公共网站等途径,完成下面的任务。

任务 1:请收集城轨车辆用空调控制盘的图片,制作 PPT,课上分享。

PPT 课件要求:不少于 5 页,图片清晰,配备必要的文字说明。

其他要求:能理解本人制作的 PPT 内容,能进行流利的讲解。

任务 2:请收集城轨车辆空调控制盘故障和检修等方面的视频。

要求:每组收集 1~2 个视频,了解空调控制盘的工作状态、可能出现的故障及如何进行处理等,从而加深对空调控制盘结构和功能的理解,进行课上分享。

任务 3:请收集城轨车辆使用的空调机组和家用空调的资料,了解它们的差异,完成下面的表格。再把找到的图片、文字和下表整理成 PPT,进行课上分享。

类型	城轨车辆用	家用
结构		
安装方式		

续上表

控制方式		

学习笔记

6-3 实践任务　空调系统检查与维护

工艺流程

　　空调系统在规定的日期内,应按维修计划实施维修工作。维修计划以运行里程数为基础,对维修工作和周期划分了维修等级(表6-3-1),维修计划具体内容见表6-3-2。

空调不启动故障
应急处理

一、维修等级

维修等级　　　　　　　　　　　　　　表6-3-1

维修等级	操作	最短保养周期	列车最长停时	备注
日检	在整列车上	双日或每日	3h	
周检	在整列车上	5000km(15天)	3h	
月检	在整列车上	30000km(3个月)	2天	
定修	在整列车上	600000km(1年)	6天	
架修	在整列车上进行,拆卸部件	600000km(5年)	18天	
大修	在整列车上进行,拆卸部件	1200000km(10年)	32天	

二、维修计划

维修计划　　　　　　　　　　　　　　表6-3-2

序号	部件	维修	维修阶段
1	回风滤网	清洗	周检
		更换滤网	2~3次
2	新风滤网	清洗	周检
		更换滤网	损坏
3	系统管路	目测管表面是否有油迹	定修
4	冷凝器/蒸发器	清理或清洗交换器表面	定修
5	冷凝风机	检查噪声、检查涂层	定修
		轴承更换	架修
		风机更换	大修

续上表

序号	部　件	维　修	维修阶段
6	通风机（包含通风单元通风机）	检查噪声、清扫内部	定修
		轴承更换	架修
		风机更换	大修
7	排水系统	检查、清洗排水口	定修
8	隔热材料（包含通风单元通风机）	检查是否老化	架修
9	紧固件（包含通风单元通风机）	检查是否松动	定修
10	电路（包含通风单元通风机）	绝缘检查	定修
11	环境温度传感器、室内温度传感器	温度传感器及数据采集模块校准	架修
12	电加热器（包含通风单元电加热）	检查开关、温度熔断器	定修
		电加热器更换	大修
13	空气净化器	检查光等离子管、电扇	月检
		更换光等离子管	损坏
14	控制盘	检查控制盘是否有锈蚀、变色、污染、灰尘及异物	定修
15	配线符号、器件标识	检查配线符号、器件标识等是否有脱落	定修
16	低压断路器	检测操作是否灵活	定修
		更换	大修
17	热磁断路器及热继电器	更换	大修
18	功能选择开关	检测操作是否灵活	定修
		更换	大修
19	控制器	更换	大修

三、维护工作

维护工作内容清单见表6-3-3。

维护工作内容清单　　　　　　　　　　　　　　表6-3-3

序号	部　件	检　查	工装工具
1	回风滤网	用肥皂水洗净后，清水漂洗、晾干	专用工具
2	新风滤网	用肥皂水洗净后，清水漂洗、晾干	专用工具
3	管路	如果渗油是因为制冷剂泄漏，应进行补漏修理	专用工具测量和试验设备

续上表

序号	部　件	检　查	工装工具
4	冷凝器 蒸发器	把压缩空气按运转时的反方向吹入肋片间隙或从脏物附着多的一侧用吸尘器进行吸尘。特别脏时,应使用专用洗涤剂进行清洗 注:水枪压力控制在 3~4MPa 内	化学清洗剂 专用工具
5	轴流风机	清扫风机,用软毛刷刷洗 注:不要使叶片变形	专用工具
6	离心风机(包含通风单元离心风机)	清扫风机,特别是附着在叶片内侧的灰尘,用软毛刷刷洗 注:不要使叶片变形	专用工具
7	排水系统	定期检查、清洗排水口,并疏通排水管,使之不被垃圾或异物等堵塞	专用工具
8	紧固件(包含通风单元)	通过查看螺栓防松标记或用锤检法来检查各元件(如压缩机、风机、电气元件终端等)的安装螺栓是否松动	专用工具 化学清洗剂
9	电路(包含通风单元)	绝缘电阻检测: 主回路用 1000V 兆欧表检测,控制回路用 500V 兆欧表检测,确认带电部件对地和非带电部件的绝缘电阻是否在 2MΩ 以上,在 2MΩ 以下时,请检查各部位的绝缘老化情况,进行修理	专用工具 测量和试验设备
10	电加热器 (包含通风单元电加热器、机组电加热器及客室座椅电加热器)	清理电热器管上及其周围的附着物;检查电加热回路接线是否完好;检查温度开关、温度熔断器是否正常	专用工具
11	空气净化器	检查光等离子管和风扇是否正常	测量和试验设备
12	控制盘	用压缩空气、真空吸尘器或用干燥抹布清除污染物(如灰尘等)	专用工具
13	配线符号、器件标识	检查配线符号、器件标识等是否有脱落,如有脱落应及时更换	专用工具
14	低压断路器	分合断路器,看操作是否灵活	专用工具
15	功能选择开关	将功能选择开关分别打到各挡位,看操作是否灵活	专用工具

四、维修工作

维修工作内容清单见表6-3-4。

维修工作内容清单

表6-3-4

序号	部　件	修　正	工　装工具
1	轴流风机	轴承更换	专用工具 化学清洗剂
2	离心风机（包含通风单元离心风机）	轴承更换	专用工具 化学清洗剂
3	电加热器（包含通风单元电加热器、 机组电加热器及座椅电加热器）	更换温度开关、温度熔断器	专用工具
4	环境温度传感器 室内温度传感器	温度传感器及数据采集模块校准	测量和试验设备
5	隔热材料（包含通风单元）	更换出现老化现象的部位	

📝 学习笔记

要点总结

空调系统在规定的日期内,应按维修计划实施维修工作。本计划以运行里程数为基础,对维修工作和周期划分了维修等级。

表6-3-2给出了在各个维修阶段,空调系统需要维修的部件,表6-3-3给出了具体维修工作内容。需要指出的是,上文只是给出了初步维修指导,实际工作中,各地铁公司会根据实际情况制订更加具体、完善的维修计划。

能力拓展

请根据本节内容,利用智慧职教城市轨道交通、铁道机车等专业教学资源库、MOOC 学院《机车车辆电气设备的检查与调试》在线课程等数字化资源、各地铁公司检修规程等资源及公共网站等途径,完成下面的任务。

任务1:请收集城轨车辆空调机组检修作业图片及检修工艺方面的资料,制作 PPT,课上分享。

PPT 课件要求:不少于 10 页,图片清晰,配备检修流程图和必要的文字说明。

其他要求:能理解本人制作的 PPT 内容,能进行流利的讲解。

任务2:(1)请收集城轨车辆空调机组检修标准化作业视频。

要求:每组(3~4 人)收集 1~2 个视频,了解空调机组检修需要的工装、工具,检修流程,检修内容,并进行某个检修等级的作业演练。

(2)各小组由组员扮演空调机组检修员,完成一套空调机组检修标准化作业,录制成视频,进行课上分享。

要求:着装规范(统一穿实训服),动作标准,流程正确。视频时长不少于 3 分钟,图像清晰,声音清晰,无噪声。

任务3:请查找地铁公司的空调机组日检、周检、月检、定修、架修、大修的检修工艺文件,完成下面的表格。

检修等级	日检	周检	月检	定修	架修	大修
检修部件						

续上表

检修内容						
工装工具						
检验标准						

6-4 知识拓展　电器触头的有关知识

Tip one：电器对触头的基本要求

根据触头的工作情况，为了保证电器可靠工作和有足够的寿命，对触头有如下要求：

(1)工作可靠，接触电阻要小。

(2)有足够的机械强度。

(3)长期通过额定电流时，温升不超过规定值。

(4)通过短路电流时，有足够的电动稳定性与热稳定性。

(5)有足够抵抗外界腐蚀(如氧化、化学气体腐蚀)的能力。

(6)寿命长。

此外，还要求触头所用的材料要少，质量小，价格便宜，便于制造和维修。

Tip two：触头的分类

触头可按以下方法分类。

(1)按触头工作情况，可分为有载开闭和无载开闭两种。前者在触头开断或闭合过程中，允许触头中有电流通过；后者在触头开断或闭合过程中，不允许触头中有电流通过，而在闭合后才允许触头中通过电流，如转换开关等。无载开闭触头，由于触头开断时无载，故无电弧产生，对触头的工作十分有利。

(2)按开断点数目，可分为单断点式触头和双断点式触头。

(3)按触头正常工作位置，可分为常开触头和常闭触头。

(4)按结构和形状，可分为指形触头和桥式触头等。

(5)按触头相互运动状态，可分为滑动式触头和滚动式触头。后者比前者的机械磨损小，传动力也小。

(6)按触头的接触方式，可分为点接触、线接触和面接触3种。

Tip three：触头接触面的形式

触头接触面形式分为点接触、线接触和面接触，如图6-4-1所示。触头对电路电流的接通是通过其接触面来实现的，所以接触面形式对触头的工作性能起着重要的作用。在设计电器时，对触头接触面形式应有合理的选择。点、线、面3种接触形式的特点和适用场合如下。

1. 点接触

点接触触头是指两个导体只在一点或者很小的面积上发生接触的触头(如球面对球面、

球面对平面）。触头间是"点"与"点"的接触。在同样的触头压力下，点接触的单位压力大，因此，可得到较小的接触电阻。但其散热条件差，机械强度小，因此只适用于做负荷小的触头，多用于 10A 以下的继电器、接触器和自动开关的联锁触头等，一般控制电路的触头多采用点接触式。

a)点接触   b)线接触   c)面接触

图 6-4-1　触头的接触形式

2. 线接触

线接触是指两个导体沿着线或较窄的面积发生的接触（如圆柱对圆柱、圆柱对平面）。在相同接触压力作用下，线接触方式触头的接触电阻比另外两种都小，其原因是触头的压力强度和实际接触面得到了很好的配合。面接触的接触点虽多，但压强小；点接触的压强虽大，但接触点少，因此它们的接触电阻都比线接触的大。另外，线接触容易做到触头间有滑动和滚动，从而使触头的工作条件得到改善。同时，线接触触头的制造、调整、装配均比较方便，因而被广泛采用。线接触常用于通过几十安至几百安电流的中等容量的电器，如接触器、自动开关及高压开关电器的主触头。

3. 面接触

面接触是指两个导体有着较广的表面接触（如平面对平面），其接触面积和触头压力均较大。由于其触头在开闭过程中接触面间无相对滑动，不能清除氧化膜等高电阻物质，所以在此种触头表面须嵌上贵重的银片。而且面接触的接触电阻很不稳定，当接触面稍有破坏或者装配不当时，都会使接触电阻大大增加。所以此种形式应用较少，仅用于大电流、接触压力大的场合，如固定母线接触、大容量的接触器和断路器的主触头，闸刀开关也常采用面接触的形式。考虑到装配检修的方便和工作的可靠性，多采用点接触或线接触的形式。在低压自动开关等电气设备中，有的采用多个线接触或多个点接触并联使用，以减小接触电阻，使工作可靠，降低制造成本，减小检修工作量。

Tip four：触头的参数

触头的参数主要有触头的结构尺寸、开距、超程、研距、初压力和终压力等。

1. 触头的结构尺寸

触头的结构尺寸主要是根据触头工作时的发热条件确定，同时要考虑它的机械强度与工作寿命等条件。

2.触头的开距

触头处于断开位置时,动、静触头之间的最小距离 s 称为触头的开距(或行程),如图 6-4-2a)所示。

a)断开状态　　　　b)刚接触时　　　　c)闭合状态

图 6-4-2　触头三种工作状态图示

开距是触头的一个主要参数。它不仅要保证在开断正常电流时能可靠地熄弧,而且还能使触头间具有足够的绝缘能力,当电源出现不正常的过电压时不致击穿。它不仅影响触头与灭弧系统的尺寸,而且影响电磁传动机构的尺寸。

从减小电器的尺寸和减少触头闭合时振动的角度出发,在保证可靠开断电路的前提下,触头开距越小越好。触头开距的大小与开断电流大小、线路电压、线路参数及灭弧装置等有关。

3.触头的超程

触头的超程是指触头对完全闭合后,若将静触头移开,动触头在触头弹簧的作用下继续前移的距离 r,如图 6-4-2c)所示。

触头超程是用来保证在触头允许磨损的范围内仍能可靠地接触。一般在计算时选取超程 $r = (0.6 \sim 0.8)t$,式中 t 为新触头的厚度。但需要注意的是,超程不宜取得过大,因为当超程大时,在一定的电磁吸力情况下,触头的初压力相应要小些。而初压力小,对减小触头振动是不利的。

4.触头的研距

动触头和静触头接触过程中,触头接触表面既有滚动,又有滑动,这种滚动和滑动称为触头的研磨过程。由研磨所产生的距离称为研距。

为了保证触头工作时有良好的电接触,一般线接触触头开闭过程的起止点不重合,且有一定距离。研距是触头开闭过程中动、静触头间滚动量与滑动量之和。

如图 6-4-3 所示,动、静触头开始接触时,其接触线在 a 点处。在触头闭合过程中,接触线逐渐移动,最后停在 b 点处接触,以导通工作电流。由于在动触头上的 ab 和静触头上的 $a'b'$ 长度不一样,因此,在两者接触过程中,不仅有相对滚动,而且有相对滑动,整个接触过程称为触头的研磨过程。

开始接触线　　　最终接触线　　　$\left.\begin{array}{l}ab\\a'b'\end{array}\right\}$ 触头研距

图 6-4-3　触头的研磨过程及研距

触头表面有滑动,可以擦除触头表面的氧化层及脏污,减小接触电阻,使触头有良好的电接触。触头表面有滚动,可以使触头在闭合时的撞击处与最后闭合位置的工作点,以及开断电路时产生电弧处与闭合位置的工作点分开,保证正常工作的接触线不受机械撞击与电弧的破坏作用,保证触头接触良好。

5. 触头的初压力

触头闭合后,其接触处有一定的互压力,称为触头压力。触头压力是由触头弹簧产生的。触头弹簧有一预压缩,使得动触头刚与静触头接触时就有一互压力 F_0,称为触头初压力,它是由调节触头弹簧预压缩量来保证的。初压力可以降低触头闭合过程的振动。

6. 触头的终压力

动、静触头闭合终了时,触头间的接触压力称为终压力 F_z。它是由触头弹簧最终压缩量来决定的。它使触头闭合时的实际接触面积增加,使闭合状态时的接触电阻小而稳定。

触头的开距、超程、初压力和终压力都是必须进行检测的重要参数。在电器的使用和维修中常用这些参数来反映触头的工作情况及检验电器的工作状态。

Tip five：触头的 4 种工作状态

触头有以下 4 种工作状态。

1. 触头处于闭合状态

触头处于闭合状态时的主要任务：保证能通过规定的电流,且触头温升不超过允许值。这个状态的主要问题是触头的发热及热稳定性和电动稳定性,触头的发热是由接触电阻引起的,故应设法减小接触电阻。

2. 触头闭合过程

从动、静触头刚开始接触到触头完全闭合,由于会发生振动,所以它不是一次接触就能闭合,而是有一个过程,这个过程称为触头的闭合过程。由于触头在闭合过程中会因碰撞而产生机械振动,因此这个过程的主要问题是减小机械振动,从而减小触头的磨损,避免触头熔焊。

3. 触头处于断开状态

触头处于断开状态时,必须有足够的开距,以保证可靠地熄灭电弧和开断电路。

4. 触头的开断过程

触头开断过程是触头最繁重的工作过程,一般可分为 3 个阶段：

(1)从触头完全闭合时起,到触头将开始分开为止。

(2)触头开始分开以后的一段时间。

(3)电路完全切断的过程。

由于在触头开断电路时,一般会在触头间产生电弧,因此这个过程的主要问题是熄灭电弧,减小由电弧产生的触头电磨损。

接触器

项目 7

教学目标

1.掌握接触器的用途、分类、基本组成等。

2.掌握电磁接触器的结构及工作原理。

3.了解接触器选用的原则。

4.了解接触器常见故障的处理方法。

5.了解接触器检修维护的工作内容。

接触器的结构及原理

建议学时

4学时

7-1 学习任务　接触器总体认知

知识分享

一、接触器的用途和基本特点

接触器在工业控制中应用非常广泛,是用来接通或切断带有负载的主电路或大容量控制电路的自动切换电器,在城市轨道交通车辆上用于频繁地接通或切断正常工作情况的主电路和辅助电路。与其他开关电器相比,它具有如下特点。

(1)动作次数频繁,每小时开闭次数可达150～1500次。

(2)能通、断较大电流。一般情况只开断正常额定电流(额定电流较大),而不能开断短路或故障电流。

(3)可以实现一定距离的控制。

二、接触器的组成

接触器的结构种类很多,但对于任何一种接触器来说,一般均由以下几部分组成。

(1)传动装置。它包括驱使触头闭合的装置和开断触头的弹簧机构及缓冲装置,用来可靠地驱动触头按规定要求动作,完成接触器本身的职能。

(2)触头装置。它一般由主触头和联锁触头(辅助触头)两部分组成。

主触头由动、静主触头和触头弹簧等组成。它是接触器的执行部分,用于直接实现电路的通、断控制。通常主触头接通和分断电路的额定电流比较大,一般为数安到数百安,甚至可能高达数千安。

联锁触头(又称辅助触头),通常由常开联锁触头和常闭联锁触头组成,用于控制其他电器、信号或电气联锁等。它接通和分断的一般为控制电路,额定电流较小,只有5～10A。

常开联锁触头指接触器的吸引线圈失电时处于断开状态的触头;与此相反,常闭联锁触头指接触器吸引线圈失电时处于闭合状态的触头。

联锁触头与主触头是联动的,在接触顺序上要求:主触头闭合前常开联锁触头应提前闭合,常闭联锁触头应滞后分断;主触头分断时常开联锁触头应同时或提前分断,常闭联锁触头应同时或稍滞后闭合。

联锁触头与灭弧系统通常要分开安装,以防电弧对联锁触头造成危害。

(3)灭弧装置。它一般与主触头配合使用,主要用于熄灭主触头开断电路时产生的电弧,减少电弧对触头的破坏作用,保证触头可靠地工作。根据电流的性质、灭弧方法和原理,可以制成多种形式的灭弧装置。

（4）支架和固定装置。它属于非工作部分,用于合理地安装和布置电器各部件,使接触器构成一个整体。支架和固定装置应有足够的机械强度,并能对内部部件起到保护作用,保证接触器达到一定的寿命。

三、接触器的分类

接触器的用途很广,种类繁多,一般有以下几种分类方法。

1. 按传动方式分

接触器按传动方式,主要分为电磁接触器和电空接触器。电磁接触器采用电磁传动装置,电空接触器采用电空传动装置。电磁接触器通常又分为直流、交流和交直流3种类型。

2. 按通断电流的种类分

接触器按通断电流的种类,可分为交流接触器和直流接触器。这里指的是主触头通、断电流的性质,它与传动方式无关,如主触头通、断的是交流电,则不管它采用的是直流电磁机构传动、交流电磁机构传动还是电空传动,都称为交流接触器。

3. 按主触头所处的介质分

接触器按主触头所处的介质,可分为空气式接触器、真空式接触器和油浸式接触器。空气式接触器的主触头敞在大气中,采用的是一般的、常用的灭弧装置;真空式接触器的主触头密封在真空装置中,它利用的是真空灭弧原理,具有很高的切换能力。

4. 按接触器同一传动机构所传动的主触头数目分

按接触器同一传动机构所传动的主触头数目,可分为单极接触器和多极接触器。单极接触器只有一对主触头;多极接触器有两对以上的主触头,它们分别用于控制单相和多相电路。

学习笔记

要点总结

接触器是用来接通或切断带有负载的主电路或大容量控制电路的自动切换电器。

接触器一般由以下几部分组成：

(1)传动装置。它包括驱使触头闭合的装置和开断触头的弹簧机构以及缓冲装置,用来可靠地驱动触头按规定要求动作,完成接触器本身的职能。

(2)触头装置。它一般由主触头和联锁触头(辅助触头)两部分组成。

通常主触头接通和分断电路的额定电流比较大,一般为数安到数百安,甚至可能高达数千安。

联锁触头(又称辅助触头),通常由常开联锁触头和常闭联锁触头组成。它接通和分断的一般为控制电路,额定电流较小,只有 5 ~ 10A。

(3)灭弧装置。它一般与主触头配合使用,主要用于熄灭主触头开断电路时产生的电弧,减少电弧对触头的破坏作用,保证触头可靠地工作。

(4)支架和固定装置。它属于非工作部分,用于合理地安装和布置电器各部件,使接触器构成一个整体。

接触器按传动方式可分为电磁接触器和电空接触器,按通断电流的种类可分为交流接触器和直流接触器。城轨车辆上使用的接触器多为电磁接触器;使用交流接触器较多,直流接触器较少。

能力拓展

请根据本节内容,利用智慧职教城市轨道交通、铁道机车等专业教学资源库、MOOC 学院《机车车辆电气设备的检查与调试》在线课程等数字化资源及公共网站等途径,完成下面的任务。

任务1:请收集各种接触器的图片及相关资料,制作 PPT,课上分享。

PPT 课件要求:不少于10页,图片清晰,配备必要的文字说明。

其他要求:能理解本人制作的 PPT 内容,能进行流利的讲解。

任务2:请收集电空接触器、电磁接触器、直流接触器、交流接触器相关资料,完成下面的表格。

类型	电空接触器	电磁接触器	直流接触器	交流接触器
型号				

续上表

额定电压 额定电流 额定气压	额定电压： 额定电流： 额定气压：			
结构特点	主触头： 辅助触头： 传动装置： 灭弧装置：			
用途	用于城轨车辆/ 电力机车的控制			

✎ 学习笔记

7-2 学习任务 常用电磁接触器结构原理认知

知识分享

在城市轨道交通车辆中,交、直流电磁接触器都有广泛的应用,下面将对直流电磁接触器、交流电磁接触器及3RT系列接触器进行详细介绍。

一、直流电磁接触器

虽然接触器的结构形式在不断优化,但基本组成和工作原理大体相同。本任务以国产CZ5-22-10/22型直流电磁接触器为例,介绍直流电磁接触器的结构组成及工作原理等内容。

1. 型号及含义

早期国产接触器的命名规则如下:

C——接触器;

Z——直流;

5——设计序号;

22——派生代号;

10/22——分子第一位和第二位分别表示常开和常闭主触头数,分母第一位和第二位分别表示常开和常闭联锁触头数。

国外进口接触器和国产新型接触器的命名规则与上述不同,但在型号中一般会体现额定电流、联锁触头数目等信息。

2. 结构

CZ5-22-10/22型直流电磁接触器结构如图7-2-1所示。

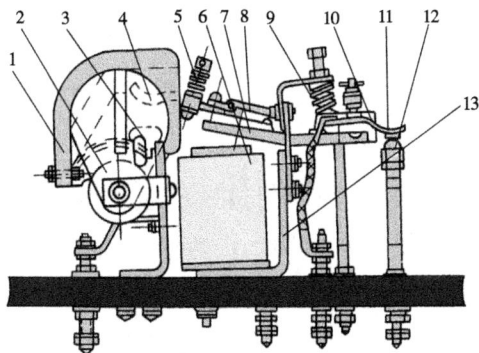

图7-2-1 CZ5-22-10/22型接触器结构图

1-灭弧罩;2-吹弧线圈;3-主静触头;4-主动触头;5-触头弹簧;6-吸引线圈;7-衔铁;8-软连接;9-反力弹簧;

10-绝缘基座;11-动联锁触头;12-静联锁触头;13-磁轭

接触器主要由触头装置、灭弧装置和传动装置等组成。

(1)触头装置：是由1对主触头和2对常开、2对常闭联锁触头组成。主静触头(3)为铜质T形结构，与弧角一起装在支架上；主动触头(4)为铜质指形结构，直接装于衔铁上。动联锁触头(11)为指形结构，也装于衔铁上；静联锁触头(12)为半球形，装于螺杆上，为提高触头寿命，在联锁触头的紫铜块上镶有耐弧材料银氧化镉片。另外，动主、辅触头上都有触头弹簧，以防止触头闭合时产生有害振动。

(2)灭弧装置：是一种带有灭弧罩(1)的磁吹灭弧装置，只设在主触头上。吹弧线圈(2)与主触头串联，当主触头在打开过程中产生电弧时，电弧受到吹弧线圈产生的电动力而被拉向灭弧罩，使电弧拉长冷却而熄灭。

(3)传动装置：是由直流拍合式电磁铁(6)(7)组成的，改变反力弹簧(9)和工作气隙，可改变其动作值。为了防止剩磁将衔铁黏住，在衔铁的磁极端面处装有0.1~0.2mm厚的紫铜片，称非磁性垫片。在铁芯的磁极端面处一般还加装有极靴，用来改善吸力特性，使直流接触器的吸力特性平坦，减少吸合时的冲击。

3. 作用原理

当吸引线圈未通电时，衔铁在反力弹簧作用下打开，主触头断开，常开触头断开，常闭触头闭合；当吸引线圈得电时，铁芯与衔铁间产生吸力将衔铁吸合，使主触头闭合，常开触头闭合，常闭触头打开。

关于电磁传动装置的具体工作原理，可参见项目九的知识链接。

二、交流电磁接触器

下面以6C系列三相交流接触器为例，介绍交流电磁接触器的结构组成及工作原理等内容。

1. 型号及含义

如6C110型、6C180型，其含义如下：

6——序号；

C——接触器；

110、180——主触头额定电流(A)。

2. 结构

6C系列三相交流接触器的结构基本相同，其外形及结构如图7-2-2所示。

6C系列三相交流接触器主要由触头装置、传动装置和灭弧装置等组成。

(1)触头装置：主触头采用常开直动式桥式双断点触头。

(2)传动装置：磁系统为单E形直动式，具有较陡的吸力特性，控制线圈由起动线圈和保持线圈并联组成，并串加一个桥式整流器，使控制电源为交、直流两用，整流器输入、输出端都加有压敏电阻进行过电压保护。控制线圈通电后，起动线圈和保持线圈同时工作，在接触器快吸合时，起动线圈断开，只有保持线圈工作。起动线圈的分断由接触器自身一常闭联锁触头控制。

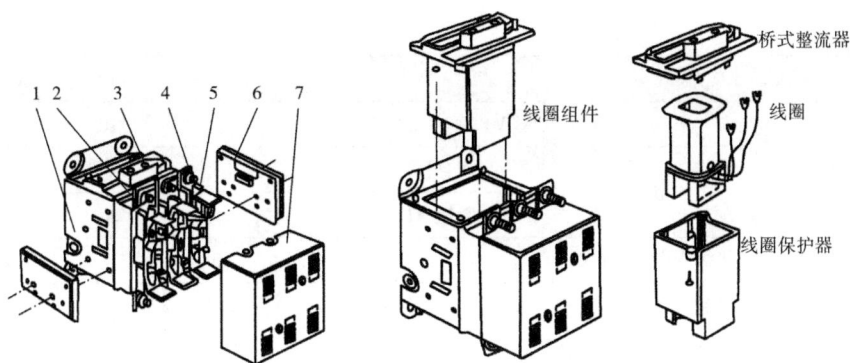

图 7-2-2　6C 系列三相交流接触器外形及线圈组件示意图

1-底座;2-静触头;3-桥式整流器;4-接线柱;5-动触头;6-辅助触头;7-灭弧罩

（3）灭弧装置:灭弧罩采用高强度耐弧塑料制成,罩内设有割弧栅片,利用短弧灭弧原理加强灭弧能力。

6C180 接触器的灭弧室与触头支持件之间设有机械联锁装置,当灭弧罩取下后,其联锁装置会将触头支持件锁住。此时,即使有人操作,触头系统也不会动作,能可靠保证维修人员的安全。在控制线圈引线边有一红色指示器,指示接触器的闭合或断开。

3.工作原理

6C 系列三相交流接触器的工作原理类似于电磁铁的工作原理,请参见项目九知识链接内容。

4.技术参数及特点

交流接触器的主要技术参数见表 7-2-1。

6C110、6C180 型交流接触器主要技术参数表　　　　　　表 7-2-1

型号			6C110	6C180
主触头	额定绝缘电压(V)		1000	1000
	运行电流频率(Hz)		25~400	25~400
	运行电流	直流 I_d(A)	160	260
		交流 i_d(A)	110	180
	接通能力(均方根值)		1100	1800
	分断能力(≤440V)		1300	1800
辅助触头	型号		6CA21R	
	约定发热电流 I_{th}(A)		15	
	额定绝缘电压(V)		660	
	运行电流(A)		16.5(DV24V),15(DC110V)	
控制线圈	型号		6CC180/415	
	控制电源		交流或直流	

续上表

型号				6C110	6C180
控制线圈	额定电压（V）			110	
	电阻	闭合（Ω）		46	
		吸持（Ω）		1240	
机械寿命（百万次）				10	10
电器寿命（百万次）				1.2	1.2
最大操作频率（次/h）				2400	2400

三、3RT 系列接触器

3RT 系列接触器是西门子 Sirius 系列产品之一（图 7-2-3）。Sirius 系列是控制和保护类系列产品，包括接触器、热过载继电器、电动机保护断路器和中间继电器等全系列的控制和

保护产品。所有产品采用模块化设计，8 个尺寸规格（S00、S0、S1、S2、S3、S6、S10、S12）涵盖 250kW 的功率范围，表 7-2-2 列出了部分规格产品。

3RT 系列接触器适合在控制电压变化较大或环境温度较高的装置中使用。例如，恶劣气候条件下的铁路以及轧钢厂中的应用，满足 IEC 60947-4-1、EN 60947-4-1（VDE 0660，Part 102）、IEC 60077-1 和 IEC 60077-2 等国际标准的要求。

图 7-2-3 西门子 Sirius 系列产品实物图

目前，3RT 系列接触器包括以下 4 种型号，见表 7-2-2。

3RT 系列接触器的 4 种型号 表 7-2-2

型号	产地	规格	额定工作电流 I_e（三相交流）	电机额定功率 P（三相交流 400V）	图示
3RT1	德国	S00-S12	7～500A	3～250kW	 S0 规格
3RT2	德国	S00、S0	7～38A	3～18.5kW	 S0 规格

续上表

型　　号	产　地	规　　格	额定工作电流 I_e（三相交流）	电机额定功率 P（三相交流400V）	图　　示
3RT5	中国	S2-S12	32~500A	15~250kW	S2 规格
3RT6	中国	S00、S0	7~38A	3~18.5kW	S00 规格

1. 3RT 系列接触器模块的构成

下面以 3RT1 型接触器模块为例,介绍 3RT 系列接触器模块的构成。3RT1 型接触器模块包括接触器、耦合继电器及其附属配件,图 7-2-4 为其搭配图。

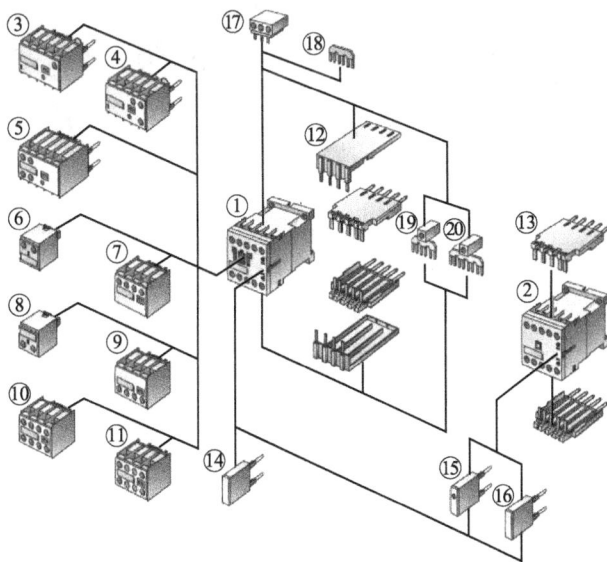

图 7-2-4　3RT1 型接触器模块组成图

①接触器;②耦合继电器;③常开延时触点;④常闭延时触点;⑤带常开或常闭延时触点或星-三角启动功能的辅助触点模块;⑥单极辅助触点模块(前进线式);⑦双极辅助触点模块(前进线式)(1NO+1NC);⑧单极辅助触点模块(后进线式);⑨双极辅助触点模块(后进线式)(1NO+1NC);⑩4 极辅助触点模块(2NO+2NC);⑪标准化或兼容性设计双极辅助触点;⑫4 极辅助触点的焊锡针;⑬接触器或耦合继电器的焊锡针;⑭附加负载模块(提高允许残留电流);⑮带 LED 显示的过压模块;⑯不带 LED 显示的过压模块;⑰三相馈电端子;⑱并联联结器,3 极,无端子;⑲并联联结器,3 极,有端子;⑳并联联结器,4 极,有端子;⑬、⑮、⑯、⑲与接触器和继电器相关;③~⑫、⑭、⑰、⑱、⑳与接触器相关

2. 3RT 系列接触器的安装方式

3RT10 系列接触器所有规格均可以直接进行垂直安装，S00-S3 规格有垂直和水平两种安装方式，如图 7-2-5 所示。

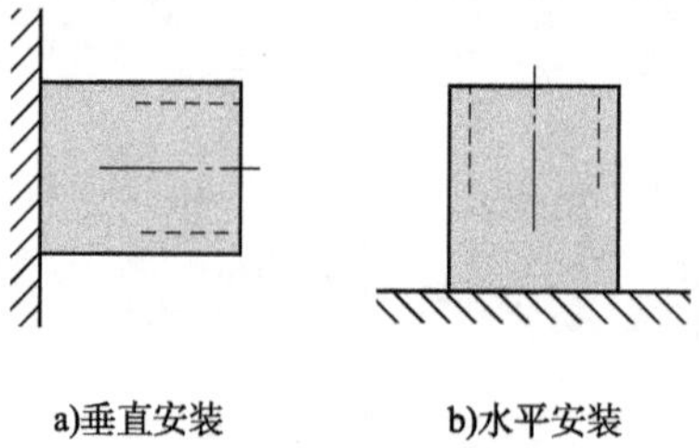

a)垂直安装   b)水平安装

图 7-2-5　接触器的两种安装方式

采用垂直安装方式的接触器，有的采用底板安装，有的采用导轨安装，其安装方式如图 7-2-6 所示。3RT1 型 S00 规格接触器可采用导轨安装，也可采用底板安装。

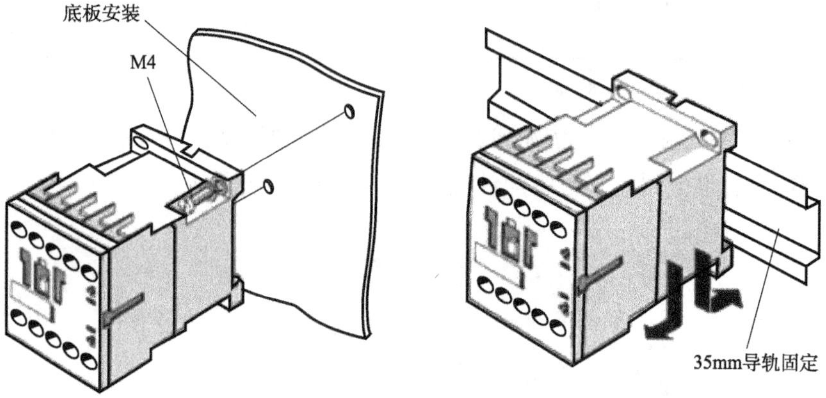

图 7-2-6　安装方式示意图

📓 学习笔记

要点总结

直流接触器因其工作在直流电路中,故主触头一般为一对。其传动装置通常有以下特殊设计:①磁极极端有非磁性垫片,为了防止剩磁将衔铁黏住。②铁芯的磁极端面处一般还加装有极靴,改善吸力特性,使直流接触器的吸力特性平坦,减少吸合时的冲击。

交流接触器因用于三相交流电路中,故其主触头有三对。辅助触头有的是跟主触头在同一绝缘支架上,其数量是固定的;有的是单独的配件,可根据需要选取辅助触头的数量,安装在主接触器的正面或侧面。交流接触器的线圈可由直流电源供电,也可由交流电源供电。

能力拓展

请根据本节内容,利用智慧职教城市轨道交通、铁道机车等专业教学资源库、MOOC 学院《机车车辆电气设备的检查与调试》在线课程等数字化资源及公共网站等途径,完成下面的任务。

任务 1:请收集直流接触器、交流接触器整体及拆开后各部件的图片及相关资料,制作PPT,课上分享。

PPT 课件要求:不少于 5 页,图片清晰,配备必要的文字说明。

其他要求:能理解本人制作的 PPT 内容,能进行流利的讲解。

任务 2:请收集接触器拆装视频,了解接触器的内部结构,从而加深对接触器结构和工作原理的理解,进行课上分享。

任务 3:6C180 是 20 世纪 80 年代到 90 年代的轨道车辆上常用的一款交流接触器,3RT系列接触器是 2000 年后轨道车辆才开始使用的一款交流接触器,根据上文,进一步收集它们的相关资料,将这两款接触器进行对比,完成下面的表格。

型号	6C180	3RT1
主要参数	额定电压: 额定电流: 分断能力: 控制电压:	额定电压: 额定电流: 分断能力: 控制电压:
主触头结构		

辅助触头结构 及安装		
传动装置结构		
灭弧装置结构		

7-3 学习任务　接触器的选用

知识分享

接触器是现代工矿企业电力拖动和自动控制系统中使用量最大的一种电器。由于接触器的可靠性及其使用寿命与使用的电压、电流、控制功率、操作频率的大小密切相关,所以,使用场合及控制对象不同,其操作条件和工作的繁重程度也有很大差异。因此,选用时不能只按铭牌数据,而应全面地了解被控对象的工作情况和接触器的使用类别及产品性能,这样才能正确地选用相应品种和规格的接触器,以保证接触器在控制系统中长期可靠运行,充分发挥其经济技术效益。

1. 选用接触器时主要考虑的因素

(1)切换能力

切换能力,又称开闭能力、通断能力。它是指接触器的主触头在规定条件下能可靠地接通和分断的电流值。在此电流值下接通和分断负载时,不应发生熔焊、飞弧和过分磨损等现象,并且还要保证接触器能在较差的条件下可靠地工作。

接触器的主触头虽然不要求开断短路电流,但它还是有可能在大于额定电流的情况下接通或切断负载电路的,此时触头可能引起严重烧损,甚至发生熔焊等故障。因此,必须规定接触器在一定的条件下接通和切断高于额定电流和电压的具体指标,也就是说必须规定它的切换能力。

(2)动作值和释放值

动作值和释放值,是指接触器的动作电压(或电流、气压等)和释放电压(或电流、气压等)。电磁式接触器的动作电压应不低于线圈额定电压的 80% ;释放电压要有较低的上限值(不高于线圈额定电压的 70%)和较高的下限值(交流接触器不低于线圈额定电压的 20% ,直流接触器不低于线圈额定电压的 5%)。

(3)操作频率

操作频率,是指接触器在每小时内允许操作的次数。接触器的操作频率越高,每小时开闭的次数就越多,触头及灭弧室的工作任务也就越重;对交流接触器来说,线圈受到的冲击电流及衔铁铁芯受到的冲击次数也就越多。

操作频率直接影响接触器的电气寿命和灭弧室的工作条件,对于交流接触器来说还影响其线圈的温升,所以,这是一个重要的技术指标。目前,常用的接触器操作频率有每小时150 次、300 次、600 次和1200 次等几种规格。

(4)机械寿命和电气寿命

机械寿命,指的是接触器在无负载操作下且无零部件损坏的极限动作次数。电气寿命,指的是接触器在规定的操作条件下（带负载操作）且无零部件损坏的极限动作次数。由于接触器的操作频率较高，为了保证一定的使用年限，应有较长的机械寿命和电气寿命。目前，接触器的机械寿命一般可达数百万次以至一千万次以上，而电气寿命则按不同的使用类别和不同的机械寿命级别有一定的百分比，一般为机械寿命的5% ~20%。

（5）动作时间、释放时间

动作时间（又称闭合时间），是指从电磁铁吸引线圈通电瞬时起到衔铁完全吸合所需要的时间。释放时间（又称开断时间），是指从电磁铁吸引线圈断电瞬时起到衔铁完全打开所需要的时间。为了对有关电路能准确可靠地进行控制，对接触器的动作时间也有一定的要求。如直流接触器的闭合时间一般为0.04 ~0.11s，开断时间为0.07 ~0.12s；交流接触器的闭合时间一般为0.05 ~0.1s，而开断时间为0.1 ~0.4s。

（6）控制电压要求

电磁接触器应满足在85%额定控制电压下能保证接触器正常工作。另外，在选择接触器时还应考虑工作制的要求。

2. 选用接触器时一般应遵守的原则

（1）按一般任务选用

所谓一般任务使用条件，是指接触器只需要在额定电压下接通或分断较小倍率的额定电流，其操作频率不高，只伴有少量点动。接触器在整个寿命周期内，大部分工作于这种工作状态。

接触器在该使用条件下操作时，其触头磨损较轻，寿命较长。所以，选配接触器时，只要选择额定电压和额定电流等于或大于电动机的额定电压和额定电流的接触器即可。

（2）按重任务选用

所谓重任务使用条件，是指接触器需要接通或分断较额定电流大很多倍的电流，并频繁运行于点动、反接制动、反向和在低速时断开的使用条件。

接触器在该使用条件下操作，其触头会发生严重的电磨损。所以，必须选用适应重任务工作的接触器才能满足其要求。

（3）按降容量选用

按降容量选用一般有两种情况：第一种是操作频率高、工作相当繁重、可靠性要求很高的场合，可以适当地选用大"马"来拉小"车"，以延长使用寿命，提高可靠性；第二种是按轻任务使用类别设计的接触器用于繁重任务使用类别时，也应降容量使用。

在接触器的选用中，原则上要以可靠性为前提，因为运行中的安全可靠包含着经济因素。而经济性则要根据使用条件、设备的设计要求，以及用户的重要程度等诸多因素综合考虑，只有兼顾才能做到合理，主要应根据实际情况而定。

要点总结

选用接触器时主要考虑的因素有：切换能力、动作值和释放值、操作频率、机械寿命和电气寿命、动作时间、释放时间及控制电压等方面的要求，详见上文。

能力拓展

请根据本节内容，利用智慧职教城市轨道交通、铁道机车等专业教学资源库、MOOC 学院《机车车辆电气设备的检查与调试》在线课程等数字化资源及公共网站等途径，完成下面的任务。

任务：某城轨车辆用空调机组内的压缩机额定功率为 5.5kW，通风机功率为 0.75kW，额定电压为三相 AC380V。请根据上述参数，计算控制该压缩机和通风机的接触器的额定电流，并为其选取合适的接触器，并确定型号，如 3RT2026 型接触器。

要求：有详细的计算过程、选择依据，制作 PPT，课上分享。

PPT 课件要求：不少于 5 页，图片清晰，配备必要的文字说明。

其他要求：能理解制作的 PPT 内容，能进行流利的讲解。

学习笔记

思政课堂

全自动运行的市域快轨线——北京大兴国际机场线

北京大兴国际机场线，简称大兴机场线，于 2019 年 9 月 26 日与北京大兴国际机场同步开通运营，其主要功能是提供新机场与中心城之间快速、直达、大运量的公共交通服务，实现"半小时"到达中心城目标。一期工程北起丰台草桥，南至北京大兴国际机场，全长 41.36km，共设草桥站、大兴新城站和大兴机场站 3 座车站。

大兴机场线是全国首条最高运行速度 160km/h 的全自动运行市域快速轨道线路，既具备载客量大、快起快停、快速乘降等地铁车辆的优点，又拥有较高速度等级、乘坐舒适性高等动车组的优势，特别适合"快速、大运量、公交化、乘坐舒适"的运营需求。在草桥站上车，只需 19 分钟即可到达北京大兴国际机场。

大兴机场线列车

现代化、智能化的服务设备

大兴机场线车厢设置了 USB 充电接口和车载无线上网系统，为乘客提供充电、上网服务，满足乘客商旅办公、移动社交等互联网基本服务需求。车站设置服务机器人，备有翻译机，支持汉语与英语、日语、韩语、法语、西班牙语等 34 种语言的语音翻译及汉语方言识别功能。草桥站首次采用多媒体站台门系统，通过设在轨行区的投影仪将图像投影到站台门固定门上，提高站台门的综合利用率。

开启"四八混跑"时代，提升运输效率

大兴机场线为北京首条实现"四八混跑"的轨道交通线路。具体来说，在客流较大时段全部上线"八编组列车"，客流较小时段上线"四编组列车"，两种编组列车混合运转。同时，站内设置了清晰的乘客指引。采用"四八混跑"的优点是既能合理配置各时段线路运能，又能均衡线路客流低峰时段的列车满载率，降低线路运营成本，缩短最小行车间隔，减少乘客等待时间，提升乘客乘车体验和线路服务水平，实现"灵活运营、高效服务"的轨道交通目标。

车厢：设置 USB 充电接口、车载无线上网系统，为乘客提供充电上网服务

多媒体站台门系统

7-4 实践任务　　接触器故障处理

知识分享

电磁接触器在使用过程中发生的常见故障、原因分析及处理方法见表7-4-1。

接触器常见故障的产生原因和处理方法　　　　　　　　　　表7-4-1

序号	故障现象	产生原因	处理方法
1	接触器分断或闭合动作不灵活	(1)机械可动部分被卡住 (2)摩擦力过大 (3)气隙中有阻塞 (4)磁极表面积尘太厚 (5)电空接触器漏风或风压不足	排除相应障碍即可
2	通电后不能完全闭合	(1)电源电压低于线圈额定电压 (2)触头弹簧压力不足,反力弹簧压力过大 (3)触头超程过大	(1)调整电源电压或更换线圈 (2)调整或更换弹簧 (3)调整触头超程
3	接触器关合过猛或线圈过热冒烟	电源电压过高	调整电源电压或更换线圈
4	断电后不释放	(1)反作用力太小 (2)剩磁过大 (3)触头熔焊 (4)铁芯极面有油污或尘埃粘着	(1)调节或更换反力弹簧 (2)对直流接触器应加厚或更换新非磁性垫片;对交流接触器应将去磁气隙处的极面锉去一部分或更换新磁系统 (3)撬开已熔焊的触头,或酌情更换新触头 (4)清理磁极表面
5	铁芯噪声过大或发生振动	(1)电源电压过低 (2)铁芯极面有脏污或锈层,或因过度磨损而不平 (3)分磁环断裂 (4)磁系统歪斜或机械卡住而使铁芯吸不住 (5)反作用力过大	(1)调节电源电压 (2)清理极面,必要时可刮削修整或更换铁芯 (3)焊接或更换分磁环 (4)排除机械卡住故障,更正工作位置 (5)调节或更换弹簧

续上表

序号	故障现象	产生原因	处理方法
6	线圈过热或烧损	(1)电源电压过高或过低 (2)线圈的通电持续率与实际情况不符 (3)交流线圈操作频率过高 (4)交流电磁铁可动部分卡住,铁芯极面不平或去磁气隙过大 (5)线圈匝间短路 (6)空气潮湿,含有腐蚀性气体或环境温度过高 (7)交流电磁铁采用直流双线圈控制时,因常闭联锁触头熔焊而使起动线圈长期通电	(1)调整电源电压或更换线圈 (2)更换与通电持续率相符的线圈 (3)降低操作频率或更换线圈 (4)排除卡住现象,清除极面或调整铁芯 (5)更换线圈 (6)用特殊设计的线圈 (7)更换联锁触头,排除致使该触头熔焊的故障
7	接触器不闭合或正常情况下突然断开	(1)线圈引出线断线 (2)线圈内部断线	(1)焊好后可靠绝缘 (2)更换线圈
8	触头严重发热或熔焊	(1)操作频率过高或负载电流过大 (2)触头表面高低不平,生锈,积有尘埃或铜触头严重氧化 (3)超程过小或行程过大 (4)接触压力不足 (5)闭合过程中振动过于剧烈 (6)触头分断能力不足 (7)触头表面有金属颗粒凸起或异物 (8)电源电压过低或机械卡住而使触头停滞不前或反复跳动	(1)更换接触器 (2)清理接触面 (3)调整参数或更换触头 (4)调整或更换弹簧 (5)调整触头参数或更换接触器 (6)调换合适的接触器 (7)清理触头表面 (8)调高电源电压,排除机械卡住故障,保证接触器可靠吸合

学习笔记

要点总结

本节对接触器常见的 8 种故障进行了原因分析,并给出了处理方法,供大家学习参考。这 8 种故障包括:接触器分断或闭合动作不灵活、通电后不能完全闭合、接触器吸合过猛或线圈过热冒烟、断电后不释放、铁芯噪声过大或发生振动、线圈过热或烧损、接触器不闭合或正常情况下突然断开、触头严重发热或熔焊。

能力拓展

请根据本节内容,利用智慧职教城市轨道交通、铁道机车等专业教学资源库、MOOC 学院《机车车辆电气设备的检查与调试》在线课程等数字化资源及公共网站等途径,完成下面的任务。

任务:请收集城轨车辆接触器的故障案例,将故障涉及的相关图片及资料做成 PPT,课上分享。

PPT 课件要求:不少于 5 页,图片清晰,配备必要的文字说明。

其他要求:能理解本人制作的 PPT 内容,能进行流利的讲解。

故障案例	故障案例一	故障案例二
故障详述		
故障现象		
故障后果		

原因分析		
应急处理方案		
接触器维修方案		

7-5 实践任务　　接触器日常维护

工艺流程

在使用接触器时应经常或定期地检查其运行情况,并进行必要的合理维护,以延长其使用寿命,保证其安全可靠地运行。维护、检修时应首先断开电源,再按照如下步骤进行操作。

1. 外观检查

用压缩空气清除接触器各部件的灰尘,铁芯极面上的灰尘也可以用毛刷清除。若有油污,可先用棉布沾少量酒精擦拭,然后再用干布擦净;并仔细观察接触器外观是否完整无损,注意拧紧所有紧固件。

2. 灭弧装置维护

取下灭弧罩,用毛刷清除罩内落物及金属颗粒,如发现有破裂或严重烧损及零部件(如灭弧栅片)变形、松脱或位置变化等现象而不易修复时,应及时更换新灭弧装置。重新安装时,应装回原位。

3. 触头的维护

定期检查触头的温升是否超过标准(主触头温升75℃),银或银基粉末冶金制成的触头表面有被烧发黑的现象是正常的,不会影响其实际工作能力,一般情况下,不必清理。如触头接触处有金属颗粒或毛刺,可以用细锉轻轻锉平,但不能用砂纸或砂布擦拭。对于具有铜触头的转动式接触器,若长时间未使用或连续工作8h以上,在使用前应先开闭1~2次,以便除去触头表面的氧化膜。触头如有开焊、裂缝或磨损到原厚度1/3的情况则应更换新触头。

4. 吸引线圈的维护

观察线圈外表层有无过热变色,定期检查线圈温升是否超过所规定的值(一般规定,当环境温度为40℃时,A级绝缘的线圈用温度计测得的表面温升不得超过60℃);引线与导线是否有松动、开焊或即将断线的情况;线圈骨架有无碎裂、磨损或固定不正常现象。此外,还应注意缓冲件是否完整。

5. 铁芯的维护

观察铁芯端面有无变形、松散现象。维护时,可用棉纱沾少量汽油擦拭极面上的污垢。注意观察交流电磁铁的分磁环有无断裂,中柱气隙是否保持在0.1~0.3mm(如发现气隙过小,可略锉去一些);观察直流电磁铁铁芯的非磁性垫片是否磨损或脱落,缓冲件是否完整,位置是否正确。

6. 接触器转轴的维护

经常检查接触器的转轴转动是否灵活;在转轴与轴承处可注入少量润滑油,以使其保持转动灵活。

学习笔记

要点总结

本节给出了接触器的外观检查方法及接触器灭弧装置、触头、吸引线圈、铁芯、转轴等部件的检查维护工艺。

能力拓展

请根据本节内容,找来一个接触器,完成下面的拓展任务。

任务1:请对该接触器进行外观检查,将检查结果如实填入下面的检查单。

序号	维护内容	状 态	工 具
1	清理清扫		
2	灭弧装置		
3	主触头		
4	辅助触头		
5	传动装置		
6	绝缘支架		
7	其他		

工长: 质检员: 验收员:

任务2:请将该接触器进行解体,每步都进行拍照。将解体的步骤和零件图做成PPT,课上分享。

PPT课件要求:不少于5页,图片清晰,配备必要的文字说明,包括解体步骤及注意事项等。

任务3:对解体的接触器进行检查,认真检查每个部件的状态,与全新的接触器进行对比,对有问题的部件进行维修。请将故障现象、原因分析、维修方法等内容记录到下面的表格中。把故障部件维修前后进行拍照,录制故障维修过程视频,课上分享。

要求:视频清晰,有必要的说明。

故障类型	故障一	故障二
故障部件		
故障现象		
原因分析		
维修方法		

7-6 知识拓展　电器触头为什么会出现熔焊现象？

触头在多次接通和断开有载电路后,其接触表面将产生磨耗和损坏,这种现象称为触头的磨损。熔焊便是触头磨损的一种表现形式。触头磨损达到一定程度后,其工作性能便不能保证,此时,触头的寿命即告终结。继电器和接触器的电寿命主要取决于触头的寿命。

Tip one:触头磨损的原因

触头磨损包括机械磨损、化学磨损和电磨损。

机械磨损是在触头闭合和打开时研磨、机械碰撞所造成的,它使得触头接触面产生压皱、裂痕或塑性变形和磨损。化学磨损是由周围介质中的腐蚀性气体或蒸汽对触头材料侵蚀所造成的。它使得触头表面形成非导电性薄膜,致使接触电阻变大,且不稳定,甚至完全破坏了触头的导电性能。这种非导电性薄膜在触头相互碰撞及触头压力作用下,逐渐剥落,形成金属材料的损耗。机械磨损和化学磨损一般很小,约占全部磨损的10%。

触头的磨损主要取决于电磨损。电磨损主要发生在触头的闭合和开断过程中,尤其以触头开断过程中产生的电磨损为主。触头在闭合电流时产生的电磨损,主要是由触头碰撞引起的振动所产生的。触头在开断电流时产生的电磨损,主要是由高温电弧造成的。

Tip two:触头的电磨损

触头在开断与闭合电路的过程中,在触头间隙中会产生金属液桥、电弧和火花放电等各种现象,引起触头材料的金属转移、喷溅和汽化,使触头材料发生损耗和变形,这种现象称为触头的电磨损。电磨损直接影响电器的寿命。

触头的电磨损形式主要有两种,即液桥的金属转移和电弧的烧损。

1. 液桥的形成和金属转移

触头开断时,在从触头完全闭合到触头刚开始分离的时间内,先是触头的接触压力和接触点数目逐渐减小,接触电阻越来越大,这样就使接触点的电流密度急剧增加,由此产生的热量促使接触处的金属熔化,形成所谓的金属液体滴。触头继续开断时,将金属液体滴拉长,形成液态金属桥,简称液桥。由于温度沿液桥的长度分布不对称,且其最大值是发生在靠近阳极的地方,因此,使金属熔液由阳极转移到阴极。实践证明,由于液桥的金属转移作用,经过很多次的操作后,触头的阳极会因金属损耗而形成凹坑,阴极则因金属增多而形成针刺,凸出于接触表面。

在弱电流电器(如继电器)中,液桥对触头的电磨损有着重要的影响。

2.电弧对触头的腐蚀

电弧对触头的腐蚀十分严重,电弧磨损要比液桥引起的金属转移高出 5~10 倍。

当负荷电流超过 20A,甚至达到几百或上千安时,电弧的温度极高,触头间距离又较大,一般都有电动力吹弧,再加上强烈的金属蒸汽热浪冲击,往往把液态金属从触头表面吹出,向四周飞溅。这种磨损与小功率电弧的磨损是不同的,金属蒸汽再度沉积于触头接触表面上的概率已大大减小,使触头阴、阳极都遭到严重磨损,由于阳极温度高于阴极,所以阳极磨损更为严重。

在较大电流电路触头闭合过程中,触头刚刚接触时会存在振动过程,在反复开合的振动过程中,会产生电弧,很高的弧温会使触头表面金属熔化,当触头完全闭合,静止不动时,熔化的金属便会将两个触头粘连在一起,形成熔焊现象。

Tip three:减小触头电磨损的方法

减小触头的电磨损,提高触头的寿命,一般可从两方面着手,即减小触头在开断过程中的磨损和减小触头在闭合过程中的磨损。

1.减小触头开断过程中的磨损

减小触头开断过程中的磨损,即减小触头在开断时的电弧。其方法如下:

(1)合理选择灭弧系统的参数,如磁吹的磁感应强度 B。B 值过小,吹弧电动力过小,电弧在触头上停留时间较长,触头的电磨损增加;B 值过大,吹弧电动力过大,会把触头间熔化的金属液桥吹走,电磨损也增加。因此,有一个最佳的 B 值,在该值下电磨损最小。

(2)对于交流电器(如交流接触器)宜采用去离子栅灭弧系统,利用交流电流通过自然零点时不再重燃而熄弧,减小触头的电磨损。

(3)采用熄灭电弧的电路,以减小触头的电磨损。这种方法就是在弱电流触头电路中,在触头上并联电阻、电容,以熄灭触头上的电弧。这种熄弧电路对开断小功率直流电路很有效。

(4)正确选用触头材料。例如,钨、钼的熔点和汽化点高,因此,钨、钼及其合金具有良好的抗磨损特性;银、铜的熔点与汽化点低,其抗磨损性较差。

2.减小触头闭合过程中的磨损

触头闭合过程中的磨损,主要是由触头在闭合过程中的振动所引起的。因此,为了减小触头的电磨损,必须减小触头的机械振动。

继电器

项目 8

教学目标

1.掌握继电器的用途、分类、基本组成等。

2.掌握电磁继电器的结构及工作原理。

3.了解继电器选用的原则。

4.了解继电器常见故障的处理方法。

5.了解继电器检修维护的工作内容。

继电器构造

建议学时

4学时

8-1 学习任务　继电器总体认知

知识分享

继电器是电气系统中常用的一种控制器件,是当输入量的变化达到规定要求时,在输出电路中使被控制量发生预定的阶跃变化的一种电器。在城市轨道交通车辆控制电路中,继电器具有控制、保护或转换信号的作用。

继电器实物图如图 8-1-1 所示。

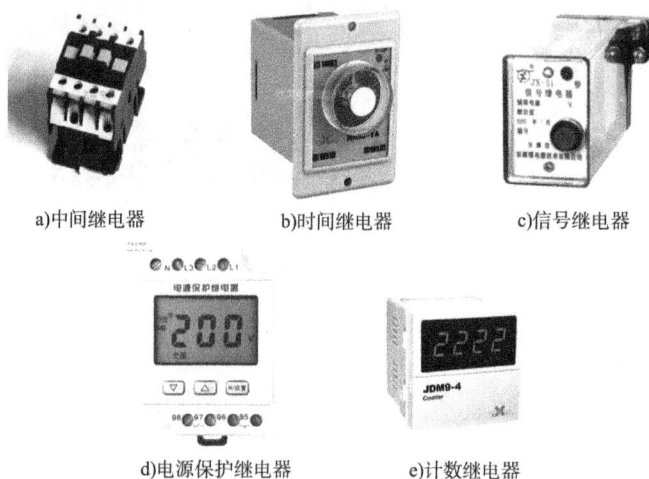

a)中间继电器　　b)时间继电器　　c)信号继电器

d)电源保护继电器　　e)计数继电器

图 8-1-1　中间、时间、信号、电源保护、计数继电器实物图

1. 继电器的基本结构

任何一种继电器,不论它的动作原理、结构形式、使用场合如何千差万别,都是根据外界输入的一定信号来控制电路中电流的"通"与"断"的,这就是继电器的共性。这种共性说明,任何一种继电器为了完成它的特定使命,一般都应由测量机构、比较机构和执行机构等部分组成。继电器原理组成方框图如图 8-1-2 所示。

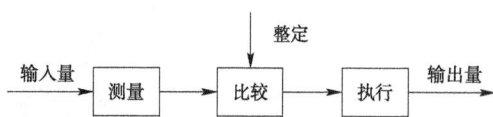

图 8-1-2　继电器原理组成方框图

对于大部分继电器来说,输入量可以是电量,如电压、电流、阻抗、功率等;也可以是非电量,如压力、速度、温度等。输入量可以是一个量,也可以是两个或多个量。

(1)测量机构:是反映继电器输入量的装置,用于接收输入量,并将其转换成继电器工作所必需的物理量。比如电磁型继电器,测量机构是线圈和铁芯构成的磁系统,用来测量输入电量的大小,并在衔铁上将电量的大小转换成相应的电磁吸力。

(2)比较机构:它的作用是将输入量(或转换量)与其预设的整定值进行比较,根据比较结果决定执行机构是否动作,如电磁继电器的反力弹簧等。当电磁力大于反力时,衔铁吸合,触头动作;当电磁力小于反力时,衔铁不吸合,触头不动作。一般可以在比较环节上调整(整定)继电器的动作值。

(3)执行机构:是反映继电器输出量的装置,它作用于被继电器控制的相关电路中,以得到必需的输出量。执行机构根据比较的结果决定是否动作:有触点电器中触点的分、合动作,无触点电器中晶体管的饱和、截止两种状态,都能实现对电路的"通""断"控制。

输出量是根据比较结果来决定有无的。不管输入是何物理量,输出量往往是电量。

需要说明的是,对于有触点的继电器来说,其执行机构由触头装置和传动装置(一般没有灭弧装置)组成。

2. 继电器的分类

继电器的用途很广,种类繁多,对不同类型的继电器要求不同,有时对同一类型的继电器,也需要从不同的方面去说明它的特性。因此,继电器有很多种分类方法,下面仅根据目前城市轨道交通车辆上使用的情况来分类。

(1)按用途,可分为控制继电器和保护继电器。

(2)按输入物理量的性质,可分为电磁式继电器(反映电量的继电器)、机械式继电器(反映非电量的继电器)。

(3)按执行机构的种类,可分为有触点继电器和无触点继电器。

(4)按输入电流性质,可分为直流继电器和交流继电器。

(5)按作用,可分为电流继电器、电压继电器、时间继电器、中间继电器、压力继电器等。

3. 继电器的特点

在城市轨道交通车辆上,继电器一般不直接控制主电路或辅助电路,而是通过接触器或主、辅电路中的其他电器对主电路及辅助电路进行控制。同接触器相比较,继电器具有以下特点。

(1)继电器触头容量小,采用点接触形式,没有灭弧装置,体积和质量也比较小。

(2)继电器的灵敏度要求极高,输入、输出量应易于调节。

(3)继电器能反映多种信号(如各种电量、速度、压力等),用途很广,外形多样。

(4)继电器不能用来开断主电路及大容量的控制电路。

4. 继电器的动作原理和特性

继电器的输入量与输出量之间有一特定的关系,这就是继电器最基本的输入-输出特性,亦称继电特性。

继电特性可以通过分析继电器的工作过程来得到。图 8-1-3 为具有常开触头继电器的继电特性,输入量用 X 来表示,输出量用 Y 来表示。

当输入量 X 从零增加时,在 $X < X_{dz}$(继电器的动作值)的过程中,衔铁不吸合,常开触头保持打开,继电器

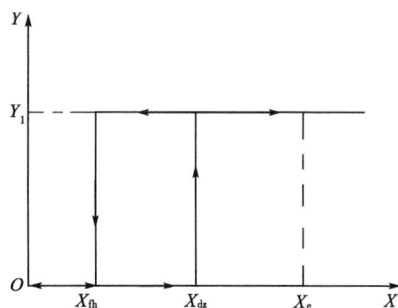

图 8-1-3 继电特性

不动作,输出量 $Y=0$;当输入量达到 $X=X_{dz}$ 时,继电器立即动作,衔铁吸合,常开触头闭合,输出量由 0 跃变,即达到了 $Y=Y_1$;继续增加 X 到 X_e（额定输入量）,继电器保持该状态不变,输出量仍为 Y_1（常开触点继续闭合）。当输入量 X 从 X_e 减少时,在 $X>X_{fh}$ 的过程中,继电器仍然保持该状态不变,常开接点继续闭合,输出还是 Y_1;只有当输入量减少到 $X=X_{fh}$ 时,输入量产生的吸力不足以吸合衔铁,衔铁释放,常开触头打开,继电器返回,输出量 Y 由 Y_1 跃变到 0;继续减少输入量 X 到零,输出量 Y 均保持在 0 的状态。

可见,继电特性由连续输入、跃变输出的折线组成,只要某装置具有该输入-输出特性,就能称其为继电器。

5.继电器的基本参数

（1）额定参数:是指输入量的额定值及触点的额定电压、额定电流等。

（2）动作值:是指继电器吸合动作所需要的最小输入量的数值,如电流继电器的动作电流、电压继电器的动作电压、风压继电器的动作风压等,有时也称为整定值,通常用 X_{dz} 表示。

（3）返回值:是指触头打开所需要的最大输入量的数值,通常用 X_{fh} 表示。

需要注意的是,衔铁的释放值不一定是继电器的返回值（对常闭触头来说）。

（4）返回系数:是指继电器输入量的返回值 X_{fh} 与动作值 X_{dz} 之比,用 K_{fh} 表示,即

$$K_{fh}=\frac{X_{fh}}{X_{dz}}$$

返回系数是继电器的重要参数之一,对继电器来说,一般 $K_{fh}<1$。K_{fh} 越接近于 1,继电器动作越灵敏,但抗干扰能力就越差。所以,返回系数也不完全是越高越好。对控制继电器来说,返回系数要求不高;对保护继电器来说,要求有较高的返回系数。

（5）动作值的调整:继电器动作值（或返回值）的调整,也称继电器参数的整定。对电磁继电器的整定,可通过改变反力弹簧和工作气隙来实现。对电子继电器来说,可通过改变比较环节电位器的阻值等来实现。

学习笔记

要点总结

继电器是电气系统中常用的一种控制器件,是当输入量的变化达到规定要求时,在输出电路中使被控制量发生预定的阶跃变化的一种电器。在城市轨道交通车辆控制电路中,继电器具有控制、保护或转换信号的作用。

对于继电器来说,输入量可以是电量,如电压、电流、阻抗、功率等;也可以是非电量,如压力、速度、温度等。输入量可以是一个量,也可以是两个或多个量,因此有电流继电器、电压继电器、时间继电器、中间继电器、压力继电器等多种类型的继电器。

继电器一般都应由测量机构、比较机构和执行机构等部分组成。

(1)测量机构:是反映继电器输入量的装置,用于接收输入量,并将其转换成继电器工作所必需的物理量。比如电磁型继电器,测量机构是线圈和铁芯构成的磁系统。

(2)比较机构:它的作用是将输入量(或转换量)与其预设的整定值进行比较,根据比较结果决定执行机构是否动作。如电磁继电器的反力弹簧等。

(3)执行机构:是反映继电器输出量的装置,它作用于被继电器控制的相关电路中,以得到必需的输出量。执行机构根据比较的结果决定是否动作:有触点电器中触点的分、合动作,无触点电器中晶体管的饱和、截止两种状态,都能实现对电路的"通""断"控制。

继电特性由连续输入、跃变输出的折线组成。对于大多数继电器,其动作值 X_{dz} 和返回值 X_{fh} 一般不相等,在使用时需要注意。

能力拓展

请根据本节内容,利用智慧职教城市轨道交通、铁道机车等专业教学资源库、MOOC 学院《机车车辆电气设备的检查与调试》在线课程等数字化资源及公共网站等途径,完成下面的任务。

任务 1:请收集各种继电器的图片及相关资料,制作 PPT,课上分享。

PPT 课件要求:不少于 10 页,图片清晰,配备必要的文字说明。

其他要求:能理解制作的 PPT 内容,能进行流利的讲解。

任务 2:请收集电流继电器、时间继电器、压力继电器、电子继电器相关资料,完成下面的表格。

类型	电流继电器	时间继电器	压力继电器	电子继电器
用途				

续上表

测量机构			
比较机构			
执行机构			

📝 学习笔记

8-2 学习任务　　常用电磁继电器结构原理认知

知识分享

电磁继电器的测量机构是电磁铁,执行机构是触头。它具有工作可靠、结构简单、易于制造等优点,所以在城轨车辆上得到了广泛的应用。

电磁式继电器可分为电压继电器、电流继电器、中间继电器、时间继电器和信号继电器等。按照电流种类的不同,电磁继电器还可以分为直流电磁继电器和交流电磁继电器。

(1)电压继电器:是指当继电器线圈两端电压达到规定值时动作的继电器,其吸引线圈与电路并联,故线圈直径较小,匝数较多,主要作控制用。

(2)电流继电器:是指当继电器线圈流过的电流达到规定值时动作的继电器,其吸引线圈与电路串联,故线圈直径较大,匝数较少,多作过载或短路保护之用。

(3)中间继电器:是指用来增加控制电路数目或将信号放大的继电器,它实际上也属于电压继电器。

(4)时间继电器:是指从接收信号至触头动作(或使输出电路的电参数产生跳跃或改变)具有一定的延时,该延时又符合其准确度要求的继电器。

下面,从每种类型的继电器中各选取一种型号的继电器为代表,介绍各种类型继电器的结构和工作原理。

图8-2-1　JZ15-44Z继电器实物图

1. JZ15-44Z 型中间继电器

(1)型号及含义

JZ15-44Z 型中间继电器(图 8-2-1)是早期城市轨道车辆上使用较多的一种中间继电器,其中各字符的含义如下:

J——继电器;

Z——中间;

15——设计序号;

44——辅助触头数,4 对常开触头、4 对常闭触头;

Z——直流控制。

(2)作用

该型继电器用在直流控制电路中,用来控制各种控制电器的电磁线圈,以使信号放大或用一个信号控制几个电器。

(3)组成

如图 8-2-2 所示,JZ15 型继电器主要由传动装置和触头装置组成。

①传动装置:由直流螺管式电磁铁构成(螺管直动式),铁芯和线圈布置在继电器中央。

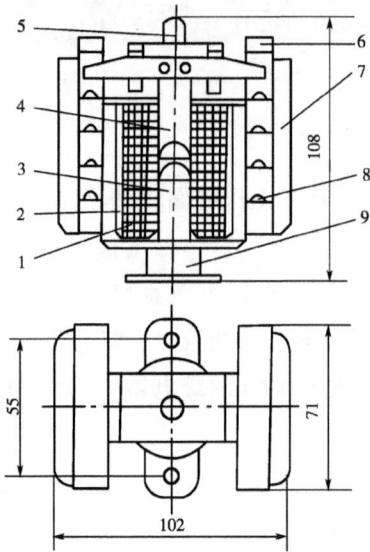

图 8-2-2　JZ15 型继电器结构(尺寸单位:mm)

1-线圈;2-磁轭;3-铁芯;4-衔铁;5-按钮;
6-反力弹簧;7-防尘罩;8-触头组;9-支座

为了获得较平坦的吸力特性和足够的开距,铁芯采用锥形接触方式。继电器的反力特性依靠动触头支架上的一对拉伸弹簧调节,衔铁上还装有一个手动按钮,以供检查及故障操作时使用。

②触头装置:为 8 对双断点桥式触头,分别布置在磁轭两侧。可根据需要任意组合成 2 开 6 闭、4 开 4 闭、6 开 2 闭的方式,但必须注意两个触头盒中的常开、常闭触头数应对称布置。为了防尘和便于观察触头,继电器带有透明的防尘罩。

该型继电器的触头容量为 10A,为了使其体积小、结构紧凑,同时保证大电流分断能力,触头系统采用永磁钢吹弧以提高触头直流分断能力。小型化的永磁钢嵌在静触头的下部,采用无极性布置法,可以将直流电弧拉长,实现吹弧的目的。

在检修时要特别注意以下两点。

①永磁钢极性不能任意改变,应保证两个静触头下的永磁钢极性相反。若装成同极性,则可能在某一电流方向发生两弧隙电弧拉向内侧,造成静触头间飞弧的事故。

②若永磁钢丢失,则分断能力要降低一半,触头必须降容量使用。

2. JT3-21/5 型时间继电器

JT3 型系列直流电磁式时间继电器用于电路延时控制。

JT3 型系列时间继电器实物如图 8-2-3 所示。

(1)型号及含义

J——继电器;

T——通用;

3——设计序号;

图 8-2-3　JT3 型系列时间继电器实物图

21——辅助触头数,2 对常开触头、1 对常闭触头;

5——表示继电器动作值,即延时时间,单位为秒。

(2)作用

该型继电器作为控制电路中的时间控制环节,有 3 个时间等级:1s(0.3～0.9s)、3s(0.8～3s)、5s(2.5～5s)。

(3)结构

如图 8-2-4 所示,该型继电器的铁芯(3)和磁轭采用圆柱整体电工钢,使铁芯与磁轭成为一体,再用铝基座浇铸而成,从而减小了装配气隙,降低了磁阻,有利于提高继电器的灵敏度。衔铁(6)制成板状,装在磁轭端部,可绕棱形支点转动,形成拍合式动作。铁芯端部套有圆环状的极靴(9)。在衔铁内侧与铁芯相接触处,装有一磷铜皮制成的非磁性垫片(7),此垫片使衔铁闭合时与铁芯间保持一定的距离,即衔铁与铁芯间有一定数值的磁阻,以防止衔铁在闭合状态下,当吸引线圈断电时,剩磁将衔铁"粘住",引起继电器不能正常释放而造成事故。时间继电器的延时作用是依靠套装在磁轭上的阻尼套筒(2)来保证的。继电器断电时,可借助于反力弹簧的作用使衔铁打开。

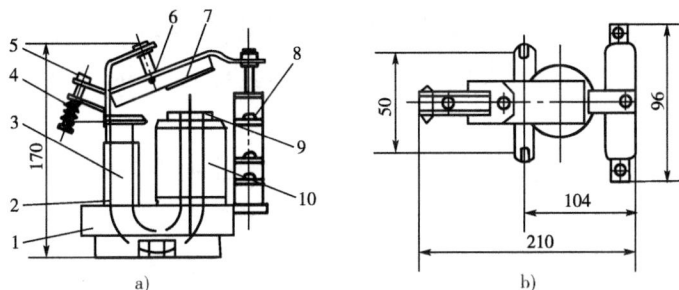

图 8-2-4　JT3 型系列时间继电器结构简图(尺寸单位:mm)

1-底座;2-阻尼套筒;3-铁芯;4-反力弹簧;5-反力调节螺母;6-衔铁;7-非磁性垫片;8-触头组;9-极靴;10-线圈

继电器的联锁触头采用标准的 CI-1 型组件,更换方便,且常开和常闭联锁触头的数量可按需要组合。它装在继电器的前侧,其杆状胶木的动触头支架由与衔铁机械固定在一起的拨叉控制,衔铁动作即通过拨叉带动触头支架上下动作,使联锁触头做相应的开闭。

(4)动作原理(延时原理)

当继电器的线圈通电时,在磁路中产生磁通。当磁通增加到能使衔铁吸动的数值时,衔铁开始动作,随着衔铁与铁芯之间气隙的减小,磁通也增加。当衔铁与铁芯吸合以后,磁通最大(此时的磁通大于将衔铁吸住时所需的磁通)。在线圈通电时,因为磁通的增长和衔铁的动作时间很短,所以联锁触头的动作几乎是瞬时的。当线圈断电时,电流将瞬时下降为零,相应于电流的主磁通亦迅速减小。但因其变化率很大,根据楞次定律,在阻尼铜套(或阻尼铝套)内部将产生感应电势,并产生感应电流,此电流将产生与原主磁通相同方向的磁通以阻止主磁通下降,这样就使磁路中的主磁通缓慢地衰减,直到磁通衰减到不能吸住衔铁时,衔铁才释放,触点才相应打开(或闭合),这样就得到了所需的延时。

为保证继电器延时的准确性,在使用时间继电器时,必须保证有足够的充电时间(线圈通电时间),使衔铁和铁芯中的磁通完全达到稳定值。若充电不足,没有建立起稳定的磁通,延时作用将大大削弱。JT3 型系列时间继电器的充电时间不能小于 0.8s,故继电器通电时间必须大于1s。

思政课堂

攻克集成技术,打破国外技术垄断

世界上较早的四条中低速磁浮运营线路,即长沙磁浮快线、北京磁浮 S1 线、日本爱知县东部丘陵线和韩国仁川机场磁悬浮线。长沙磁浮快线全长 18.55km,是四条中低速磁悬浮线路中最长的一条。

长沙磁浮快线连接长沙黄花国际机场和长沙高铁站,每列车三节编组,线路设计最高运行速度 110km/h,运营最高速度 100km/h,全程运行时间约 19 分钟。2014 年 5 月,工程开工建设,2016 年 5 月 6 日,正式投入载客试运营。

长沙磁浮快线是中国首条具有自主知识产权的中低速磁浮列车线路,它的建成和运营,标志着我国具有自主知识产权的中低速磁浮交通系统已实现工程化应用。

长沙磁浮快线的研制过程攻克了中低速磁浮列车大系统集成技术,搭建了中低速磁浮列车系统一体化技术平台,打破了国外技术垄断,填补了我国中低速磁浮车辆工程化和产业化运用领域的空白;创新了高精度要求的中低速磁浮设计和建造技术,保证车、轨、梁、接触轨四者位置关系的高精度匹配,解决了系统工程化应用过程中的技术难题。

长沙磁浮快线

学习笔记

要点总结

电磁继电器的测量机构是电磁铁,执行机构是触头。

电磁式继电器可分为电压继电器、电流继电器、中间继电器、时间继电器和信号继电器等。按照电流种类的不同,电磁继电器还可以分为直流电磁继电器和交流电磁继电器。

电压继电器,是指当继电器线圈两端电压达到规定值时动作的继电器,通常用作过压和欠压保护。

电流继电器,是指当继电器线圈流过的电流达到规定值时动作的继电器,多作过载或短路保护之用。

中间继电器,是指用来增加控制电路数目或将信号放大的继电器。

时间继电器,是具有一定的延时的继电器。

大家应该熟悉继电器型号中各数字的意义,如 JZ15-44Z 型中间继电器中,44 代表 4 对常开触头、4 对常闭触头;JT3-21/5 型时间继电器中,21 代表 2 对常开触头、1 对常闭触头,5 表示延时时间为 5s。

能力拓展

请根据本节内容,利用智慧职教城市轨道交通、铁道机车等专业教学资源库、MOOC 学院《机车车辆电气设备的检查与调试》在线课程等数字化资源及公共网站等途径,完成下面的任务。

任务 1:请收集电压继电器、电流继电器的图片及其应用电路,了解电压、电流继电器在电路中的作用,制作 PPT,课上分享。

PPT 课件要求:不少于 10 页,图片清晰,配备必要的文字说明。

其他要求:能理解本人制作的 PPT 内容,能进行流利的讲解。

任务 2:请收集其他类型继电器的照片及相关资料,如步进继电器、谐振继电器、比例继电器等,制作 PPT,介绍各种继电器的作用、结构、工作原理等信息,课上分享。

PPT 课件要求:不少于 10 页,图片清晰,配备必要的文字说明。

其他要求:能理解本人制作的 PPT 内容,能进行流利的讲解。

任务 3:请收集各种类型的时间继电器的相关资料,完成下面的表格。

类型	电磁式	空气阻尼式	电动式	电子式
型号				
结构				

续上表

工作 原理			
延时 时间的 调节 方法			

学习笔记

8-3 实践任务　继电器选用及故障处理

知识分享

一、继电器的选用

继电器是现代工业生产中不可缺少的自动化组件,它广泛应用于工业、农业、国防和交通运输等各个部门,其品种多、用量大。因此,充分了解各继电器的性能、参数和使用条件,正确地选择和使用继电器,是确保继电器及其被控制或保护对象可靠工作、正常运行的重要环节。

选用继电器的一般方法如下。

(1)根据被控制或保护对象(可以是电量,也可以是非电量)的具体要求,确定采用的继电器的种类,并进行电路设计。

(2)确定控制和被控制电路的基本参数,如控制电路(继电器线圈电路)的线圈数量,电流种类,继电器动作、释放和工作状态的电流、电压或功率值以及它们的变化范围;被控制电路的常开和常闭触头的数量,电路中的电流种类(直流或交流)及其大小,负载的电阻和电感量(R 和 L 值)等。

(3)根据控制和被控制电路对继电器的要求,在考虑使用寿命、工作制、使用条件、继电器各主要技术参数及质量和尺寸的基础上,从产品目录中选择合适的继电器。

二、继电器常见故障的处理

继电器在使用过程中,由于各种原因,如产品质量不高、使用不当、维修不好等,常常发生各种各样的故障。对于电子继电器,因目前车辆上所用种类还少,其故障及处理以及检查、试验具有自己的特点。在此,主要介绍有触点继电器的故障及处理。有触点、继电器常见的故障有以下几种。

1. 触头故障

(1)由于触头的机械咬合(触头上形成的针状凸起与凹坑相互咬住)、熔焊或冷焊而产生无法断开的现象。

(2)由于接触电阻变大和不稳定,使电路无法正常接通的现象。

(3)由于负载过大,或触头容量过小,或负载性质变化等引起触头无法分、合电路的故障。

(4)由于电压过高或触头开距变小而出现触头间隙重新击穿的故障。

(5)由于电源频率过高或触头间隙电容过大而产生无法准确开断电路的故障。

(6)由于各种环境条件不满足要求而造成触头工作的失误。

（7）由于没有采用熄弧装置或措施，或参数选用不当而造成触头磨损，或产生不必要的干扰。

2. 线圈故障

（1）由于环境温度的变化（超过技术条件规定值）导致线圈温升超过允许值而引起线圈绝缘的损坏；由于潮湿而引起绝缘水平的严重降低；由于腐蚀而引起内部断线或匝间短路。

（2）由于线圈电压超过 110% 额定电压而导致线圈损坏。

（3）在使用维修时，可能由于工具的碰伤而使线圈绝缘损坏，或引起线折断。

（4）由于线圈电压接错，如额定电压为 110V 的线圈接到 220V 的电源电压上，或将交流电压线圈接到同样等级的直流电压上而使线圈立即烧坏。

（5）交流线圈可能由于线圈电压超过 110% 额定电压，或操作频率过高，或当电压低于 85% 额定电压时因衔铁吸合不上而烧坏。

（6）当交流线圈接上电压时，可能由于传动机构不灵或卡死等原因，使衔铁不能闭合而使线圈烧坏。

3. 磁路故障

（1）棱角和转轴的磨损，导致衔铁转动不灵或卡死的故障。

（2）在有些直流继电器中，由于机械磨损，或非磁性垫片损坏，使衔铁闭合后的最小气隙变小，剩磁过大，导致衔铁不能释放的故障。

（3）交流继电器铁芯上分磁环断裂，衔铁和铁芯极面生锈或侵入杂质时，将引起衔铁振动，产生噪声。

（4）交流继电器 E 形铁芯中，由于两侧铁芯的磨损而使中柱的气隙消失时，将产生衔铁粘住不放的故障。

4. 其他

其他故障，如各种零件产生变形或松动，机械损坏，镀层裂开或剥落，各带电部分与外壳间的绝缘不够，反力弹簧因疲劳而失去弹性，各种整定值调整不当，产品已达额定寿命等。

继电器产生故障的原因很多，除了要求生产厂商确保产品的质量以外，正确使用和认真维修也是减少其故障、保证其可靠工作的重要环节。

学习笔记

▌要点总结

本节对继电器触头、线圈、磁路及其他部件常出现的故障进行了原因分析,并给出了处理方法,供大家学习参考。

▌能力拓展

请根据本节内容,利用智慧职教城市轨道交通、铁道机车等专业教学资源库、MOOC 学院《机车车辆电气设备的检查与调试》在线课程等数字化资源及公共网站等途径,完成下面的任务。

任务: 请收集城轨车辆继电器的故障案例,将故障涉及的相关图片及资料做成 PPT,课上分享。

PPT 课件要求:不少于 5 页,图片清晰,配备必要的文字说明。

其他要求:能理解本人制作的 PPT 内容,能进行流利的讲解。

故障案例	故障案例一	故障案例二
故障详述		
故障现象		
故障后果		

续上表

原因分析		
应急处理方案		
维修方案		

8-4 实践任务 继电器检修

工艺流程

由于城轨车辆上电器的工作环境恶劣,各继电器及部件的性能与参数也将随着工作任务与使用时间的改变而改变,而且还经常受到各种偶然因素的影响。因此,必须对这些情况经常监视及时了解,对可能出现的各种异常现象及早提防,对某一继电器或继电器的某一部件产生的故障及时处理或更换,以确保各继电器的使用寿命,保证车辆正常而可靠地工作。所以,坚持预防为主的方针,建立必要的维修制度,对继电器进行经常和定期的维修是十分必要的。

尽管继电器型号不同,检修方法也有区别,但是在检修时都应按以下共同的要求进行。

(1)继电器活动部分的动作应灵活、可靠,外罩及壳体应无损坏或缺少零件等情况。

(2)继电器线圈引出端子及外部连接线必须牢固、可靠,电磁继电器吸引线圈的阻值必须符合有关的技术规定。

(3)有指示件的继电器应检查指示件的自锁和释放作用,保证其正确、可靠。

(4)绝缘状态良好,磨耗件及易损件(包括胶木件、外罩、分磁环、非磁性垫片等)有缺损时应更新;各连接部分的紧固状态应良好。

(5)测量继电器触头厚度、开距、超程及终压力等技术参数,必须符合有关规程和工作文件的要求。

(6)调整继电器动作参数的整定值,并打好防松标记。有特殊要求时,还应测量继电器的返回系数。

继电器的检修工作除一般的清扫、检查外,其主要内容是测量继电器的技术参数并调整其动作的整定值,即上面提到的第(5)条和第(6)条。

(7)继电器动作参数的整定。继电器的动作参数是决定继电器准确动作的决定性因素,而调节继电器动作参数的过程,即继电器的整定过程就显得尤为重要了。所以,在车辆中修时,最主要的任务之一就是对全部继电器进行重新整定、校检。继电器整定值的调试应由专职人员在专用的试验台上进行。电磁式继电器可通过调整反力弹簧、初始气隙及非磁性垫片等措施来调整动作值。一般地,调整初始气隙可改变其动作值,调整非磁性垫片可改变其释放值,而调整反力弹簧则动作值和释放值都可改变。

(8)某些继电器在检修后还应做振动试验和触头压力及接触电阻测试。

思政课堂

首条拥有完全自主知识产权的磁浮线路

长沙磁浮快线是我国首条具有自主知识产权的中低速磁浮列车线路，它的建成和运营，标志着我国具有自主知识产权的中低速磁浮交通系统已实现工程化应用。

采用精度控制技术保证乘坐舒适性

创新运用动力仿真计算等手段，确立了桥梁、低置结构刚度、自振频率、工后沉降控制、跨度桥梁轨道接头等标准，以及轨道铺设精度和接触轨安装精度控制技术，确保列车满足悬浮间隙在2mm范围内波动，乘客乘坐平稳舒适。

创新"精益修"模式，完善运营检修维护体系

长沙磁浮快线在国内无中低速磁浮运营先例，无专业磁浮司机和专业维护检修人员的实际困难面前，发扬铁路的艰苦创业精神，实干精神，创新解决各项难题。如结合地铁运营的成功经验，通过内培内训，自主培养磁浮司机和专业维护检修人员。创新了长沙磁浮车辆"精益修"模式，完善运营检修维护体系，提高了车辆上线运用率、延长车辆寿命、确保车辆安全运行，同时减少了运营维护成本。

长沙磁浮快线搭建了集投资、设计、建设、运营于一体的中低速磁浮交通系统产业链，完善了中低速磁浮交通系统设计、建设、验收和运营的成套技术标准体系，是我国城市轨道交通七种制式中的重要组成部分。该线路被交通运输部评为"中国运输领袖品牌"，获得了2018—2019年度第一批国家优质工程金质奖、庆祝中华人民共和国成立70周年经典工程等荣誉。

长沙磁浮快线

学习笔记

要点总结

本节给出了继电器的外观检查方法及继电器的检修、参数整定的方法。

能力拓展

请根据本节内容,找来一个继电器,完成下面的拓展任务。

任务1: 请对该继电器进行一次外观检查,将检查结果如实填入下面的检查单。

序号	维护内容	工 具	状 态
1	清理清扫		
2	触头装置		
3	传动装置		
4	绝缘支架		
5	其他		

工长: 质检员: 验收员:

任务2: 请将该继电器进行解体和检查,每步都进行拍照。请将解体的步骤和零件图做成 PPT,课上分享。

PPT 课件要求:不少于5页,图片清晰,配备必要的文字说明,包括解体步骤及注意事项等。

任务3:(1)请将解体的继电器组装并进行检修后的检查和参数调整。将组装后的继电器常出现的问题记录到下面的表格中。

(2)把故障部件维修前后进行拍照,录制故障维修过程视频,课上分享。

要求:视频清晰,有必要的说明。

问题	问题一	问题二
故障部件		
故障现象		
原因分析		
维修方法		

8-5 知识拓展　常用的触头材料有哪些？

触头所采用的材料关系到触头工作的可靠性,尤其是对触头磨损影响甚大。各种电器的任务和使用条件不同,对触头材料性能的要求亦不同,一般要求如下。

(1)电气性能。要求材料本身的电阻系数小,接触电阻小且在长期工作中能保持稳定;要求生弧的最小电流大和最小电压高,电子逸出功及游离电位大。

(2)热性能。要求熔点高,导热性好,热容量大。

(3)机械性能。要有适当的强度和硬度,耐磨性好。

(4)化学性能。要具有很好的化学稳定性,在常温下不易氧化,或者氧化物的电阻尽量小,耐腐蚀。

此外,还要求材料的可加工性能好,价格便宜,经济适用。但实际上是不可能同时满足以上各项要求的,只能根据触头的工作条件及负荷的大小,满足其主要的性能要求。

触头材料分三大类:纯金属、合金和金属陶冶材料。

Tip one:纯金属材料

(1)银。银是高质量的触头材料,具有高导电和导热性能。银在常温下不易氧化,其氧化膜能导电,在高温下易分解还原成金属银。银的硫化物电阻率很高,在高温时也进行分解。因此,银触头能自动清除氧化物,接触电阻低且稳定,允许温度较高。银的缺点是熔点低,硬度小,不耐磨。由于银的价格高,一般仅用于继电器和小功率接触器的触头或用于接触零件的电镀覆盖层。

(2)铜。铜是广泛使用的触头材料,导电和导热性能仅次于银。铜的硬度较大,熔点较高,易加工,价格较低。铜的缺点是易氧化,其氧化膜的导电性很差,当长时间处于较高的环境温度下,氧化膜不断加厚,使接触电阻成倍增长,甚至会使电流通路中断。因此,铜不适用于做非频繁操作电器的触头材料;对于频繁操作的接触器,电流大于150A时,氧化膜在电弧高温作用下分解,可采用铜触头,并做成单断点指式触头,在触头分、合过程中有研磨过程,可以清除氧化铜薄膜。

(3)铂。铂是贵金属,化学性能稳定,在空气中既不生成氧化物,也不生成硫化物,接触电阻非常稳定,有很高的生弧极限,不易生弧,工艺性好。铂的缺点是导电和导热性能差,硬度低,价格昂贵。因此,不采用纯铂作为触头材料,一般用铂的合金做小功率继电器的触头。

(4)钨。钨的熔点高,硬度大,耐电弧;钨触头在工作过程中几乎不会产生熔焊。但是,钨的导电性能较差,接触电阻大,易氧化,特别是容易与塑料等有机化合物发生蒸汽作用(如在封闭塑料外壳内的钨触头),生成透明的绝缘表面膜,而且此膜不易清除,加工困难。因此,除少数特殊场合(如火花放电间隙的电极)外,一般不采用纯钨做触头材料,而是与其他高导电材料制成陶冶材料。

Tip two：合金材料

由于纯金属本身性能的差异,将它们以不同的成分相配合,构成金属合金或金属陶冶材料,可以使触头的工作性能得以改进。

常用的合金材料有银铜、银钨、钯铜、钯铱等。

(1)银铜合金。适当提高银铜合金的含铜量,可提高其硬度和耐磨性能。但是,含铜量不宜过高,否则,会和铜一样易于氧化,接触电阻不稳定。银铜合金熔点低,一般不用作触头材料,主要用作焊接触头的银焊料。

(2)银钨和钯铜。银钨和钯铜都有较高的硬度,比较耐磨,抗熔焊。它们有时用于小功率电器及精密仪器仪表中。

(3)钯铱合金。钯铱合金使用较广泛,铱有效地提高了合金的硬度、强度及抗腐蚀能力。

Tip three：金属陶冶材料

金属陶冶材料是由两种或两种以上彼此不相熔合的金属组成的机械混合物。其中一种金属有很高的导电性(如银、铜等),作为材料中的填料,称为导电相;另一种金属有很高的熔点和硬度(如钨、镍、钼、氧化镉等),在电弧的高温作用下不易变形和熔化,称为耐熔相,这类金属在触头材料中起着骨架的作用。这样,就保持了两种材料的优点,克服了各自的缺点,是比较理想的触头材料。

常用的金属陶冶材料有银-氧化镉、银-氧化铜、银-钨、银-石墨等。

(1)银-氧化镉

它的导电性能和导热性能好,抗熔焊,耐电磨损,接触电阻低且稳定;特别是在高温电弧的作用下,氧化镉分解为氧气和镉蒸汽,能驱使电弧支点迅速移动,有利于吹灭电弧,故称银-氧化镉触头,具有一定的自灭弧能力。此外,它的可塑性好,且易于加工。因此,它是一种较为理想的触头材料,广泛用于大、中容量的电器中。

(2)银-氧化铜

与银-氧化镉相比,银-氧化铜耐磨损,抗熔焊性能好,无毒,在高温下触头硬度更大,使用寿命长,价格便宜。试验结果表明,银-氧化铜触头比银-氧化镉触头在接触处具有更低且稳定的接触电压降,导电性能更好,发热情况较轻,温升较低。因此,近年来银-氧化铜材料得到了广泛应用。

(3)银-钨

它具有银的良好的导电性,同时,又具有钨的高熔点、高硬度、耐电弧腐蚀、抗熔焊、金属转移小等特性,常用作电器的弧触头材料。随着含钨量的增加,其耐电弧腐蚀性能和抗熔焊性能也逐渐提高,但其导电性能下降。银-钨陶冶材料的缺点是接触电阻不稳定,随着开闭次数的增加,接触电阻增大,其原因在于分断过程中,触头表面产生三氧化钨、钨酸银等电阻率高的薄膜。

(4)银-石墨

它的导电性好,接触电阻低,抗熔焊,耐弧能力强,在短路电流作用下也不会熔焊。其缺点是电磨损大。

上述陶冶材料是利用粉末冶金法、化学沉淀法(也称沉淀法)及内氧化法等制成。

司机控制器

项目

9

教学目标

1.掌握司机控制器的结构及工作原理。

2.掌握司机控制器闭合表的识读方法。

3.了解司机控制器检查维护的工作内容。

建议学时

4学时

9-1 学习任务　司机控制器结构原理认知

知识分享

司机控制器是用来操纵城轨车辆运行的主令控制器，是利用控制电路的低压电器间接控制主电路的电气设备。

我国城市轨道交通车辆大部分采用 6 辆编组的模式，在两辆 A 车的前端各有一个驾驶室。驾驶室内部设备布置情况，如图 9-1-1a) 所示。在每个驾驶室内各有一台结构完全相同的司机控制器 [图 9-1-1b)]，以便双端操作。

本任务以沙尔特宝公司的 S355E 型司机控制器为例，详细介绍司机控制器的结构和工作原理。

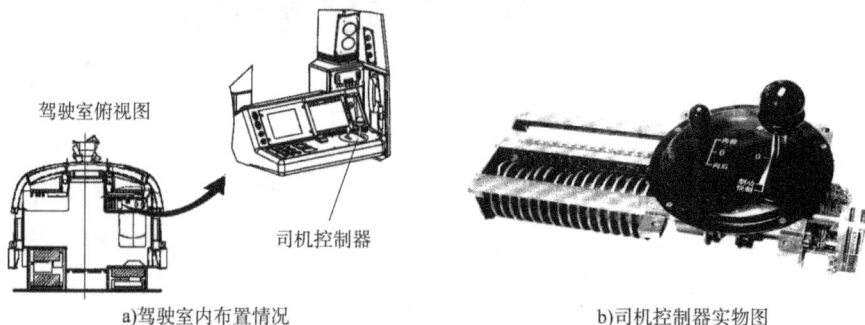

驾驶室俯视图

司机控制器

a)驾驶室内布置情况　　　　　　　　　b)司机控制器实物图

图 9-1-1　城市轨道交通车辆司机操作台上的司机控制器

一、S355E 型司机控制器的结构组成

S355E 型司机控制器属于凸轮和辅助触头配合实现触点开闭控制的有触点电器。该控制器由上、中、下三层组成（图 9-1-2 和图 9-1-3）。其上层（面板上）由钥匙开关(1)、推拉式控制手柄(3)、方向手柄(5)、警惕按钮(4)和位置标牌等组成，中层由安装面板组成，下层主要由连锁机构、转轴凸轮机构、辅助触头盒、调速电位器和电连接器等组成。

司机控制器结构

控制手柄和方向手柄各配置一套转轴、凸轮和辅助触头装置，分别称它们为控制轴机构和方向轴机构。控制轴机构包括与控制手柄连接的控制轴(8)及安装在该轴上的控制凸轮(9)、控制辅助触头组(10)等，方向轴机构包括与方向手柄连接的换向轴(6)及安装在该轴上的换向凸轮(7)、换向辅助触头组(11)等，如图 9-1-2 所示。其中控制轴是一个实心细长轴，作内轴；换向轴是一根空心粗短轴，套在实心轴的外层，其配套凸轮分别套在两根轴上，手柄的转动便可带动相应的轴及凸轮转动，从而带动辅助触头开闭状态的变换。

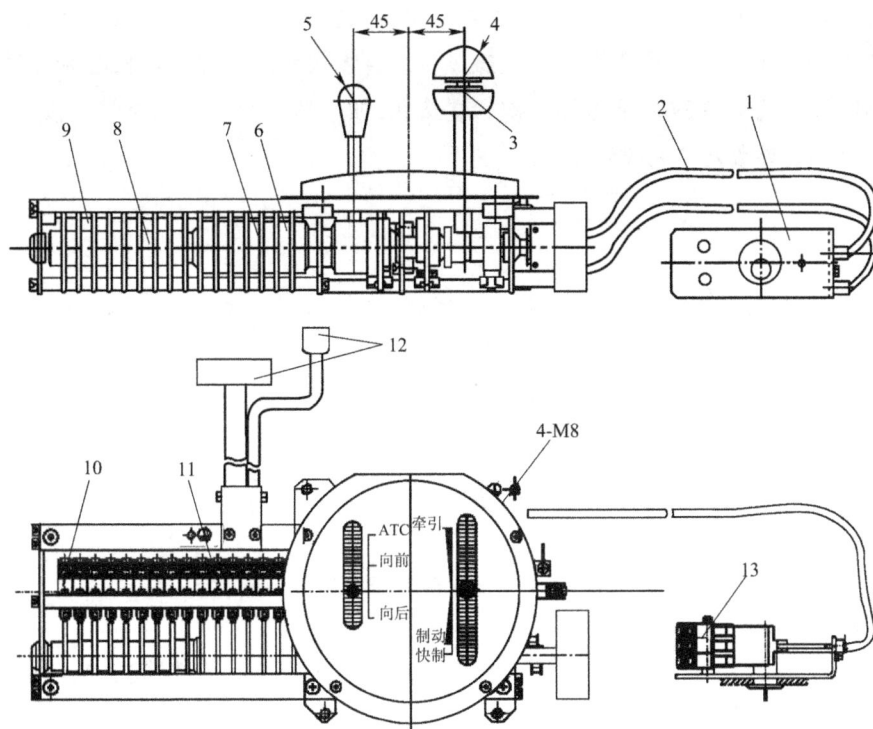

图 9-1-2　司机控制器的结构(尺寸单位:mm)

1-钥匙开关;2-钢丝绳;3-控制手柄;4-警惕按钮;5-方向手柄;6-换向轴;7-换向凸轮;8-控制轴;9-控制凸轮;
10-控制辅助触头组;11-换向辅助触头组;12-电连接器;13-钥匙开关辅助触头组

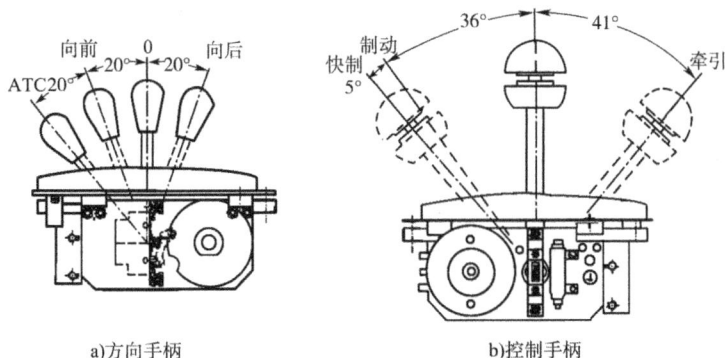

a)方向手柄　　　　　　　　　b)控制手柄

图 9-1-3　司机控制器左视图和右视图

二、S355E 型司机控制器的工作原理

1. 控制功能

如图 9-1-4 所示,控制手柄有"牵引"区、"0"位、"制动"区、"快速制动"位 4 个区域,用于调节列车的速度。控制手柄在"0"位、"牵引最大"位、"制动最大"位、"快速制动"位有定位,在这些挡位之间为无级调节。左侧为方向手柄,连接方向轴,用于控制车辆的运行方式

及运行方向，共有"ATC""向前""0""向后"4个位置；这4个位置由机械联锁装置定位。钥匙开关有"0""1"两个位置，用于激活司机操纵台。警惕按钮用于强制司机必须保持高度注意力驾驶列车，司机每隔2s就要按压一次警惕按钮，如果超过规定间隔时间未按压，便会触发车辆紧急制动，导致列车无故停车。

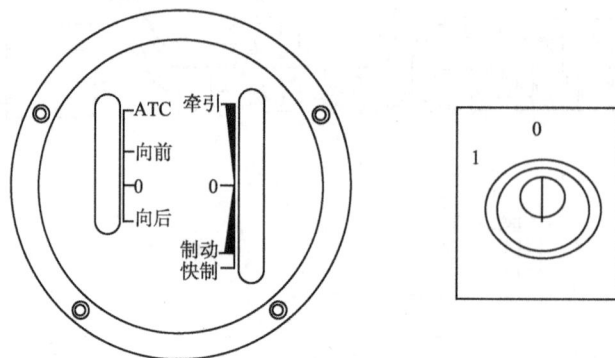

图9-1-4　司机控制器手柄位置图

2.机械联锁关系

为了防止可能产生的误操作，确保列车安全运行，司机控制器的控制手柄、换向手柄和机械锁之间有机械联锁。

在使用时，先用钥匙开关打开机械锁，才能对控制手柄和换向手柄进行操作。当操纵列车时，先将钥匙开关打到"1"位，再由方向手柄选定列车的行车方向，再操作控制手柄来控制列车的速度。在行车过程中，如需改变列车工况，必须先将控制手柄放回"0"位后，才可进行方向手柄的操作。如果司机需要进行异端操作，必须将本端司机控制器的控制手柄置"0"位，换向手柄置"0"位，钥匙开关回"0"位，锁闭机械锁，拔出钥匙，方可进行异端操作。在列车的惰行期间，如果方向手柄移动到其他位置，牵引控制单元中牵引指令将失效，将启动紧急制动。

S355E型司机控制器的钥匙开关、控制手柄和方向手柄之间的联锁关系如下。

（1）钥匙开关在"0"位时，控制手柄和方向手柄均锁定在"0"位不动；反之，只有控制手柄和方向手柄均在"0"位时，钥匙开关才可由"0"位打到"1"位。

（2）钥匙开关在"1"位时，控制手柄和方向手柄可进行操作，但控制手柄和方向手柄之间还存在以下互锁关系：

①方向手柄在"0"位时，控制手柄被锁定在"0"位不动。

②方向手柄在"前"位时，控制手柄可在"牵引"和"制动"区域范围内活动。

③方向手柄在"后"位时，启用列车手动折返模式。

④方向手柄在"ATC"位时，启用列车自动驾驶模式。

⑤控制手柄在"牵引"区、"制动"区或"最大制动"位时，方向手柄不能进行位置转换，只有控制手柄在"0"位时，方向手柄才可在"前"位、"后"位和"ATC"位之间转换。

上述机械联锁要求由机械联锁装置来实现。

要点总结

司机控制器是司机用来操纵城轨车辆运行的主令控制器。一列车两端各有一个驾驶室,每个驾驶室各有一台结构完全相同的司机控制器,以便双端操作。

司机控制器用于控车的主要有钥匙开关、控制手柄、方向手柄、警惕按钮,具体功能如下:

控制手柄有"牵引"区、"0"位、"制动"区、"快速制动"位4个区域,用于调节列车的速度。

方向手柄用于控制车辆的运行方式及运行方向,有"ATC""向前""0""向后"4个位置。

钥匙开关有"0""1"两个位置,用于激活司机操纵台。

警惕按钮用于强制司机必须保持高度注意力驾驶列车,司机每隔2s就要按压一次警惕按钮,如果超过规定间隔时间未按压,便会触发车辆紧急制动,导致列车无故停车。

司机控制器的钥匙开关、控制手柄和方向手柄之间有机械互锁,其联锁关系主要是:钥匙开关在"0"位时,对方向手柄、控制手柄的锁闭;方向手柄在"0""向前""向后""ATC"位时对控制手柄的互锁以及控制手柄离开"0"位时,对方向手柄的互锁。具体互锁关系见前文。

能力拓展

请根据本节内容,利用智慧职教城市轨道交通、铁道机车等专业教学资源库、MOOC学院《机车车辆电气设备的检查与调试》在线课程等数字化资源及公共网站等途径,完成下面的任务。

任务1: 请收集城轨车辆用其他型号的司机控制器的图片及相关资料,制作PPT,课上分享。

PPT课件要求:不少于10页,图片清晰,配备必要的文字说明。

其他要求:能理解本人制作的PPT内容,能进行流利的讲解。

任务2: 请收集司机控制器使用、故障、检修方面的视频。

要求:每组收集1~2个视频,了解司机控制器的工作状态、可能出现的故障及如何检修,从而加深对司机控制器结构、原理的理解,进行课上分享。

任务3: 请收集城轨车辆用司机控制器、电力机车用司机控制器、高速动车组用司机控制器相关资料,完成下面的表格。

类型	城轨车辆用司机控制器	电力机车用司机控制器	高速动车组用司机控制器
型号	S355E		
结构特点	(1)警惕按钮在控制手柄顶部； (2)钥匙开关为分体式结构(没有跟司机控制器集成在一起)； (3)控制手柄有"牵引"区、"0"位、"制动"区、"快速制动"位4个区域； (4)方向手柄有"ATC""向前""0""向后"4个位置		
创新之处	换向轴和控制轴套在一起,其中控制轴是一个实心细长轴,作内轴;换向轴是一根空心粗短轴,套在实心轴的外层,其配套凸轮分别套在两根轴上,手柄的转动便可带动相应的轴及凸轮转动,从而带动辅助触头开闭状态的变换		

9-2 学习任务　司机控制器控制指令的产生

知识分享

一、闭合表的实现

电逻辑即闭合表的要求由控制轴、换向轴、辅助触头盒及电连接来实现。

当推动控制手柄时,带动控制轴转动,轴上的凸轮随之转动。当凸轮的凸起位置转动到辅助触头盒的杠杆位置时,杠杆受到凸轮凸起部分的挤压而将与其连接的动触头顶开。此时,该触头盒的常开或常闭辅助触头的状态便会发生变化,从而使与该辅助触头盒相连接的控制线路得失电的状态发生变化。反之,当凸轮转到无凸起的地方时,由于触头盒自身恢复弹簧的作用,辅助触头盒的动触头复位,从而使与该辅助触头盒相连接的控制线路得失电的状态恢复原样。

基于此原理,可根据电路原理图上司机控制器各控制线路得失电情况,在控制轴和换向轴上布置相应的凸轮凸起部分。图 9-2-1 所示为某车型的司机控制器方向轴的闭合表。图中"ATC""F""0""R"为方向手柄的 4 个位置,$S_{10} \sim S_{16}$ 为受方向轴凸轮控制的 7 个辅助触头,辅助触头下的长条块表示凸轮的凸起位置。由图 9-2-1 可知,手柄在"ATC"位时,将使 S_{10}、S_{11}、S_{12}、S_{15}、S_{16} 辅助触头状态发生变化;当手柄在"F"位时,将使 S_{10}、S_{11}、S_{12}、S_{15} 辅助触头状态发生变化;当手柄在"R"位时,将使 S_{10}、S_{11}、S_{13}、S_{14} 辅助触头状态发生变化。

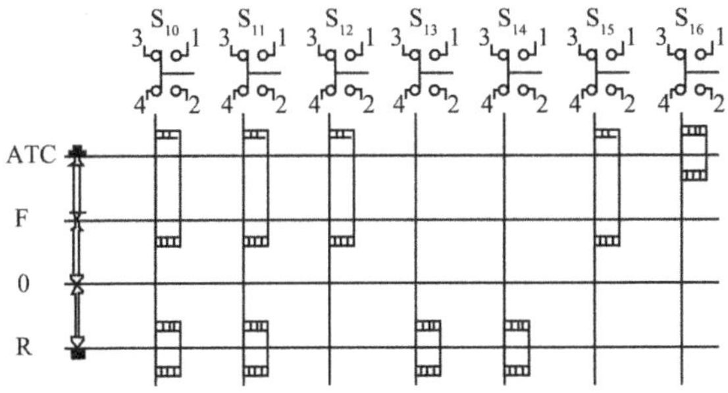

图 9-2-1　S355E 型司机控制器方向手柄闭合表

二、速度指令的实现

控制手柄的速度指令,主要是通过调节电位器电阻的大小来实现的。其工作原理如图 9-2-2所示。其中电阻 R 代表的是"牵引"区域或"制动"区域的单边电阻,两边的结构以"0"位为中心对称。

两个电位器的公共端接地,另一端经限流电阻接 +15V 直流电源,滑动端随控制手柄转动而移动,从而改变滑动端和 15V 电源端之间的电压。这三点电位信号由电连接器的 2 点、3 点、5 点输出到控制主机,控制主机根据这一电压信号判断控制手柄的级位设定值。

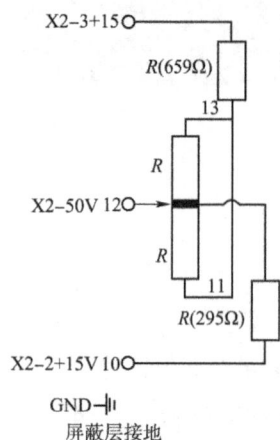

图 9-2-2　调速电位器的原理

三、司机控制器的主要技术参数

下面以 S355E 型司机控制器为例,介绍司机控制器的主要技术参数。

1. 触头的主要技术参数

(1)额定电压(U_e):110V DC

(2)约定发热电流(I_{th}):10A

(3)额定电流(I_e):1.0A

(4)触头特点:

①为速动型。

②密封式结构。

③具有自净功能,可提高用作计算机信号时的可靠性。

2. 电位器的主要技术参数

(1)输出电位器型号:FSG PW 70

(2)独立线性度:1.0%

(3)输出平滑性:≤0.1%

(4)绝缘电压:500VAC 50Hz

(5)工作温度范围: $-55 \sim +80℃$

(6)额定功耗:6W(25℃)

(7)电位器输出值:

①输入电压:15V DC

②0 位:3 ±0.1V DC

③牵引最大位:8.3 ±0.15V DC

④制动最大位:8 ±0.1V DC

⑤快速制动位:8.3 ±0.15V DC

3. 手柄操作力

(1)调速手柄操作力:不大于 35N

(2)换向手柄操作力:不大于 25N

注:调速手柄从制动最大位转到“快制”位时手柄操作力为 40 ±10N。

4. 防护等级(污染等级3)

(1)整机:IP00

(2)触头 S826a/L:IP00(接线部分)、IP40(触点部分)

5. 寿命

(1)机械寿命 $>1 \times 10^6$

(2)电寿命 $>1 \times 10^5$

6. 质量

质量约 10kg。

要点总结

必须会看司机控制器的闭合表。

图 9-2-3 所示为某车型的司机控制器方向轴的闭合表。该图中"ATC""F""0""R"为方向手柄的 4 个位置，S10～S16 为受方向轴凸轮控制的 7 个辅助触头，辅助触头下的长条块表示凸轮的凸起位置，有凸起的地方辅助触头的状态就会发生变化。由图 9-2-1 可知，手柄在"ATC"位时，将使 S10、S11、S12、S15、S16 辅助触头状态发生变化；当手柄在"F"位时，将使 S10、S11、S12、S15 辅助触头状态发生变化；当手柄在"R"位时，将使 S10、S11、S13、S14 辅助触头状态发生变化。

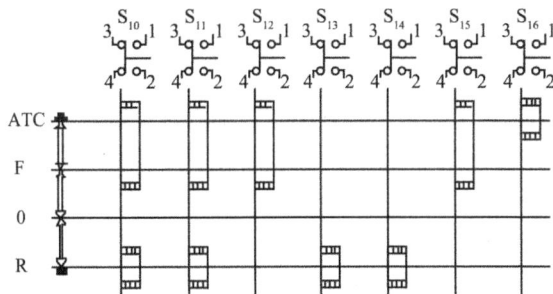

图 9-2-3　司机控制器方向手柄闭合表

控制手柄的速度指令，主要是通过调节电位器电阻的大小来实现的。两个电位器的滑动端随控制手柄转动而移动，从而改变滑动端和 15V 电源端之间的电压，该电压信号通过插头输出到控制主机，控制主机根据这一电压信号判断控制手柄的级位设定值。

能力拓展

请根据本节内容，利用智慧职教城市轨道交通、铁道机车等专业教学资源库、MOOC 学院《机车车辆电气设备的检查与调试》在线课程等数字化资源及公共网站等途径，完成下面的任务。

任务 1：请收集其他型号的司机控制器的闭合表，先自己识读，再对答案，训练闭合表的识读能力。总结闭合表的识读技巧及不同闭合表的表述方法的不同，制作 PPT，课上分享。

PPT 课件要求：不少于 5 页，图片清晰，配备必要的文字说明。

其他要求：能理解本人制作的 PPT 内容，能进行流利的讲解。

任务 2：请收集 TKS31 型司机控制器的图片及相关资料，对比该司机控制器与 S355E 型司机控制器凸轮结构的不同，分析各自的优缺点，将图片和分析制作成 PPT，课上分享。

PPT 课件要求：不少于 5 页，图片清晰，配备必要的文字说明。

其他要求：能理解本人制作的 PPT 内容，能进行流利的讲解。

任务 3：请收集城轨车辆用司机控制器、电力机车用司机控制器、高速动车组用司机控制器闭合表的相关资料，完成下面的表格。

类型	城轨车辆用司机控制器	电力机车用司机控制器	高速动车组用司机控制器
型号			
闭合表 图片			
闭合表的 识读			

9-3 实践任务　司机控制器检查与维护

工艺流程

司机控制器的检查与维护工作内容如下。

1. 司机控制器的日常检查工作内容

(1) 司机控制器的铭牌及标识符号应齐全、完整、清晰、正确。

(2) 司机控制器各部件应清扫干净,绝缘性能良好,对外连接插座连接正确,零部件齐全、完整。

(3) 各紧固件齐全,紧固状态良好。

(4) 控制手柄在各个挡位之间应转动灵活,无机械卡阻;相邻两挡位之间不应出现停滞现象。

(5) 方向手柄在各个挡位之间应转动灵活,无机械卡阻;相邻两挡位之间不应出现停滞现象。

(6) 当方向手柄在"0"位时,控制手柄被锁定。当方向手柄在"向前"位时,控制手柄可以在"牵引""制动""最大速度""快速制动"位移动。

(7) 当方向手柄在"0"位时,机械锁应转动灵活。机械锁在锁定位置的时候钥匙方可拔出。

(8) 司机控制器的闭合表和对外连接线应符合规定。

(9) 在司机控制器的各个转动部位加注机油,在机械联锁处加润滑脂,在钢丝绳和对外接线处加汽油和机械油。

2. 司机控制器的绝缘检查要求

(1) 相互绝缘的带电部分之间及对地的绝缘电阻不小于 $10M\Omega$(用 500V 兆欧表)。

(2) 检修后应进行绝缘介电强度试验。

司机控制器电位器回路带电部分对地施以 50Hz、500V 的正弦交流电 1min,应无击穿、闪络现象。司机控制器的其余带电部分对地及相互间施以 50Hz、1100V 的正弦交流电 1min,应无击穿、闪络现象。

3. 司机控制器触头的检修要求

(1) 司机控制器日常检修时,应注意检查触头内部及滚轮架(包括滚轮滚动)的动作是否灵活可靠。否则,应在触头滚轮轴芯及滚轮架轴芯部分加少许机油,以增加触头动作的灵活性。

(2) S355E 型司机控制器使用的 S826a/L、S826c/L、S826e/L 型触头为自净式速动开关元件,均为免维修型。如确有严重烧损和动作不灵活者,应更换该触头。更换时,注意触头

司机控制器的
一般检修作业

型号和触头滚轮的安装方向。

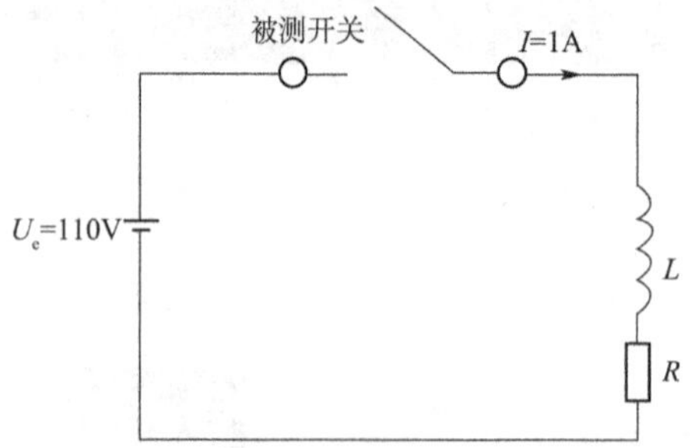

图 9-3-1　清除触头表面氧化膜电路图

（3）应定期检测触头的接触电阻。采用低电阻测试仪测量，测量电流不小于 1A。触头的接触电阻应小于 500mΩ，如果接触电阻较大，可按图 9-3-1 电路接线，分断 1A 左右时间常数 τ 为 20 ~ 50ms 的感性电流负载，用分断弧光清除表面氧化膜，减小接触电阻。

4. 司机控制器拆装注意事项

若是由机械原因造成的故障，需要对司机控制器进行解体时，应注意以下几点：

（1）控制侧和换向侧的弹片组件安装的倾斜程度，可通过调整控制手柄和方向手柄的操作力大小来完成，在保证司机控制器动作可靠的情况下，两手柄操纵应轻便、灵活。

（2）控制侧和换向侧的凸轮是产品出厂前整定好的组件，在拆装时请不要随意拆开。

（3）为了保证司机控制器对外连接无误，在检修、拆装时，应注意司机控制器的对外连接。

（4）由于司机控制器的控制凸轮组件和换向凸轮组件有机械联锁关系，在拆装时，应注意做好标记，必须按照闭合表进行。

学习笔记

要点总结

本节给出了司机控制器的日常检查、绝缘检测和触头检修的方法。

能力拓展

请根据本节内容,找来一个司机控制器,完成下面的拓展任务。

任务1:请对该司机控制器进行一次日常检查,将检查结果如实填入下面的检查单。

序号	维护内容	工具	状态
1	铭牌及标识		
2	清理清扫		
3	绝缘、各零部件		
4	紧固件		
5	控制手柄		
6	方向手柄		
7	互锁检查		
8	闭合表检查		
9	润滑		

工长: 质检员: 验收员:

任务2：对该司机控制器进行一次触头检修。请将触头出现的问题记录到下面表格中。录制触头检修过程视频，课上分享。要求：视频清晰，有必要的说明。

问题	问题一	问题二
故障现象		
原因分析		
维修方法		

9-4 知识拓展　电器常用的传动装置——电磁传动装置

电器的传动装置是有触点电器用来驱使电器运动部分(如触头)按一定要求进行动作的机构。电器常用的传动装置有电磁传动装置、电空传动装置、机械式传动装置,还有手动和电动机传动装置(如少数城轨车辆受电弓)。

电磁传动装置就是通过电磁铁把电磁能转变成机械能来驱动电器动作的机构,主要用于小型电器,如电磁式接触器、电磁式继电器、自动开关等,都是以电磁铁作为传动机构的。

电空传动装置是以电磁阀控制的压缩空气作为动力,驱使电器运动部件动作的机构,它广泛用于触头开闭高电压、大电流场合。例如,城轨车辆使用的受电弓,大部分是采用压缩空气驱动气缸里的活塞或充入气囊,再通过其他机械部件的配合实现升弓的,这便是电空传动装置的一种应用。

Tip one：电磁传动装置的基本组成

电磁传动装置是一种通过电磁铁把电磁能转变成机械能来驱使电器触头动作的机构。

电磁传动装置实际上就是一个电磁铁。它的形式有很多,如螺管式、直动式、E 形、U 形等,但它们的基本组成和工作原理却是相同的。

电磁铁主要由吸引线圈和磁系统两部分组成。磁系统一般由铁芯、磁轭和衔铁 3 部分组成。衔铁又称为动铁芯,铁芯和磁轭又称为静铁芯。

下面以直流接触器和继电器常用的拍合式电磁铁为例,说明电磁传动装置的具体结构。

图 9-4-1 所示为一个直流拍合式电磁铁的结构,它由线圈(3)、极靴(2)、铁芯(4)、磁轭(5)和衔铁(1)等组成。线圈(3)套装在铁芯(4)上。极靴用来增大气隙磁导,并可以压住线圈。非磁性垫片(6)用来减少剩磁通,以防线圈断电后衔铁被剩磁吸力吸住而不能释放。

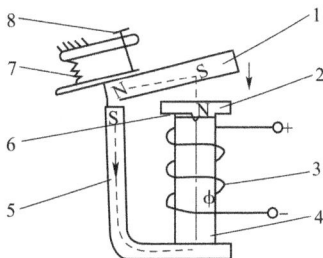

图 9-4-1　电磁铁的工作原理
1-衔铁;2-极靴;3-线圈;4-铁芯;
5-磁轭;6-非磁性垫片;
7-反力弹簧;8-调节螺钉

Tip two：电磁传动装置的工作原理

电磁铁的工作原理是:当线圈接通电源后,在铁芯和衔铁间产生电磁吸力。当电磁吸力产生的转矩大于反力弹簧反作用力产生的转矩时,衔铁被吸向铁芯,直到与极靴接触为止,并带动触头动作。当线圈中的电流减小或中断时，铁芯中的磁通变小，吸力也随之减小；如果吸力小于反力弹簧的反力（归算后），衔铁在反力弹簧的作用下返回至打开位置，并带动触头处于另一工作位置。

由此可见，只要控制电磁铁吸引线圈电流（或电压）就能通过触头来控制其他电路的接通或断开。

电磁铁的用途很广，例如，在接触器中，利用电磁铁带动触头运动，只要控制电磁铁线圈得失电，就能控制另外电路电流的通断，实现自动控制及远距离操纵的目的。在许多继电器中利用电磁铁作测量机构，可以反映出电路中电压、电流、功率等参数的变化，对电路及电气设备进行保护和控制，如过压继电器、过流继电器。

Tip three：电磁传动装置的分类

电磁铁的结构形式很多，图 9-4-2 所示是几种常见电磁铁的结构形式。

电磁铁可以按线圈电流的性质、线圈与电路的连接方式、衔铁的运动方式和磁系统的结构形式等分类。

（1）按吸引线圈通电电流的性质，可分为直流电磁铁和交流电磁铁。

直流电磁铁线圈通的是直流电流，当电流达到稳定值后，可以认为匝数 W、电流 I 均不变，故其为恒磁势（IW）系统。磁通不随时间而变化，在铁芯中没有涡流和磁滞损耗，铁芯可用整块钢或工程纯铁制造。为了便于制造，铁芯和极靴一般做成圆形，线圈也做成圆形，形状细高，与铁芯配合较紧密。

交流电磁铁的吸引线圈通的是交流电流，可以认为匝数 W 和磁通有效值 Φ 不变，故其为恒磁链（$\psi = \Phi W$）系统。但总磁通 Φ 交变，在铁芯中有涡流和磁滞损耗，铁芯不能再用整块钢铁制造，一般是用硅钢片叠制而成。为便于制造，把铁芯制成方形，线圈往往也制成方形，且为"矮胖型"，线圈与铁芯间的间隙较大，以利于线圈散热。

（2）按吸引线圈与电路的连接方式，可分为并联电磁铁和串联电磁铁。

并联电磁铁的线圈与电源并联，输入电量是电压，其线圈称并联线圈或电压线圈。其阻抗要求大，电流小，故线圈匝数多且线径细，这种电磁铁应用较为广泛。

串联电磁铁的线圈与负载串联，反映的是电流量，其线圈称为串联线圈或电流线圈。其阻抗要求小，故其匝数少且导线粗，应用较少。

（3）按衔铁的运动方式，可分为直动式和转动式电磁铁两大类。图 9-4-2 中，a）和 f）为转动式，其余均为直动式。

（4）按磁系统的结构形式，可分为 U 形、E 形和螺管形。图 9-4-2 中，a）和 g）为 U 形；b）和 c）为螺管形；d）、e）、f）均为 E 形。

此外，还可以按电磁铁的动作速度分类，可分为快速电磁铁、一般速度电磁铁和延时动作电磁铁。

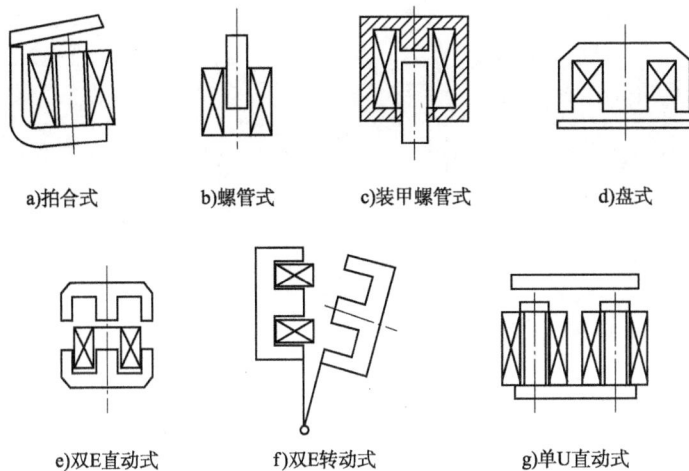

a)拍合式　　　b)螺管式　　　c)装甲螺管式　　　d)盘式

e)双E直动式　　　f)双E转动式　　　g)单U直动式

图 9-4-2　常见电磁铁的结构形式

其他低压电气设备

教学目标

1.了解蓄电池的结构原理及日常维护工作内容。

2.了解传感器的结构及工作原理。

3.了解低压断路器的结构及工作原理。

建议学时

4学时

10-1 学习任务　蓄电池结构原理认知

知识分享

蓄电池功能与用途

蓄电池有两个用处：一是列车升弓前，为列车控制系统、控制电路提供电源，用于列车控制系统的启动及升弓；二是在列车无网压时，为列车内部事故照明（应急照明）、外部照明、紧急通风、车载安全设备、广播、通信系统等负载提供应急供电电源。城市轨道交通车辆要求所带蓄电池要能够满足全车45min 应急供电需求，并且要求 45min 后，还能够保证列车开关车门一次，而且仍可起动辅助逆变器。

城市轨道交通车辆蓄电池一般是由 76 节 1.25V 的小蓄电池组成，它们集中安装在一个箱体内，称为蓄电池箱，悬挂于车下，如图 10-1-1、图 10-1-2 所示。当接触网正常供电时，蓄电池由蓄电池充电器进行浮充电，以保证应急供电时能提供最长的供电时间。图 10-1-3、图 10-1-4 为悬挂安装在车下的蓄电池充电器箱。

图 10-1-1　蓄电池箱

图 10-1-2　蓄电池箱里的蓄电池

图 10-1-3　蓄电池充电器箱

图 10-1-4　蓄电池充电器箱内部

一、蓄电池的定义和分类

1. 定义

蓄电池是化学能与电能互相转换的装置。它能把电能转变为化学能储存起来；使用时再把化学能转变为电能，而且变换的过程是可逆的。以上两个过程，前者叫作充电，后者叫作放电。

2. 分类

根据极板所用材料和电解液性质的不同,蓄电池一般可分为酸性(铅)蓄电池和碱性蓄电池两大类。碱性蓄电池按其极板活性物质的不同,又可分为铁镍蓄电池和镉镍蓄电池等系列。

二、密封胶体蓄电池的特点、结构组成、工作原理和型号规格

1. 特点

目前,城市轨道交通车辆多采用密封胶体蓄电池,它具有使用寿命长、内阻小、自放电率低、密封反应效率高、充电能力强、大电流放电特性好、体积和重量比能量高、荷电出厂,不需进行烦琐的初充电活化、可卧式叠加安装、无酸雾逸出和电液泄漏、不污染环境、使用安全可靠、维护简单等特点。

2. 结构组成

蓄电池主要由壳体、极板、隔板、胶体电解质、安全阀、端子等组成,其实物外形如图10-1-5所示。

图10-1-5 密封胶体蓄电池的外形

3. 工作原理

密封胶体蓄电池,由金属铅和硫酸为主要材料制作而成。其电化学原理,可用化学反应方程式进行概括:

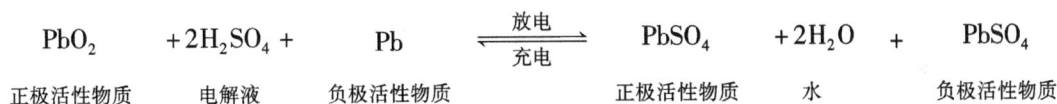

$$PbO_2 + 2H_2SO_4 + Pb \underset{充电}{\overset{放电}{\rightleftharpoons}} PbSO_4 + 2H_2O + PbSO_4$$

正极活性物质　　电解液　　负极活性物质　　　　　正极活性物质　　水　　　负极活性物质

4. 型号规格

密封胶体蓄电池的型号规格见表10-1-1。

密封胶体蓄电池的型号规格　　　　　　　　　　表10-1-1

规　格	额定电压（V）	5h 率容量 C_5(Ah)/ 终止电压(V)	1h 率容量 C_1(Ah)/ 终止电压(V)	最大外形尺寸（±1mm）/ 槽体外形尺寸（±1mm）				最大重量（kg）	内阻（mΩ）
				长	宽	高	总高		
DTM-100-2	2	100/1.75	70/1.70	68	172	302	313	9	≤1.0
DTM-120-2	2	120/1.75	84/1.70	99	152	322	331	10.5	≤0.90
DTM-140-2	2	140/1.75	98/1.70	111	152	322	331	12	≤0.85
DTM-160-2	2	160/1.75	112/1.70	123	152	322	331	13.5	≤0.80
DTM-180-2	2	180/1.75	126/1.70	135	152	322	331	15	≤0.75
DTM-200-2	2	200/1.75	140/1.70	147	152	322	331	16.5	≤0.70
DTM-220-2	2	220/1.75	154/1.70	159	152	341	350	18	≤0.65

续上表

规　　格	额定电压 （V）	5h 率容量 C_5（Ah）/ 终止电压（V）	1h 率容量 C_1（Ah）/ 终止电压（V）	最大外形尺寸（±1mm）				最大重量 （kg）	内阻 （mΩ）
				槽体外形尺寸（±1mm）					
				长	宽	高	总高		
DTM-240-2	2	240/1.75	168/1.70	171	152	341	350	19.5	≤0.60
DTM-260-2	2	260/1.75	182/1.70	183	152	341	350	20.9	≤0.55
DTM-280-2	2	280/1.75	196/1.70	195	152	341	350	22.3	≤0.50
DTM-300-2	2	300/1.75	210/1.70	207	152	341	350	23.7	≤0.45

三、密封胶体蓄电池的充电及放电

密封胶体蓄电池可在 −40 ~ 45℃范围内使用，推荐使用温度范围为 5 ~ 35℃。环境要求通风良好，清洁干燥，避免阳光直射。

1. 充电

密封胶体蓄电池的充电，分为浮充充电和均衡充电。

（1）浮充充电

当电池处于充满状态时，充电器不会停止充电，仍会提供恒定的浮充电压和很小的浮充电流给蓄电池，以平衡蓄电池自放电，使蓄电池始终处于满容量状态。一旦外部电源停止供电，蓄电池会自然释放电能。

浮充电压设置为（2.27 ~ 2.29）V/单体（25℃），限定电流为 0.15 ~ 0.20C_5A。蓄电池充电器应具有对浮充电压的温度自动补偿功能，温度补偿系数按双方约定的充电曲线进行补偿。

（2）均衡充电

按照已设定的充电电压、电流和时间对蓄电池进行的快速充电，在对蓄电池保养时，通常采用均衡充电模式。这种充电模式有利于激活蓄电池的化学特性。

均衡充电电压设置为（2.35 ~ 2.40）V/单体（25℃），限定电流为 0.15 ~ 0.20C_5A，充电时间为 10h。蓄电池充电器应具有对均衡充电的温度自动补偿功能。

在下列情况下应进行均衡充电（补充电）。

①蓄电池库存搁置超过 6 个月，应对蓄电池进行补充充电才能装车。

②蓄电池装车调试后应该进行均衡充电，再交车给用户。

③用户在接车后，需对蓄电池进行均衡充电再投入运营。

④事故放电后应立即进行均衡充电。

⑤蓄电池组容量检测放电后应立即进行均衡充电。

⑥蓄电池组浮充使用发现有两个以上的蓄电池电压低于 2.1V。

⑦蓄电池组全浮充运行达一年。

2. 放电

蓄电池在车辆无外部供电情况下应满足下列设备用电:列车上的内部事故照明、外部照明、紧急通风、车载安全设备、广播、通信系统等。为保证蓄电池使用寿命,蓄电池不要过度放电,特别是车辆在安装调试的过程中,应严防过度放电和放电后不及时进行补充电。

3. 容量检查放电

容量检查采用恒流放电的方法,如下:

(1)5h 率放电电流为 $0.2C_5A$,终止电压 1.75V/单体;

(2)1h 率放电电流为 $0.70C_5A$,终止电压 1.70V/单体。

四、密封胶体蓄电池的维护和常见故障及处理

1. 维护检修要求

(1)对蓄电池进行外观检查,检查其外观是否有变形、鼓胀、裂纹现象。如有,则进行更换。

蓄电池维护及检修

(2)检查蓄电池各连接端子的紧固状况,松动的连接导线必须扭紧,扭矩值为15N·m。

(3)测量蓄电池的开路电压,在无负载的情况下开路电压应不低于 2.13V/单体。如低于 2.13V/单体,则应进行均衡充电。

(4)测量对地绝缘电阻,应不低于 17000Ω。如不符合要求,应查明蓄电池是否漏液或其他原因,并进行处理。

(5)检查蓄电池充电器是否有故障。若有故障,应及时处理。

(6)长期处于浮充运行时,应定期检查充电设备是否完好;按规定进行均衡充电和容量测试,确保正常运行。

(7)所用蓄电池参数显示仪表要定期校验,确保显示数字的准确性与有效性,以防止因仪表显示错误而影响电池的正常使用寿命。

2. 维护检修项目和时间

密封胶体蓄电池的维护检修项目和时间见表10-1-2。

维护检修项目和时间表　　　　　　　　　　　表 10-1-2

序　号	项　目	6个月	1 年	备　注
1	检查蓄电池的外壳有无损坏	●	●	
2	清理、清扫电池和电池箱内杂物及灰尘	●	●	
3	检查连接螺栓是否有松动的现象	●	●	
4	检查连线是否破损,必要时进行更换	●	●	
5	测量每只蓄电池的开路电压,必要时进行均衡充电	●	●	

续上表

序　号	项　目	6个月	1年	备　注
6	对蓄电池进行均衡充电	●	●	6个月内均衡充电不需下车,用便携充电机在车上完成
7	校对蓄电池组的总电压(浮充电压)与车上电压表的电压值是否一致,必要时进行调整	●	●	
8	根据环境温度对机车的浮充充电电压输出进行调整	●	●	
9	测量对地绝缘电阻		●	
10	检查电池箱情况,如有破裂等情况应进行维修或更换		●	
11	进行5h率容量测试和紧急负载测试,必要时进行调整或更换		●	

注:表中"●"表示按对应的时间必须维护检修项目。

3. 密封胶体蓄电池的常见故障及处理

密封胶体蓄电池的常见故障、可能原因及处理方法见表10-1-3。

密封胶体蓄电池的常见故障及处理方法　　　　　　表10-1-3

序号	故　障	故障结果	排除方法
1	浮充运行电压过高(25℃时, >2.29V)	电池内部电解水、内压增高、排气频繁,水耗大、温度升高、壳体变形、寿命缩短	调整浮充电压值,校正仪表,或更换充电机电压控制元件
2	充电电流过大(>0.2C₅A)	同上	调整充电电压,降低充电电流
3	浮充运行电压太低(25℃时, <2.25V)	充电不足,硫酸盐化,容量降低	按均衡充电方法对蓄电池进行充电,调整浮充电压值,转入浮充运行
4	环境温度过高(>25℃)	运行温度提高10℃,腐蚀速度将增大1倍,寿命缩短	增加通风设备,或加装空调降低电池环境温度;对充电电压进行温度补偿调整
5	深放电(反极)	硫酸盐化,容量下降	设置下限电压告警或保护;进行2～4次均衡充电、放电
6	深放电频繁	使用寿命缩短	绝对避免,配备容量更大的电池
7	过充电超过额定容量的1.2倍	同第一条	按使用手册正确使用
8	充电的电池搁置时间超过6个月	自放电,容量下降,硫酸盐化	进行均衡充电
9	螺栓未紧固	产生电弧,导线或电池发热、损坏电池	进行紧固

要点总结

蓄电池有两个用处:一是列车升弓前,为列车控制系统、控制电路提供电源,用于列车控制系统的启动及升弓;二是在无网压时,为列车内部事故照明(应急照明)、外部照明、紧急通风、车载安全设备、广播、通信系统等负载提供应急供电电源。城市轨道交通车辆要求所带蓄电池要能够满足全车45min应急供电需求,并且要求45min后,还能够保证列车开关车门一次,而且仍可起动辅助逆变器。

城轨车辆蓄电池一般是由76节1.25V的小蓄电池组成,它们集中安装在一个箱体内,称为蓄电池箱,悬挂于车下。当接触网正常供电时,蓄电池由蓄电池充电器进行浮充电,以保证应急供电时能提供最长的供电时间。

能力拓展

请根据本节内容,利用智慧职教城市轨道交通、铁道机车等专业教学资源库、MOOC学院《机车车辆电气设备的检查与调试》在线课程等数字化资源及公共网站等途径,完成下面的任务。

任务1:请收集轨道车辆用蓄电池的图片及相关资料,制作PPT,课上分享。

PPT课件要求:不少于5页,图片清晰,配备必要的文字说明。

其他要求:能理解制作的PPT内容,能进行流利的讲解。

任务2:请收集蓄电池的使用、维护、检修方面的视频,了解蓄电池的合理使用方法和维护方法,课上分享。

任务3:请收集城轨车辆用蓄电池、电力机车用蓄电池、高速动车组用蓄电池的相关资料,完成下面的表格。

用途	城轨车辆用蓄电池	电力机车用蓄电池	高速动车组用蓄电池
类型			
节数 总电压			
安装位置			

思政课堂

电池的诞生

电池的诞生，基于人们对于获取持续而稳定的电流的需要。不过，电池的发明，是来源于一次青蛙的解剖实验所产生的灵感，多少有些偶然。

1780 年的一天，意大利解剖学家伽伐尼（Luigi Galvani）在做青蛙解剖时，两手分别拿着不同的金属器械，无意中同时碰在青蛙的大腿上，青蛙腿部的肌肉立刻抽搐了一下，仿佛受到了电流的刺激，而如果只用一种金属器械去触动青蛙，就无此种反应。伽伐尼认为，出现这种现象是因为动物躯体内部产生的一种电，他称之为"生物电"。

伽伐尼的发现引起了物理学家们的极大兴趣，他们竞相重复伽伐尼的实验，企图找到一种产生电流的方法。而意大利物理学家伏特在多次实验后认为：伽伐尼的"生物电"之说并不正确，青蛙的肌肉之所以能产生电流，大概是肌肉中某种液体在起作用。

伽伐尼

为了论证自己的观点，伏特把两种不同的金属片浸在各种溶液中进行试验。结果发现，这两种金属片中，只要有一种与溶液发生了化学反应，金属片之间就能够产生电流。

1799 年，伏特把一块锌板和一块银板浸在盐水里，发现连接两块金属的导线中有电流通过。于是，他就把许多锌片与银片之间垫上浸透盐水的绒布或纸片，平叠起来。用手触摸两端时，会感到强烈的电流刺激。伏特用这种方法成功制成了世界上第一个电池"伏特电堆"。这个"伏特电堆"实际上就是串联的电池组。

伏特

这个故事告诉我们，实践出真知。无论你在任何岗位，从事任何工作，都要用心做事，用心思考，为企业、为社会、为国家贡献你的聪明才智。

10-2 学习任务　　传感器结构原理认知

知识分享

城市轨道交通车辆上的监控系统需要测取各电压电流信号,如牵引电机的电流和电压;在直流传动系统的城市轨道交通车辆中,广泛使用霍耳元件传感器测取牵引电动机的直流电流和电压。图 10-2-1 和图 10-2-2 分别为用于检测牵引电动机电压和电流的电压传感器和电流传感器。

图 10-2-1　电压传感器

图 10-2-2　电流传感器

一、传感器的定义和分类

1. 传感器的定义

传感器是借助于检测元件接收一种形式的信息,并按一定规律将其转换成另一种信息的装置。它获取的信息可以为各种物理量、化学量和生物量,转换后的信息也可以有多种形式,目前的传感器大多为电信号。因此,从狭义上讲,传感器也可定义为把外界的输入信号转换成电信号的装置。

传感器是自动化系统中不可缺少的元件。它连接被测对象和测试系统,提供系统进行处理和决策所必需的原始信息。显然,一个自动化系统首先要检测到信息才能进行自动控制,如果传感器不能获得信息,或者获得的信息不准确,或者不能把信息精确地转换成电信号,那么,要显示、处理这些信号就会非常困难,甚至没有意义。所以,传感器关系着一个测量系统或自动化系统的成败。

2. 传感器的分类

随着电子计算机、生产过程自动化,以及生物医学、环保、能源、海洋开发、遥感、遥测、宇航等科学技术的发展,从太空到海洋,从各种复杂的工程系统到日常生活的衣食住行,都广泛采用了各种传感器。

由于应用的对象、测量的范围、周围的环境等不同,需用的传感器也不一样,因此,传感器的种类很多。目前,传感器常用的分类方法有以下两种。

(1)按被测物理量划分,可分为位移、速度、加速度、力及压力传感器。

①位移传感器:用于长度、厚度、应变、振动、偏转角等参数的测量。

②速度传感器:用于线速度、振动、流量、动量、转速、角速度、角动量等参数的测量。

③加速度传感器:用于线加速度、振动、冲击、质量、应力、角加速度、角振动、角冲击、力矩等参数的测量。

④力及压力传感器:用于力、压力、质量、力矩、应力等参数的测量。

(2)按工作原理划分,可分为电阻式、电感式、电容式、谐振式、电势型、电荷式、光电和半导体传感器。

①电阻式传感器:利用电位器滑动端的移动改变电阻值或改变电阻丝或片的几何尺寸的原理制成,主要用于位移、力、压力、应变、力矩、气流流速和液体流量等参数的测量。

②电感式传感器:利用改变磁路几何尺寸、磁体位置来改变电感和互感的电感量或压磁效应的原理制成,主要用于位移、力、压力、振动、加速度等参数的测量。

③电容式传感器:利用改变电容的几何尺寸或改变电容介质的性质和含量,从而改变电容量的原理制成,主要用于位移、压力、液体、厚度、含水率等参数的测量。

④谐振式传感器:利用改变机械的或电的固有参数来改变谐振频率的原理制成,主要用于压力的测量。

⑤电势型传感器:利用热电效应、光电效应、霍尔效应、电磁感应等原理制成,主要用于温度、磁通、电流、电压、速度、光强、热辐射等参数的测量。

⑥电荷式传感器:利用压电效应原理制成,主要用于力、加速度的测量。

⑦光电传感器:利用光电效应和几何光学原理制成,主要用于光强、光通量、位移等参数的测量。

⑧半导体传感器:利用半导体的压阻效应、内光电效应、磁电效应,与气体接触产生性质变化等原理制成,多用于温度、压力、加速度、磁场、有害气体和气体泄漏的测量。

二、城市轨道交通车辆上使用的磁场平衡式霍尔电传感器

磁场平衡式霍尔电传感器是采用霍尔器件及磁平衡原理制成的电传感器,能满足城市轨道交通车辆控制系统和其他控制系统的要求。

1. 霍尔器件的工作原理

载流导体在磁场作用下,会产生感应电动势,因此在导体两端会产生电位差U_h,如图 10-2-3所示。

电位差U_h的计算公式为

$$U_{\mathrm{h}} = \frac{R_{\mathrm{H}}}{d} I_1 B$$

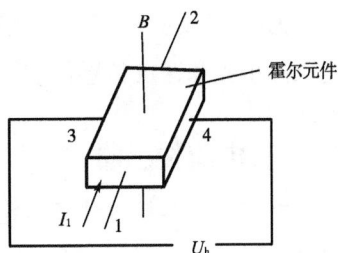

图 10-2-3　霍尔器件的工作原理

式中：$\dfrac{R_{\mathrm{H}}}{d}$——常数，即霍尔系数，由霍尔器件的材料确定；

$\qquad I_1$——通过电流，单位为 A；

$\qquad B$——磁场；

$\qquad U_{\mathrm{h}}$——霍尔电势。

利用霍尔电势的产生原理，现代科技已用半导体材料专门制成霍尔元件或称霍尔芯片，用于检测磁通。一般的霍尔芯片有 4 根引线，其中 2 根引线为外加电压，提供电流，另 2 根引线为输出的霍尔电势 U_{h}。当外加电压恒定、电流 I_1 恒定时，输出的霍尔电势 U_{h} 与磁场有良好的线性关系。

2. 霍尔传感器的工作原理

霍尔传感器利用上述霍尔元件的工作原理，特别是输出霍尔电势与磁场的线性关系，并运用磁平衡技术制成。

霍尔芯片置于聚磁铁芯的气隙中。原边主电流回路所产生的磁场与副边电流回路产生的磁场方向相反，互相抵消，使霍尔芯片处于检测零磁通的状态。当主电路产生的磁场导致聚磁环中的霍尔芯片产生霍尔电压时，霍尔电压使得电子放大器相应的功率管导通，并根据霍尔电压的数值提供相应的补偿电流。副边电流产生的磁场抵消原边电流产生的磁场，直至霍尔电压为零，从而达到磁回路平衡，霍尔芯片又工作在零磁通状态。

这里，平衡的建立是在瞬间完成的，且平衡后又会出现新的不平衡，因此是一个瞬间的动态平衡过程。因磁路为零磁通，可以保证原边电流与副边电流是线性关系，测量副边数值就可得到原边电流。

3. 霍尔传感器的特点

基于上述原理，磁平衡霍尔传感器具有如下特点。

（1）可以测量任意波形的电流和电压，包括直流电流和电压。因工作在零磁通状态，不受磁饱和的影响，可以真实地反映各种原边电流的波形。

（2）原、副边电路隔离。

（3）精度高，对任意波形可做到优于 1% 的精度。

（4）线性度好，一般可做到优于 0.1%。

（5）过载能力强，当原边电流过载（达到饱和）时，可自动保护。

所以，该传感器特别适用于城市轨道交通车辆的控制。车辆电流通常为脉流，除直流分量外，有脉动交流成分，以前的国产城市轨道交通车辆只能采用磁补偿式直流互感器，在测量精度、线性度、失真度、过载能力等方面均落后；而磁平衡式霍尔传感器的采用，大大提高了城市轨道交通车辆的控制水平，使车辆能采用各种先进的控制方式。

因此，下文只介绍城市轨道交通车辆上使用的采用霍尔器件的磁场平衡式电流传感器、电压传感器和速度传感器。

三、电流传感器

电流传感器是一种通过霍尔发生器测磁来实现对各种电流进行测量的检测设备。它们串接在牵引电动机电枢回路或励磁回路中，将相应电流反馈信号输入到控制单元。现以TQG4A 型电流传感器为例介绍其工作原理。

TQG4A 型电流传感器利用霍尔效应，采用磁补偿原理，通过霍尔元件实现对直流、交流及脉动电流的电隔离测量，输出信号正比于被测电流。

电流传感器中使用的关键器件是霍尔元件。如图 10-2-4 所示，霍尔元件加入适当的控制电流 I_c 后，在磁场方向不变的情况下，其输出电压 U 正比于所在磁场的磁通密度 B。

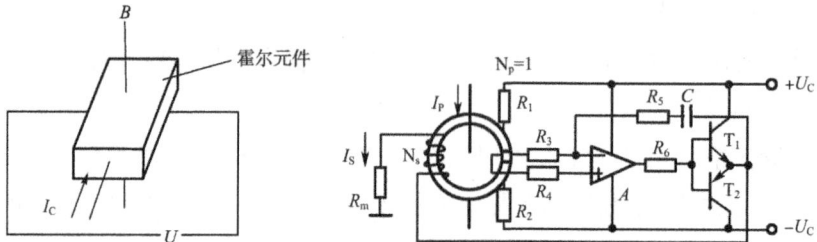

图 10-2-4　TQG4A 型电流传感器的工作原理

当传感器一次侧 N_P 流过待测电流 I_P 时，在磁路中产生与 I_P 成正比的磁通密度 B_P（$I_P \propto B_P$），引起霍尔元件产生霍尔电势 U_B，该电势经运算放大器差分放大后，推动功放形成二次侧电流 I_S，该电流流过二次侧线圈 N_S，到测量取样电阻 R_m。与此同时，流过二次侧线圈的电流 I_S 也会在磁路中产生与 I_S 成正比的磁通密度 B_S（$I_S \propto B_S$），两磁场方向相反，引起磁路中总磁通密度减小，最终达到平衡，从而使处于该磁路中的霍尔元件工作在零磁通状态。整个过程是一个动态平衡过程，二次侧线圈中的电流 I_S（或测量取样电阻上的电压）真实地反映了待测电流 I_P。

为了增强对于外磁场的抗干扰能力，在 TQG4A 型电流传感器中采用了双霍尔元件，对称的两组线圈结构输出并联，这样外磁场对霍尔元件的影响将在输出中抵消。

TQG4A 型电流传感器的主要技术参数见表 10-2-1。

TQG4A 型电流传感器的主要技术参数　　　　　　　　表 10-2-1

型号	额定测量值	工作电源	额定输出	准确度	线性度	隔离电压	响应时间
TQG4A	1000A	DC ± 24V	200mA	2.5%	0.1%	12kV	≤1μs

四、电压传感器

电压传感器与牵引电动机电枢绕组并联，用来检测各牵引电机电枢绕组两端的电压大小,并将反馈信号输出到控制单元。现以 TQG3A 型电压传感器为例介绍其工作原理。

TQG3A 型电压传感器中使用的关键器件是霍尔元件。霍尔元件加入适当的控制电流 I_C 后,在磁场方向不变的情况下,其输出电压 U 正比于所在磁场的磁通密度 B。

在电压传感器中(图 10-2-5),为了得到合适的原边磁场,首先将被测电压通过原边电阻降压,产生一次侧电流 I_P,再通过一次侧线圈(匝数为 N_p)产生一次侧磁场。该磁场的磁通密度 B_P 与被测电压成正比($U_P \propto B_P$),引起霍尔元件产生霍尔电势 U_B。该电势经运算放大器差分放大后,推动功放形成二次侧电流 I_S;该电流流过二次侧线圈 N_S,到测量取样电阻 R_m。与此同时,流过二次侧线圈的电流 I_S 也会在磁路中产生与 I_S 成正比的磁通密度 B_S($I_S \propto B_S$),两磁场方向相反,引起磁路中总磁通密度减小,最终达到平衡,从而使处于该磁路中的霍尔元件工作在零磁通状态。整个过程是一个动态平衡过程,二次侧线圈中的电流 I_S(或测量取样电阻上的电压)同样真实地反映了待测电压 U_P。

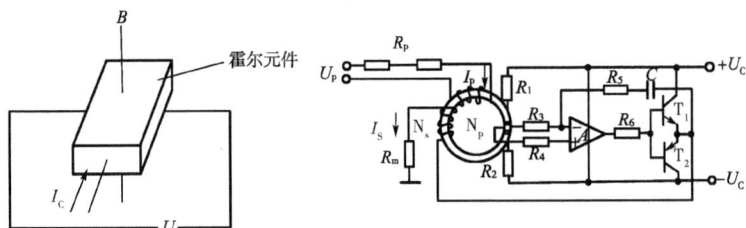

图 10-2-5　TQG3A 型电压传感器的工作原理

TQG3A 型电压传感器的主要技术参数见表 10-2-2。

TQG3A 型电压传感器的主要技术参数　　　表 10-2-2

型号	额定测量值	工作电源	额定输出	准确度	线性度	隔离电压	响应时间
TQG3A	2000V	DC ±24V	80mA	5%	0.1%	7kV	≤120μs

五、速度传感器

某型号城市轨道交通车辆在 4 个车轴轴端安装了 CS·GDDF16 型光电速度传感器,它们将车辆车轴转速量变换为脉冲量,输出脉冲信号,进入接线盒;再由接线盒送入控制单元,对车辆进行特性控制和防空转、防滑行保护,其外形如图 10-2-6 所示。

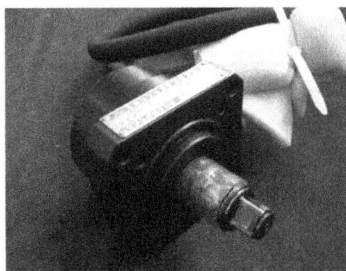

a)实物图

图　10-2-6

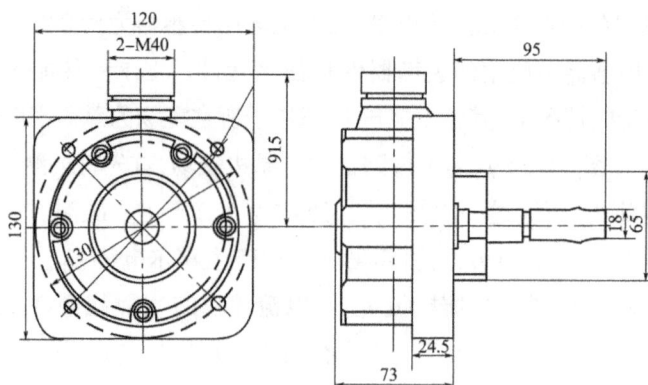

b)结构图

图10-2-6 CS·GDDF16 型光电速度传感器(尺寸单位:mm)

1. CS·CDDF16 型光电速度传感器的主要技术参数

测速范围:0 ~ 200km/h。

每转脉冲数:200P/R。

输出通道:双通道。

输出波形:方波。

输出幅度:高电平≈12RL/(1000 + RL)V;低电平≤0.5V(负载能力≤10mA)。

脉冲占空比:50% ±10%。

双路输出时的脉冲相位差:90°±45°。

工作电源:DC15V(14.25 ~ 20V),DC24V(21 ~ 30V)。

功耗电流:小于40mA(每通道)。

绝缘强度:正弦交流电 1kV 50Hz 1min(出线端对外壳)。

温度范围: -40 ~ +70℃。

耐振性能:20g/50Hz,垂向、纵向、横向 2h。

密封性:承受风雨。

质量:2.5kg。

2. CS·GDDF16 型光电速度传感器的结构及工作原理

CS·GDDF16 型光电速度传感器,由红外发射、光栅、光电接收、放大整形、两路彼此隔离的电路通道、外壳、传动轴、软性连接器、6 芯防水插头座及连接导线组成。当车辆的轮轴驱动传感器旋转时,传感器将转速转换为频率 $f = np/60$ (p 为每转脉冲数)的方波脉冲送入速度传感器接线盒。

3. CS·JH-6 型光电传感器接线盒

靠近每个车轴的车体上,装有与该速度传感器配套的 CS·JH-6 型光电传感器接线盒,其外形如图 10-2-7 所示。

CS·JH-6 型光电传感器接线盒的主要技术参数如下。

输入信号与输出信号关系:直接耦合。

配光电传感器参数:DF16 型、双通道、200P/R。

使用环境:−40 ~ +70℃。

耐振性能:20g/50Hz,重向、纵向、横向 2h。

绝缘强度:正弦交流电 500V 50Hz 1min。

密封性:承受雨雪。

质量:1.5kg。

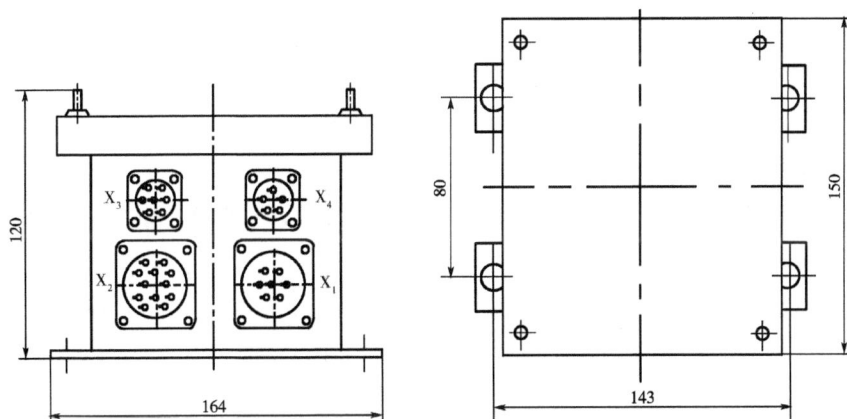

图 10-2-7　CS·JH-6 型光电传感器接线盒(尺寸单位:mm)

CS·JH-6 型光电传感器接线盒的接线原理如图 10-2-8 所示。光电传感器输出的方波脉冲信号,由插头座 X_1 输入,经过接线盒内电路变换,将输入的两路 200P/R 方波脉冲信号,分别由插座 X_3、X_4 输出,以便与车辆电子控制系统接口。

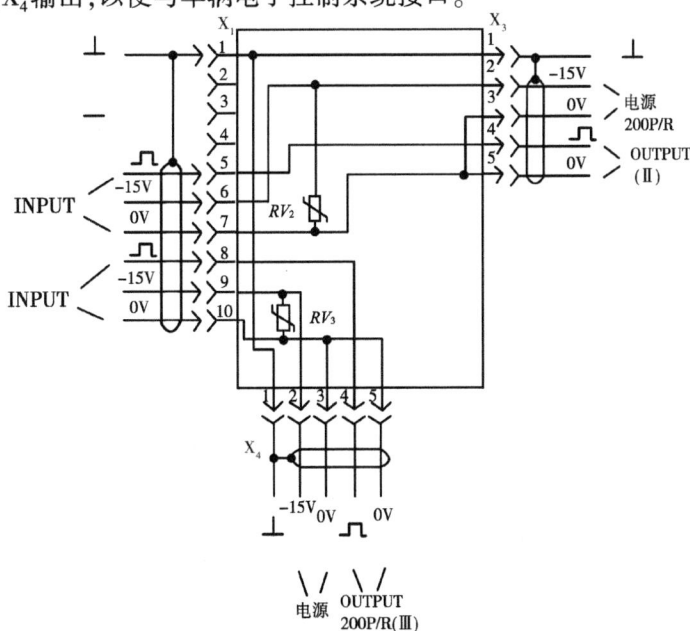

图 10-2-8　CS·JH-6 型光电传感器接线盒的接线原理

该款速度传感器产生的脉冲信号,其中一个通道4个脉冲信号都送入控制单元,提供速度信号。第一轴的另一通道送入轮缘润滑装置,第二轴的另一通道送入车辆运行速度监控装置,第三轴的另一通道送入数模转换盒,第四轴的另一通道备用。

4.使用注意事项

(1)传感器作用时,传动轴转动要灵活。

(2)传感器工作电源为 DC15V、DC24V,不允许接车辆蓄电池,应接车辆电子控制系统中的 DC/DC 变换器后经隔离变压器副边输出的电源(原、副边应全隔离),电源负端不允许接车辆外壳。

(3)传感器、接线盒型号要相匹配,安装要牢固可靠。

(4)传感器使用半年,应在 0～200km/h 的标准转速源上,接入工作电源,输出端外接示波器、驱动传感器,对输出波形、幅度、相位差进行检验。

(5)严格按接线盒接线图进行外部配线,接线应正确无误,连接不允许出现断路及短路现象,所有插头必须拧紧。

(6)传感器、接线盒应储存在 0～40℃,相对湿度不大于 80% 的清洁环境中。

✎ 学习笔记

要点总结

传感器是借助于检测元件接收一种形式的信息,并按一定规律将它转换成另一种信息的装置。它获取的信息可以为各种物理量、化学量和生物量,转换后的信息也可以有多种形式,目前的传感器大多为电信号。因此,从狭义上讲,传感器也可定义为把外界的输入信号转换成电信号的装置。

城市轨道交通车辆控制系统需要的电压、电流、速度、温度等信号均由电压传感器、电流传感器、速度传感器、温度传感器等传感器进行检测。

能力拓展

请根据本节内容,利用智慧职教城市轨道交通、铁道机车等专业教学资源库、MOOC 学院《机车车辆电气设备的检查与调试》在线课程等数字化资源及公共网站等途径,完成下面的任务。

任务1:请收集电阻式、电感式、电容式、谐振式、电势型、电荷式、光电和半导体传感器的图片及相关资料,制作 PPT,课上分享。

PPT 课件要求:不少于 10 页,图片清晰,配备必要的文字说明。

其他要求:能理解本人制作的 PPT 内容,能进行流利的讲解。

任务2:请收集传感器的使用、维护、检修方面的视频,了解传感器的合理使用方法和常见故障的处理方法,课上分享。

任务3:请收集某地铁线路用城轨车辆上使用的电压传感器、电流传感器、温度传感器、速度传感器的相关资料,完成下面的表格。

类型	电压传感器	电流传感器	温度传感器	速度传感器
设备代号				
测量对象				
安装位置				

思政课堂

无处不在的传感器

传感器(Transducer/Sensor)是一种检测装置,能感受到被测量的信息,并能将感受到的信息,按一定规律变换成电信号或其他所需形式的信息输出,以满足信息的传输、处理、存储、显示、记录和控制等要求。

新技术革命的到来,世界开始进入信息时代。在利用信息的过程中,首先要解决的就是要获取准确可靠的信息,而传感器是获取自然和生产领域中信息的主要途径与手段。它的存在和发展,让物体有了触觉、味觉和嗅觉等感官,让物体慢慢变得活了起来。

根据传感器基本感知功能,传感器可分为:热敏元件、光敏元件、气敏元件、力敏元件、磁敏元件、湿敏元件、声敏元件、放射线敏感元件、色敏元件和味敏元件等十大类。现在传感器正在向微型化、数字化、智能化、多功能化、系统化、网络化方向发展。

传感器是实现自动检测和自动控制的首要环节。在现代工业生产尤其是自动化生产过程中,要用各种传感器来监视和控制生产过程中的各个参数,使设备工作在正常状态或最佳状态,并使产品达到最好的质量。因此可以说,没有众多的优良的传感器,现代化生产也就失去了基础。

传感器早已渗透到诸如工业生产、宇宙开发、海洋探测、环境保护、资源调查、医学诊断、生物工程、甚至文物保护等极其广泛的领域。可以毫不夸张地说,从茫茫的太空,到浩瀚的海洋,以至各种复杂的工程系统,几乎每个现代化项目,都离不开各种各样的传感器。

学习笔记

10-3 学习任务　　低压断路器结构原理认知

知识分享

一、低压断路器的定义、特点及分类

1. 低压断路器的定义

低压断路器又称空气开关,是一种结构较为复杂、动作性能较为完善的配电保护电器。它能自动切断短路、严重过载、电压过低等故障电路,有效地保护接在它后面的电气设备;同时也可用它来手动非频繁地接通和分断正常电路。

图 10-3-1 所示为塑壳式低压断路器。

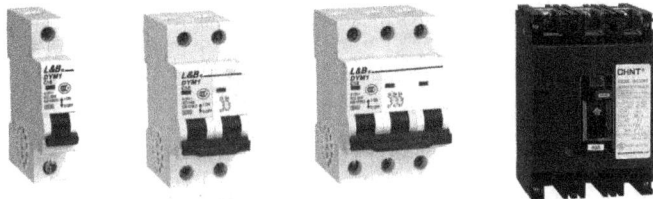

图 10-3-1　塑壳式低压断路器

2. 低压断路器的特点

与其他开关电器相比,低压断路器具有以下特点。

(1)能开断较大的短路电流,分断能力较强。

(2)具有对电路过载、短路的双重保护功能。

(3)允许操作频率低。

(4)动作值可调,动作后一般不需要更换零部件。

3. 低压断路器的分类

低压断路器种类繁多,可按以下方式分类。

(1)按用途分,有保护配电线路用低压断路器、保护电动机用低压断路器、保护照明电路用低压断路器和漏电保护用低压断路器等。

(2)按结构形式分,有框架式(亦称万能式)低压断路器和塑料外壳式(亦称装置式)低压断路器。

框架式低压断路器为敞开式结构,一般快速低压断路器,特别是大容量低压断路器多为此种结构。它主要用作配电网络的保护开关。

塑料外壳式低压断路器的结构紧凑、体积小、质量小,且具有安全保护的塑料外壳,使用安全可靠,适于单独安装,它除了可用作配电网络的保护开关外,还可用作电动机、照明电路

及电热器电路等的控制开关。

（3）按极数分，有单极低压断路器、两极低压断路器、三极低压断路器和四极低压断路器。

（4）按限流性能分，有一般不限流型低压断路器和快速限流型低压断路器。

（5）按操作方式分，有直接手柄操作式低压断路器、杠杆操作式低压断路器、电磁铁操作式低压断路器和电动机操作式低压断路器。

二、低压断路器的基本结构

根据各类低压断路器的共同功能，它们在结构上必然具备以下几个基本部分。

1. 触头系统

触头系统是低压断路器的重要部件，主要承担电路的接通、分断任务。

对触头系统的一般要求是：能可靠接通和分断一定次数的极限短路电流及额定电流以下的任何电流；具有一定的电寿命，不需要经常更换触头；有足够的热稳定性和电动稳定性，不会因长期使用后触头接触不良导致温升过高，或不能经受极限短路电流的冲击而自动弹开。

因此，低压断路器的触头结构和触头材料的要求比接触器的要高得多。

2. 灭弧系统

灭弧系统主要有纵向窄缝灭弧装置和去离子栅灭弧装置两种。

各类灭弧装置的灭弧方法，可概括为长弧熄弧法（将电弧拉长、冷却）和短弧熄弧法（将电弧分割成串联短弧，利用直流电弧的极旁压降或交流电弧的近阴极效应来熄弧）等。

对灭弧系统而言，一般应具备下列功能：短时间内应可靠熄弧，并保持良好的绝缘性能；喷出的电弧火花距离小，以免造成相间飞弧；有足够的热容量，使之在电弧高温作用下不致产生变形、碎裂或灭弧室及栅片严重烧伤；有足够的机械强度，保证在受高温、合闸或冲击振动及运输情况下不会碎裂、缺损。

3. 传动机构

传动机构用于操纵触头的闭合和断开。传动机构有手操纵直接传动式、手操纵弹簧传动式、电磁铁传动、电动机传动、压缩空气传动等几种形式。

4. 自由脱扣机构

当发生短路、过载和欠电压等故障时，保护装置作用于自由脱扣机构，低压断路器能自动断开，起保护作用。自由脱扣机构与触头系统和保护装置是相联系的，通过自由脱扣机构的作用可使触头自动断开。

5. 脱扣器

脱扣器用于检测故障并作用于操作机构，使其脱扣，带动低压断路器的触头断开。

低压断路器通常采用电磁脱扣器和热脱扣器两种。

（1）电磁脱扣器，分为过电流脱扣器和欠电压脱扣器。它们实际上是一个小型电磁机构:欠电压脱扣器装有电压线圈,过电流脱扣器装有电流线圈。

现以过电流脱扣器为例,说明其动作原理。当被保护电路发生过载或短路故障,电流增加并达到整定值时,衔铁吸合,使脱扣杆钩子与主杠杆脱扣,低压断路器断开,切除过载或短路故障,保护电气设备不受损坏。电磁脱扣器的动作电流值,可根据需要调整反力弹簧来整定。它具有动作电流大、调节范围宽、动作时间短(一般为10~40ms)的特点,可用作短路保护。

(2)热脱扣器,由热组件和双金属片等组成。双金属片是一个将热能转换为机械能的组件,如图10-3-2所示。

电流通过热组件产生电阻损耗而发热,其温度升高,加热双金属片。它由两种不同膨胀系数的金属片焊接而成,其中,膨胀系数较大的金属片贴近热元件。双金属片一端固定,另一端处于自由状态。当热组件由于间接加热或直接通电流加热时,即将热能传递给双金属片,双金属片受热后温度升高。由于两种金属片膨胀系数不同,而接合面的伸长要相同,迫使双金

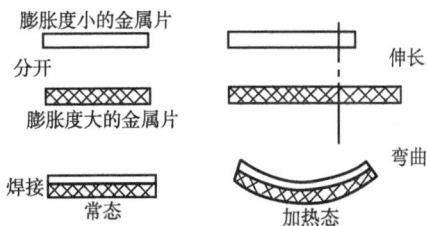

图10-3-2 双金属片工作原理

属片向着膨胀系数较小的一侧弯曲。双金属片弯曲时产生作用力,作用于脱扣杆的钩子上,使之脱扣,低压断路器断开,即可保护电气设备不因过载而损坏。由于双金属片是因受热而弯曲,所以双金属片弯曲时作用于脱扣机构的动作时间与过载电流大小有关:电流大,动作时间短;电流小,动作时间长,即动作时间与电流大小近似成反比。

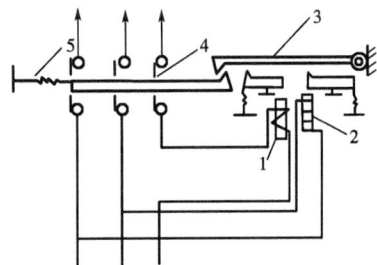

图10-3-3 低压断路器的工作原理

1-过电流脱扣器;2-失压脱扣器;3-自由脱扣机构的锁钩;4-主触头;5-开断弹簧

三、低压断路器的工作原理

低压断路器的主触头靠操作机构(手动或电动)合闸。自由脱扣机构是一套连杆机构,当主触头闭合以后,将主触头锁在合闸位置,其工作原理如图10-3-3所示。

在正常工作情况下,自由脱扣机构的锁钩(3)扣住触头杆,使主触头(4)保持在合闸位置。

1为过电流脱扣器,它的电磁线圈与被保护电路串联,在正常电流下,脱扣器的弹簧力使衔铁释放;当过载或短路时,强大的电磁吸力使衔铁吸合,带动衔铁另一端的顶杆向上运动,顶开自由脱扣机构中的锁钩(3),在开断弹簧(5)的作用下,主触头(4)迅速开断,将故障电路分断。

2为失压脱扣器,它的电磁线圈与被保护电路并联。在正常电压下,衔铁吸合,锁钩(3)不脱扣;当失压时,电磁吸力很小,在失压脱扣器弹簧力的作用下,衔铁释放,其顶杆顶开锁钩(3),主触头(4)在开断弹簧(5)的作用下迅速开断,切断电路。

在城市轨道交通车辆上,为便于维修和检查故障,低压断路器可用于手动非频繁地切换正常电路。同时,也可对辅助电路和控制电路进行过载、短路保护。

学习笔记

▌要点总结

　　低压断路器又称空气开关,是一种结构较为复杂,动作性能较为完善的配电保护电器。它能自动切断短路、严重过载、电压过低等故障电路,有效地保护接在它后面的电气设备;同时亦可用它来手动非频繁地接通和分断正常电路。

　　低压断路器基本结构包括:触头系统、灭弧系统、传动机构、自由脱扣机构和脱扣器。

　　城轨车辆多用三相低压断路器作为空气压缩机、空调等三相380V电动机的保护,用单极自动开关作为DC110V控制电源的配电及保护。

▌能力拓展

　　请根据本节内容,利用智慧职教城市轨道交通、铁道机车等专业教学资源库、MOOC学院《机车车辆电气设备的检查与调试》在线课程等数字化资源及公共网站等途径,完成下面的任务。

　　任务1:请收集保护配电线路用低压断路器、保护电动机用低压断路器、保护照明电路用低压断路器、漏电保护用低压断路器、框架式低压断路器、塑料外壳式低压断路器、单极低压断路器、两极低压断路器、三极低压断路器、四极低压断路器、手柄操作式低压断路器、杠杆操作式低压断路器、电磁铁操作式低压断路器和电动机操作式低压断路器的图片及相关资料,制作PPT,课上分享。

　　PPT课件要求:不少于10页,图片清晰,配备必要的文字说明。

　　其他要求:能理解制作的PPT内容,能进行流利的讲解。

　　任务2:请收集低压断路器的使用和检修方面的视频,了解低压断路器的合理使用方法和故障处理方法,课上分享。

　　任务3:请收集城轨车辆用低压断路器的相关资料,完成下面的表格。

类型	单极低压断路器	两极低压断路器	三极低压断路器
型号			
保护对象			
安装位置			

学习笔记

10-4 学习任务　开关电器、显示设备及客室照明结构原理认知

知识分享

城轨车辆上的电气设备非常多,除了前面介绍的电气设备外,还有按钮开关、旋钮等开关电器,指示灯、LED 显示屏、LED 动态地图、LCD 显示屏等显示设备以及照明系统、视频监控系统等,下面进行简要介绍。

一、按钮开关、指示灯、旋钮

按钮开关和旋钮是司机用于控制各控制电路得失电的开关电器。司机常用的按钮开关和旋钮一般安装在驾驶室司机操作台上,不常用的会布置在相应屏柜内。图 10-4-1 是司机操作台上的按钮开关、指示灯、旋钮。

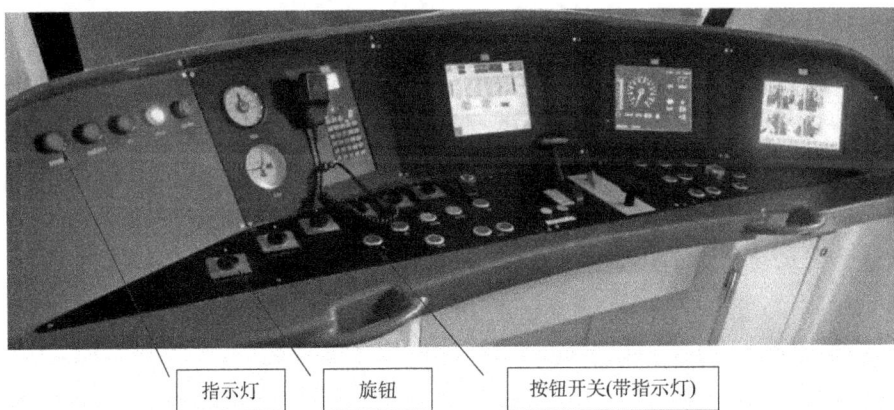

| 指示灯 | 旋钮 | 按钮开关(带指示灯) |

图 10-4-1　司机操作台上的按钮开关、指示灯、旋钮

按钮开关有带指示灯和不带指示灯两种。按钮开关所带指示灯通常有红色、绿色、黄色三种,如开门按钮用红色指示灯,关门按钮用绿色指示灯,ATB 模式按钮用黄色指示灯。

旋钮一般有长柄旋钮和短柄旋钮,司机操作台上的一般选用短柄旋钮。

指示灯用于向司机显示重要信息,如车门状态、客室灯状态、气制动施加状态、气制动缓解状态等,根据具体情况,有的用红色指示灯,有的用绿色指示灯。

下面以某城轨车辆上使用的 EAO04 系列按钮开关、指示灯、旋钮为例,介绍各器件的具体情况。

1. 技术要求

按钮开关、指示灯、旋钮及相关附件均需要符合相关的标准规定,如《低压开关设备和控制设备　第 5-1 部分:控制电路电器和开关元件机电式控制电路电器》(GB/T 14048.5—

2017）的要求,他们的额定接通能力、分断能力、额定熔断短路电流、电寿命均要符合相关标准的技术要求,具体技术参数如下：

机械寿命：

按钮开关:持续性动作可达 1.5×10^6 次,瞬时性动作可达 3×10^6 次;旋钮:持续性动作可达 1.25×10^6 次,瞬时性动作可达 2.5×10^6 次;急停开关: $\geqslant 5 \times 10^4$ 次;锁开关:持续性动作可达 2.5×10^3 次,瞬时性动作可达 5×10^4 次。

材料：

触点材料:硬银;开关单元:聚碳酸酯(polycarbonate PC);防护等级:IP65。

其他机械特性：

连接方式:M3 螺钉;回跳时间:≤3ms;行程:5.8mm ± 0.2mm。

电气特性：

最大电压:AC500V;最大热电流值:Ith = 10A;接触电阻:初始值≤50MΩ;绝缘电阻:在DC500V 电压下,两触点之间绝缘电阻≥10MΩ;触点额定电压/电流:DC110V/1A;指示灯额定电压/电流:DC110V/3mA。

2. 型号命名规则

标准型号:A\704\B – C – D – E ｜ – F ｜｜\G ｜

A 位置可为下列字母,可选字母及含义如下：

D—指示灯;

A1—带灯的按钮开关;

A2—不带灯的按钮开关;

X1—二位旋钮;

X2—三位旋钮;

X3—多位旋钮;

S1—二位锁开关;

S2—三位锁开关;

M1—带灯蘑菇形按钮开关;

M2—不带灯蘑菇形按钮开关;

J1—普通紧停按钮开关;

J2—特殊紧停按钮开关。

B 为数字,代表安装孔径,具体含义如下：

1—安装孔径为 ⌀22.5mm;

2—安装孔径为 ⌀30.5mm。

C 为灯罩颜色：

2—红,4—黄,5—绿,6—蓝,7—白,0—黑。

D 为数字,代表是否自锁:

1—自复位,2—自锁。

E 为数字,代表常开和常闭触点的数量:一般为两个数字,前面数字代表常开触点数量,后面数字为常闭触点数量,如"21"代表 2 个常开触点和 1 个常闭触点,"10"代表只有 1 个常开触点,"01"代表只有 1 个常闭触点。

F 为 LED 电压:无特殊注明则为 DC110V,其他电压则直接标注,如 24D 代表 DC24V。

G 位置含义如下:

a—04 系列、安装孔径为 ⌀30.5mm、平面安装的保护盖 704.928.98;

b—04 系列、安装孔径为 ⌀30.5mm、平面安装的保护盖 704.928.98,并带铅封;

c—04 系列、安装孔径为 ⌀22.5mm、标准安装的保护盖 704.925.2;

d—04 系列、安装孔径为 ⌀22.5mm、标准安装的保护盖 704.925.2,并带铅封。

注:1. 上述标准型号仅适用于 EAO 04 系列按钮、指示灯、旋钮及相关附件;

　　2. 上述触点模块除紧停按钮触点模块为慢动触点外,其他触点模块均为快动触点;

　　3. 所有旋钮杠杆均为短杠杆;

　　4. LED 灯发光颜色需与灯罩颜色一致;

　　5. 标准安装:安装孔径为 ⌀22.5mm,开关板厚最大 7mm;

　　6. 平面安装:安装孔径为 ⌀30.5mm,开关板厚 3~10mm。

3. 结构及安装

(1)指示灯

指示灯的结构及安装图如图 10-4-2 所示。

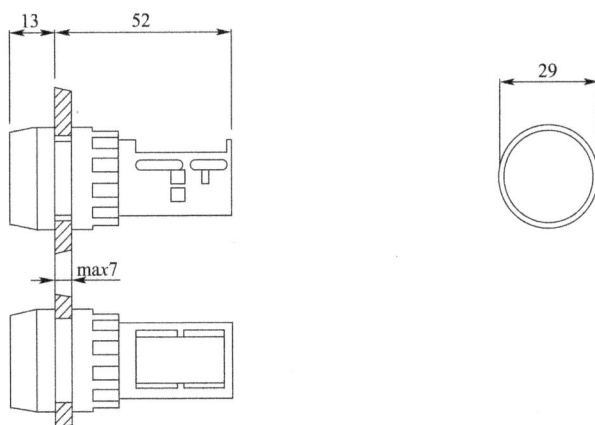

图 10-4-2　指示灯结构及安装图(尺寸单位:mm)

(2)不带指示灯的按钮开关

不带指示灯的按钮开关的结构及安装图如图 10-4-3 所示。

(3)带指示灯的按钮开关

带指示灯的按钮开关的结构及安装图如图 10-4-4 所示。

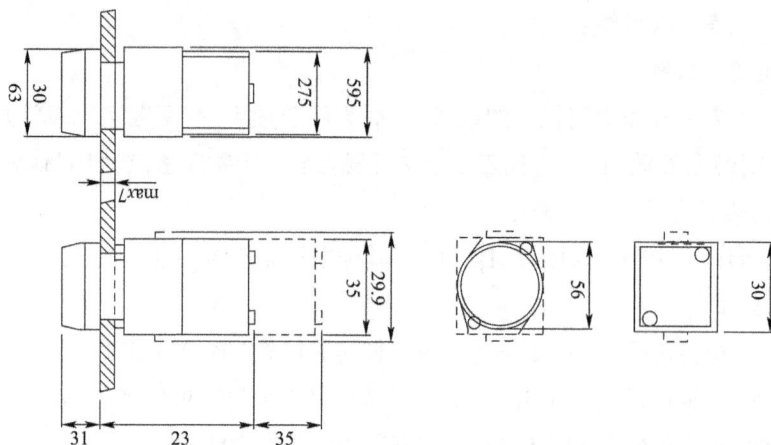

图 10-4-3 不带指示灯的按钮开关结构及安装图(尺寸单位：mm)

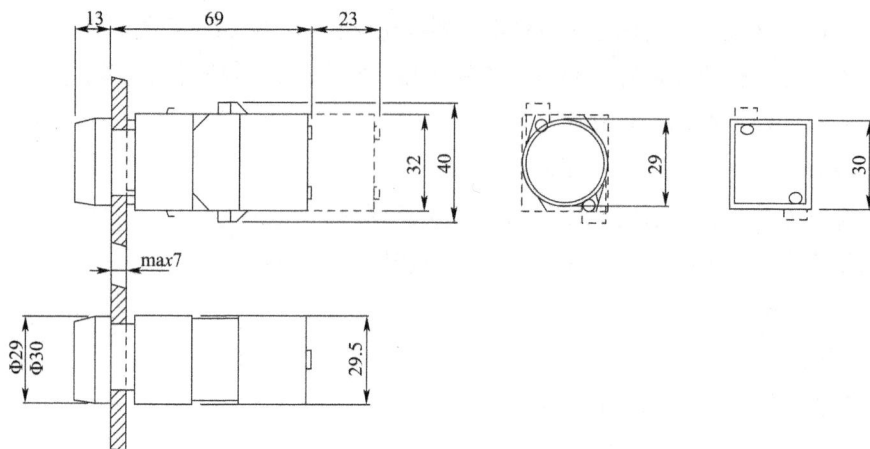

图 10-4-4 带指示灯的按钮开关结构及安装图(尺寸单位：mm)

（4）蘑菇头盖急停按钮开关

蘑菇头盖急停按钮开关的结构及安装图如图 10-4-5 所示。

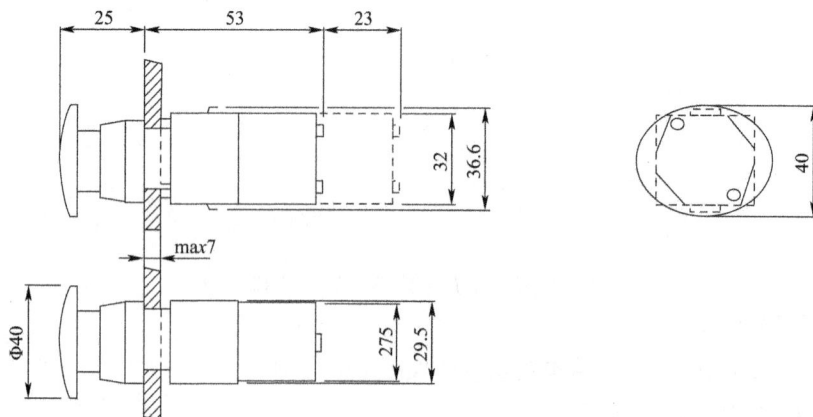

图 10-4-5 蘑菇头盖急停按钮开关结构及安装图(尺寸单位：mm)

（5）带钥匙的急停开关

带钥匙的急停开关的结构及安装图如图 10-4-6 所示。

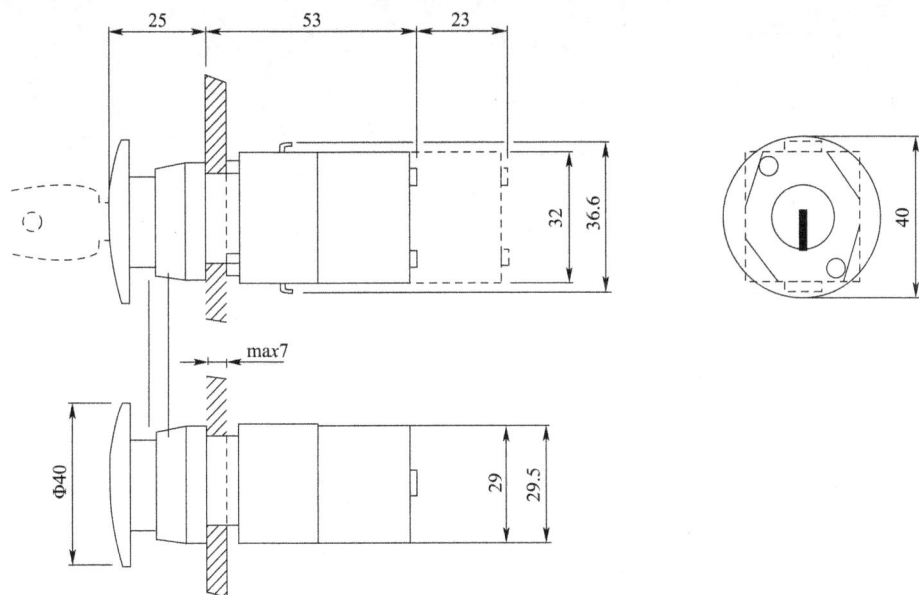

图 10-4-6　带钥匙的急停开关结构及安装图（尺寸单位：mm）

（6）旋钮

旋钮根据操作手柄的长短可分为短杠杆旋钮和长杠杆旋钮，根据是否锁定在转换位置分为自复式和自锁式。

长、短杠杆旋钮结构示意图如图 10-4-7、图 10-4-8 所示。

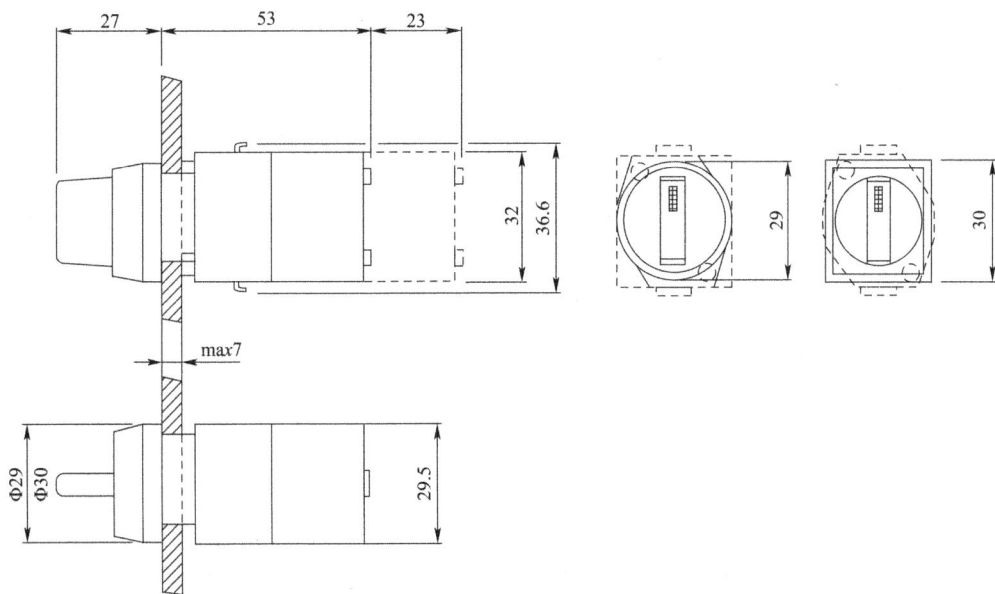

图 10-4-7　短杠杆旋钮结构及安装图（尺寸单位：mm）

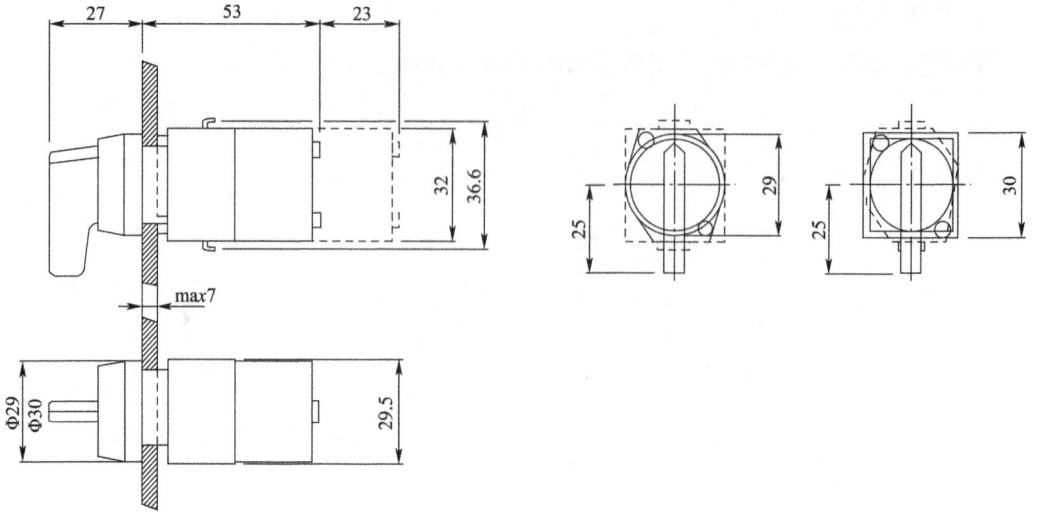

图 10-4-8　长杠杆旋钮结构及安装图（尺寸单位：mm）

旋钮的动作角度有统一标准，图 10-4-9 为二位旋钮标准动作角度，图 10-4-10 为三位旋钮标准动作角度，也可以根据需求，定制旋钮的动作角度。

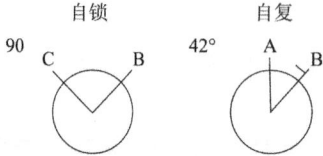

图 10-4-9　二位短杠杆旋钮标准动作角度示意图

注：1. 自复式二位旋钮：A 位置：基本位；B 位置：瞬时性动作 42°；

2. 自锁式二位旋钮：C 位置：基本位；B 位置：持续性动作 90°。

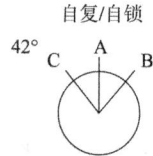

图 10-4-10　三位短杠杆旋钮标准动作角度示意图

注：A 位置：基本位；B、C 位置：瞬时性动作 42°

下面以开关门模式旋钮和客室照明旋钮为例，介绍三位旋钮和多位旋钮的接点图和定制旋转角度的情况。

开关门模式旋钮为自锁式三位旋钮，型号为 X2\704\2 - A750，安装板厚最大不超过 6mm；安装板后面的深度（包含板厚）为 102.5mm。其接点图如图 10-4-11 所示。

开关门模式旋钮旋转角度如图 10-4-12 所示。

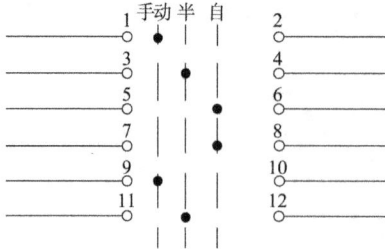

图 10-4-11　开关门模式旋钮接点图

说明：手动位：1-2 触点、9-10 触点接通；半自动位：3-4 触点、11-12 触点接通；自动位：5-6 触点、7-8 触点接通。

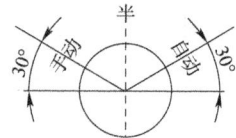

图 10-4-12　开关门模式旋钮旋转角度示意图

客室照明旋钮为自锁式多位旋钮,型号为 X3\704\2-PC8567,安装板厚最大不超过 6mm;安装板后面的深度(包含板厚)为90.5mm。其接点图如图10-4-13所示。

客室照明旋钮旋转角度如图10-4-14所示。

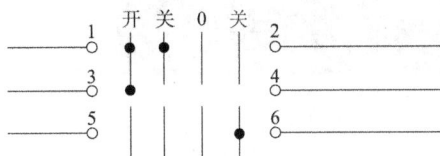

图 10-4-13　客室照明旋钮接点图

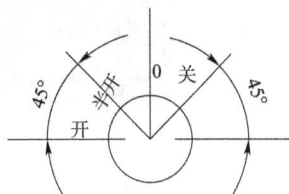

图 10-4-14　客室照明旋钮旋转角度示意图

说明:0位:所有触点均不接通;开位:1-2触点、3-4触点接通;

半开位:1-2触点接通;关位:5-6触点接通。

二、客室照明

城轨车辆照明系统包括客室照明、驾驶室照明和车辆外部照明。本部分将从灯带的布置、灯具的结构、供电电源等几个方面介绍客室照明。

1. 灯带的布置

如图10-4-15所示,客室照明布置在全列车每节车厢的天花板上,一般为多条灯带,以保证向乘客提供充足的照明。因此,客室照明灯具用量很大,耗电量也比较大。现在城轨车辆的客室照明一般使用节能环保的 LED 平面照明灯具。

客室照明除了需要满足灯带布置美观、均匀的要求外,还需要考虑故障条件下灯光照明的均匀性,因此,客室照明一般采用四条照明电路,沿天花板纵向交叉排列,如图10-4-16所示。这样可确保即使一条电路发生故障,贯穿全车厢的其他电路的照明也是均匀分布的。

图 10-4-15　城轨车辆客室照明

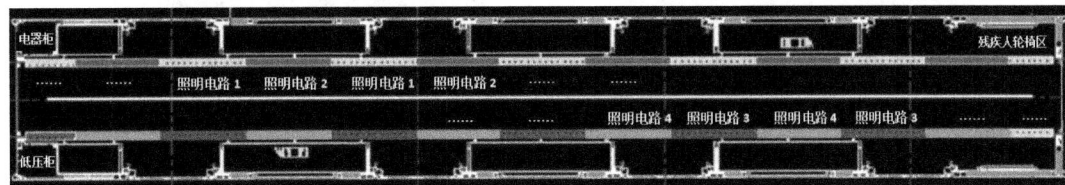

图 10-4-16　城轨车辆客室照明灯带的布置

2. 灯具结构

城轨车辆客室照明一般采用 LED 照明模块,色温 6500K±200K,显色指数 ≥70,发光均匀柔和,并且具有质量轻、抗震性能好、清洁、更换和维护简便等优点。LED 照明模块灯具结构如图10-4-17所示。

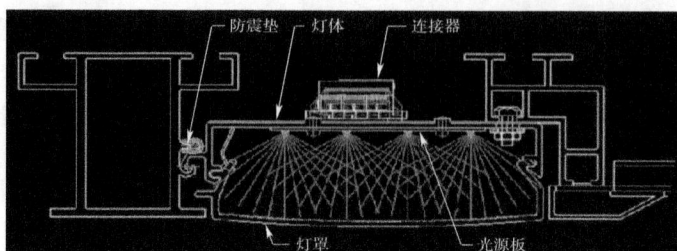

图 10-4-17　城轨车辆客室照明灯具结构图

其中,光源板结构如图 10-4-18 所示。每个光源板由 32 颗 LED 构成(LED 数量可定制),由集中电源进行供电,电源输出电压为 DC54V。该电压低于国际标准安全电压(DC60V)。因此,即使有漏电情况,该电压也不会对人体造成伤害。

3.供电电源

客室照明采用直流 110V 电源供电,可在 DC77V ~ DC137.5V 电压范围内正常工作。在列车失去 DC1500V/750V 高压时,正常照明将被关断,仅保留由蓄电池供电的紧急照明,并能维持至少 45 分钟。

客室照明的灯具在电路结构上分为 4 路,左右两侧各 2 路,间隔分布,如图 10-4-16 所示。每条灯带由一个集中式驱动电源供电,灯带中的每盏灯在电路上采用并联连接方式。因此,当某一条灯带有灯具损坏时,本路剩余灯具将继续点亮,并且由于驱动电源内部设置有自动电源电压检测回路,因此不会出现由于电压偏高而导致剩余灯具被烧损或寿命缩短的情况。其他各条灯带中的灯具将正常工作,完全不受影响。

每条灯带的电源由一个集中式驱动电源供电,驱动电源模块如图 10-4-19 所示。

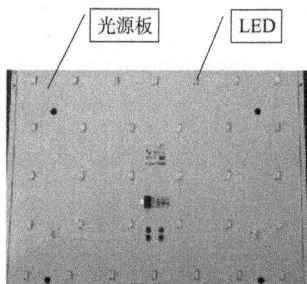

图 10-4-18　城轨车辆客室照明光源板结构图

图 10-4-19　城轨车辆客室照明驱动电源模块

主要技术参数如下:

电源工作模式:集中供电、恒压输出。

输入电压:DC110V(DC77V ~ DC137.5V)。

输入电流:max. 2A。

输出电压:54VDC ±2% 。

输出电流:max. 2.7A。

最大功率:150W。

照度:正常照明时,在距地板面高 800mm 处,高于 200Lux;紧急情况下,在距地板面高 1m 处,高于 30Lux。

4. 紧急照明模式

客室照明驱动电源设有专门的紧急照明信号接口,当因意外造成城轨车辆内部动力供电中断或低压电源故障时,紧急照明信号将由正常的低电平自动切换为高电平,客室照明系统将由正常照明模式自动切换为紧急照明模式,四个驱动电源各自接收到一个高电平紧急照明启动信号,自动降低恒流输出,从而使车内所有灯具照度降低,以节约车内后备电池电能消耗。

三、LED 显示屏

城轨车辆每节车的车厢两端贯通道上方各设一块车内 LED 显示屏,如图 10-4-20 所示,

可以显示列车行驶方向、开门侧提示、线路编号、到站信息、服务信息(如日期、时间、车厢内外温度、预先设好的专用信息等)等。车内 LED 显示屏显示的内容与数字化语音广播内容保持一致。

图 10-4-20　城轨车辆客室两端贯通道
上方 LED 显示屏

客室两端贯通道上方 LED 显示屏采用 16 × 16 的 LED 点阵显示一个汉字,显示简体中文和英文,能显示至少 9 个汉字。当显示信息字数能在显示屏上完全显示时,字幕静止显示;当显示信息字数无法完全显示时,采用从右至左滚动显示。

显示屏参数满足以下要求:

视距 >60m;

水平视角 ≥ ±60°;

显示颜色:红色;

LED 发光点直径:ø3.0mm;

四、LED 动态地图

列车每个客室门区上方设 LED 动态地图,如图 10-4-21 所示,每节车共 8 个,采用双色 LED。动态地图是列车运行线路的印刷图形显示,同时设"本侧开门"指示模块。当列车沿着线路行进时,各个客室的动态地图动态显示列车的运行信息。

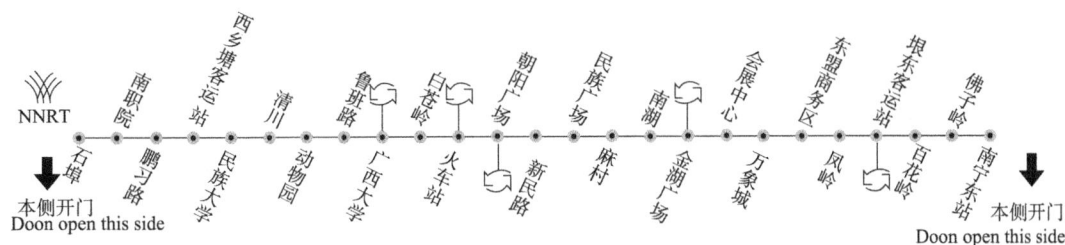

图 10-4-21　城轨车辆客室门区上方 LED 动态地图

LED 动态地图的信息包括：

列车运行的线路、方向及终点站；

列车将要到达的下一站；

客室车门打开侧指示；

换乘站和用于换乘的相应线路。

线路站点显示方式：

未经过的站点为绿色；

已经经过的站点为熄灭；

即将到达的下一站为橙色闪烁；

已到站为橙色；

列车运行方向为在列车未到达区间用流水灯方式表示；

非本次运营线路的站点为 LED 不亮；

开门侧指示灯显示方式为：列车接近下一站时，由 TCMS 信号触发下一站要打开车门侧信息，相应的开门侧指示灯闪烁显示；列车到站开门，相应的开门侧指示灯常亮；关门后开门侧指示灯熄灭。

五、LCD 显示屏

城轨车辆每节车厢配备 8 台 19 寸 LCD 显示屏显示多媒体播放信息，如图 10-4-22 所示。LCD 显示屏主要负责数字电视、列车运行及紧急信息、乘客服务信息的播放与控制，内容包括视频、图片、文本等，播放视频时有伴音。LCD 显示屏具备实时直播和录播两种工作方式，并能够在两种方式间自动或手动切换，当显示屏检测不到实时的信号源时，自动转入录播方式，按已接收到的播放列表和节目内容自动播放。

图 10-4-22 城轨车辆 LCD 显示屏

城轨车辆带 T_p 车（驾驶室的拖车）LED 动态地图及 LCD 显示屏的布置位置如图 10-4-23 所示。

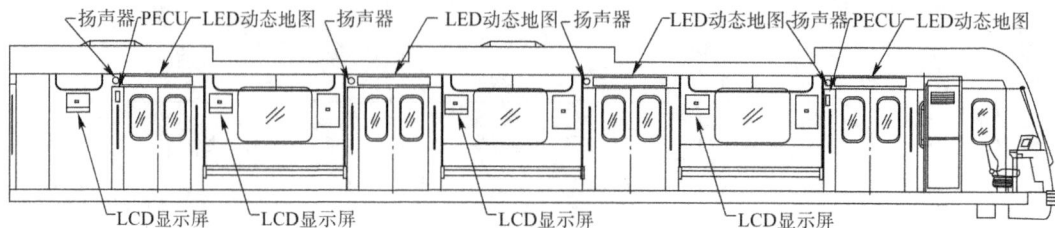

图 10-4-23 城轨车辆 TP 车 LED 动态地图和 LCD 显示屏布置图

六、视频监控系统

车载视频监控系统在每个驾驶室各安装 2 台红外半球摄像机,用于监视列车行进轨道和驾驶室的状况,驾驶室监控可监视司机操作台及司机可操作的所有按钮及开关;每节客室中安装 3 台全景摄像机,以实时监控客室乘客活动状况,客室监控无盲区。

首尾两列车的车顶上,2 架受电弓的后方设置 2 个红外高清摄像头,在列车全速运行时,能监视到受电弓碳滑板与接触网导线或接触轨接触的实时状态,并能不间断地记录和下载接触网与受电弓之间接触状态的动态图象,并按"一站一区间"的形式进行分段存储。

每个驾驶室设置一个 12.1 寸 LCD 触摸屏,用于驾驶室和客室监控视频的显示,可实现单屏显示和四分屏显示。

车载视频监控系统具有报警联动功能。当有客室紧急制动按钮触发、客室 PECU 触发、火灾报警、感温感烟探测器等报警发生时,视频显示区域不断显示该室的摄像机图像,此时视频画面对应的状态栏和摄像机图标均变为红色。默认情况下,视频以单画面模式在多个报警摄像机视频画面中不断循环切换显示;若只有一个摄像机报警,则只显示该报警摄像机视频画面。在这种情况下,若想显示其他正常摄像机画面,也可点击摄像机图标区域中的其他摄像机图标以单画面模式显示其他画面。点击视频显示区域同样可以实现单画面与多画面模式的转换。

当列车一端驾驶室被激活时,司机只能对占有端驾驶室的触摸屏进行操作,非占有端被锁定;当两端驾驶室均未激活时,触摸屏只进行显示,不能操作。

全景摄像头监视画面如图 10-4-24、图 10-4-25 所示。图 10-4-24 是单屏画面示意图,图 10-4-25 是四分屏画面示意图。

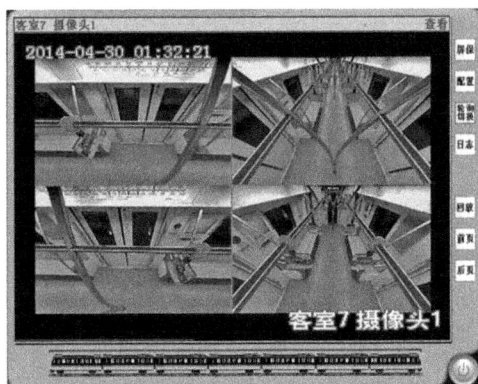

图 10-4-24 城轨车辆车厢内全景摄像头监视画面（单屏画面）

图 10-4-25 城轨车辆车厢内全景摄像头监视画面（四分屏画面）

故障处理

故障类型:"所有气制动缓解"灯不亮。

故障现象：列车牵引 5~8km/h 后自行产生制动停车，动车过程中列车"所有气制动缓解"灯不亮，"车辆显示屏"无制动故障显示，列车无法动车。

故障分析：此故障发生在区间，列车牵引封锁，自动停车，无法动车；经查找故障，判断为所有气制动检测回路故障。列车运行期间，司机可操作"停放制动旁路"和"气制动旁路"进行应急处理。

列车运行期间，司机可采取的应急故障处理流程如表10-4-1所示。

列车"所有气制动缓解"灯不亮的应急故障处理流程　　　　　　表10-4-1

步骤	作业程序	作业内容
1	汇报列车故障信息	1.接通电话：司机手持联控电话，点击"联控显示屏"中的"行调"按键，接通电话。 2.报告行调："××次在××站-××站上/下行区间列车自行产生制动停车，无法动车，司机申请执行车辆故障处理流程。"报告完毕后，点击"完毕"按钮。 3.行调回复："××次，申请执行车辆故障处理流程，行调同意。"回复完毕后，点击"完毕"按钮。 4.结束通话：挂断电话。
2	司机广播安抚乘客	紧急广播：通过"车辆显示屏"选择播放预置的"临时停车"紧急广播。
3	按试灯，查看"所有气制动缓解"灯是否正常，动车确认"车辆显示屏"上气制动状态显示是否缓解	1.作业：按压"灯测试"按钮进行试灯。 2.手指眼看："所有气制动缓解"灯。 3.口呼：试灯亮。 4.作业：尝试动车，点击"车辆显示屏"查看制动状态界面，确认制动状态。 5.口呼：无制动故障显示。
4	操作"气制动旁路"和"停放制动旁路"，尝试动车	1.手指眼看："气制动旁路"。 2.口呼："气制动旁路"至"合"位。 3.作业：操作"气制动旁路"至"合"位。 4.手指眼看："停放制动旁路"。 5.口呼："停放制动旁路"至"合"位。 6.作业：操作"停放制动旁路"至"合"位。 7.作业：尝试动车。
5	动车后报行调	1.接通电话：司机手持联控电话，点击"联控显示屏"中的"行调"按键，接通电话。 2.报告行调："行调，××次在××站-××站上/下行区间列车已动车，列车设备正常，司机操作了"气制动旁路"和"停放制动旁路"，列车制动缓解，运行正常，申请退出服务。"报告完毕后，点击"完毕"按钮。 3.行调回复："××次，申请退出服务，行调同意。"回复完毕后，点击"完毕"按钮。 4.结束通话：挂断电话。

10-5 知识拓展　电器常用的传动装置——电空传动装置

由电磁传动装置的吸力特性可知,电磁吸力随气隙的增加而下降,因此在需要长行程、大传动力的场合,用电磁传动装置就不适宜了。而电空传动装置却能将较大的力传递较远,此外,与电磁传动装置相比,采用电空传动时,有色金属的消耗及动作时的控制电源功率都可大为减少。因此,在压缩空气气源较充足的城轨车辆上,采用了许多电空传动的电器设备。

电空传动装置是一种以电磁阀(电空阀)控制的压缩空气作为动力,驱使触头按规定动作执行的机构。

电空传动装置主要由电空阀和压缩空气驱动装置组成。

Tip one：电空阀

电空阀是借电磁吸力来控制压缩空气管路的导通或关断,从而达到远距离控制气动器械的目的。

电空阀按工作原理分,有闭式和开式两种,但从结构来说都由电磁机构和气阀两部分组成,工作原理也类似。

1.闭式电空阀

闭式电空阀在电力机车上应用较多,其原理结构如图 10-5-1 所示。

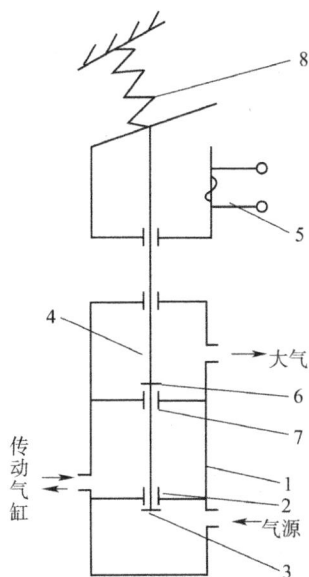

图 10-5-1　闭式电空阀的原理结构

1-阀体;2-下阀门;3、6-阀块;4-阀杆;5-电磁铁;7-上阀门;8-反力弹簧闭式电空阀的工作原理为：当线圈有电时，衔铁吸合，阀杆动作，使上阀门关闭，下阀门打开，关断了传动气缸和大气的通路，打开了气源和传动气缸的通路，压缩空气从气源经电空阀进入传动气缸，推动气动器械动作；当线圈失电时，衔铁在反力弹簧作用下打开，带动阀杆上移，使下阀门关闭，上阀门打开，关断了气源和传动气缸的通路，打开了传动气缸与大气的通路，传动气缸的压缩空气经电空阀排向大气，气动器械恢复原状。

电空阀的实际结构如图 10-5-2 所示。

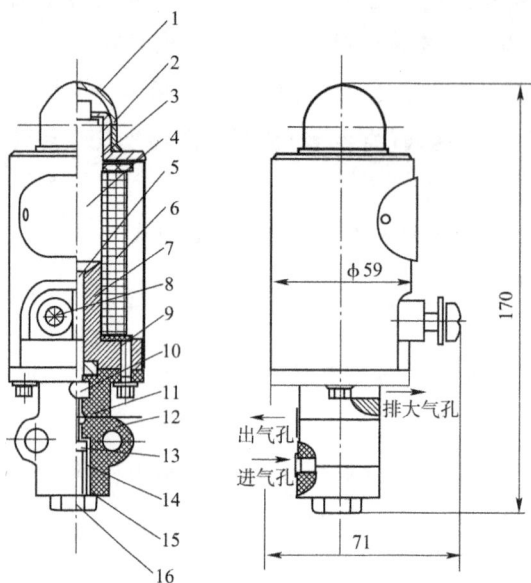

图 10-5-2　TFK1B 型电空阀结构简图

1-防尘罩；2-磁轭；3-铜套；4-动铁芯；5-心杆；6-线圈；7-铁芯座；8-接线座；9-滑道；10-上阀门；11-阀座；
12-阀杆；13-下阀门；14-弹簧；15-密封垫；16-螺母

2. 开式电空阀

开式电空阀是在线圈失电时，使气源和传动气缸接通，使大气和传动气缸关闭的阀。其原理结构如图 10-5-3 所示。

Tip two：压缩空气驱动装置

压缩空气驱动装置，有气缸式传动和薄膜式传动两种。

1. 气缸传动装置

（1）单活塞压缩空气驱动装置

单活塞压缩空气驱动装置的原理结构如图 10-5-4a）所示。

其工作原理是：当电空阀有电时，其控制的压缩空气进入传动气缸，推动活塞，压缩弹簧，使活塞杆右移，带动触头闭合；当电空阀失电时，其控制的气源被关断，在弹簧的作用下，推动活塞，带动活塞杆左移，使触头打开。

通常活塞上涂有机油，以减少摩擦力并具有良好的密封性能。

该种传动方式的优点是工作行程可以选择,以满足开距和超程的要求。其缺点是摩擦力较大,动作较慢。

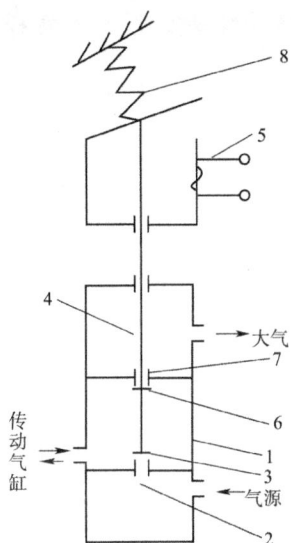

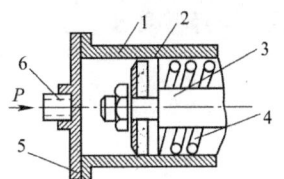

a)单活塞压缩空气驱动装置

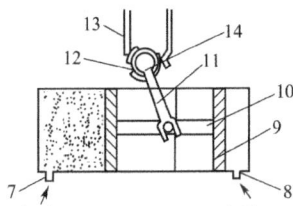

b)双活塞气缸传动装置示意图

图10-5-3 开式电空阀原理结构

1-阀体;2-下阀门;3、6-阀块;
4-阀杆;5-电磁铁;7-上阀门;
8-反力弹簧

图10-5-4 气缸式传动装置

1-气缸;2-活塞;3-活塞杆;4-弹簧;5-气缸盖;
6-进气孔;7、8-气口;9-活塞;10-活塞杆;
11-曲柄;12-转鼓;13-静触头;14-动触头

(2)双活塞气缸传动装置

双活塞气缸传动装置的原理结构如图10-5-4b)所示。

其工作原理是:当气孔1开通气源,气孔2通向大气时,压缩空气驱动活塞右移;当气孔2开通气源,气孔1通向大气时,活塞则反向转动。

其特点是:所控制的行程受一定限制,且对被控制的触头不具有压力的传递,所以应用较少。

2. 薄膜传动装置

薄膜传动装置的原理结构如图10-5-5所示。

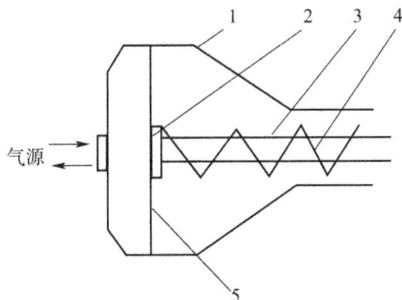

图 10-5-5 薄膜传动装置原理结构

1-阀体;2-活塞;3-活塞杆;4-开断弹簧;5-橡胶薄膜

其工作原理是：当气孔进入压缩空气时，压迫薄膜，克服弹簧张力，使活塞杆右移，带动触头动作。反之，则触头在弹簧的作用下打开。

其特点是：动作灵活，摩擦力和磨损较小；加工制作及维修方便，但活塞杆行程小，在低温条件下，薄膜易开裂，需经常更换。

电气设备的监控和管理

教学目标

1.了解城轨车辆列车控制系统。

2.掌握受电弓监控系统。

3.掌握高速断路器监控系统。

4.了解牵引逆变器、辅助逆变器监控系统。

5.了解空调监控系统。

驾驶台设备总体布置

建议学时

4学时

11-1 学习任务　城轨车辆列车控制系统

知识分享

前面十个项目给大家详细介绍了城市轨道交通车辆各主要电气设备的结构、原理以及检查维护方面的内容,本项目将给大家简要介绍一下城轨车辆是如何对这些电气设备进行监控和管理的。

城市轨道交通车辆主要电气设备(如受电弓、高速断路器、牵引逆变器、辅助逆变器、空调等)的工作状态、运行故障等信息可由列车控制系统 TCMS 中各子系统控制系统进行检测、诊断、汇总,再上报给列车控制系统,实现设备的监控和管理。

列车控制系统 TCMS 作为整车控制系统,通过信号采集模块,采集司机的操作指令、列车各个工况下的状态等信号,经过运算及逻辑处理,给出操作列车各部件的控制指令,通过MVB 总线实现与牵引控制系统、空气制动控制系统、辅助供电系统、信号系统、车门系统、广播和视频监控系统等部件的数据交换。

列车控制系统由列车网络控制系统及子系统控制系统组成。列车网络控制系统由具有冗余结构的列车总线和/或车辆总线组成,每列车应包含两套对称的列车网络控制系统(一套备用),由列车中央控制单元进行集中控制。整车列车控制系统框图如图 11-1-1 所示。

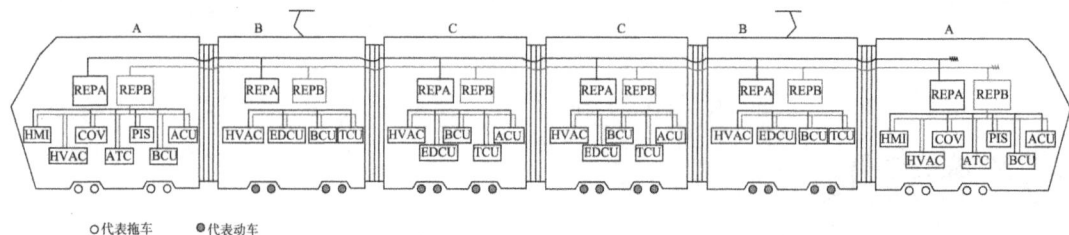

○代表拖车　●代表动车

图 11-1-1　列车控制系统框图

子系统控制系统指所有直接控制子部件的控制系统,包括子系统微机控制单元、子系统控制网络(如有)和相关的硬件控制电路。

子系统微机控制单元包括如下单元:

(1)牵引控制单元;

(2)气制动电控制单元;

(3)列车空调控制单元;

(4)列车门控制单元;

(5)列车辅助电源控制单元;

(6)列车乘客信息系统控制单元;

(7)轴温报警系统控制单元。

上述子系统控制单元可完成对牵引逆变器、辅助逆变器、空调机组等电气设备工作状态的监控。另外，像受电弓、高速断路器等独立的电气设备，则通过各自的监控系统完成工作状态的监控。如受电弓视频监控系统可对受电弓的工作状态、弓网燃弧、接触网的几何参数等情况进行监测和判断。高速断路器通过采集其状态信息，进行内部逻辑运算，从而判断其工作状态。

每个驾驶室有一个司机显示器 HMI，可显示所有连在总线上的子系统的状态信息、故障信息、控制功能（如广播、空调设置）等。HMI 主界面如图 11-1-2 所示。

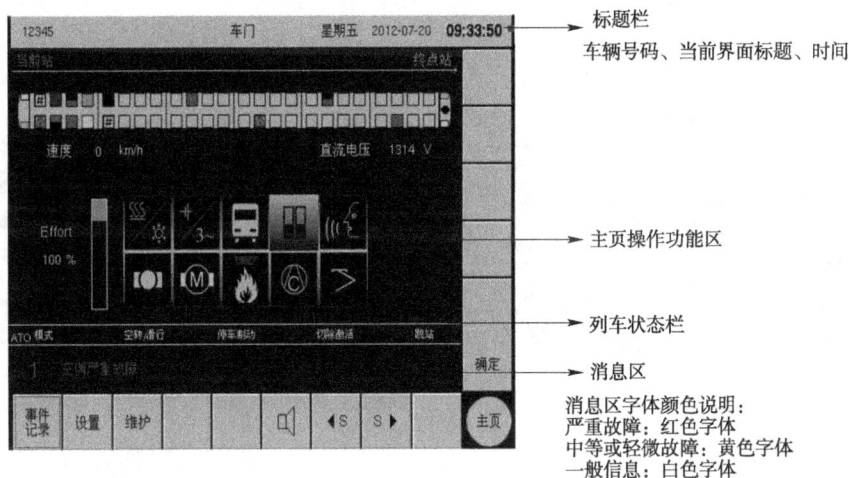

图 11-1-2　HMI 主界面及功能说明

1. 主页操作功能区

主页操作功能区各图标点击进去后，显示的项目和信息如图 11-1-3 所示。

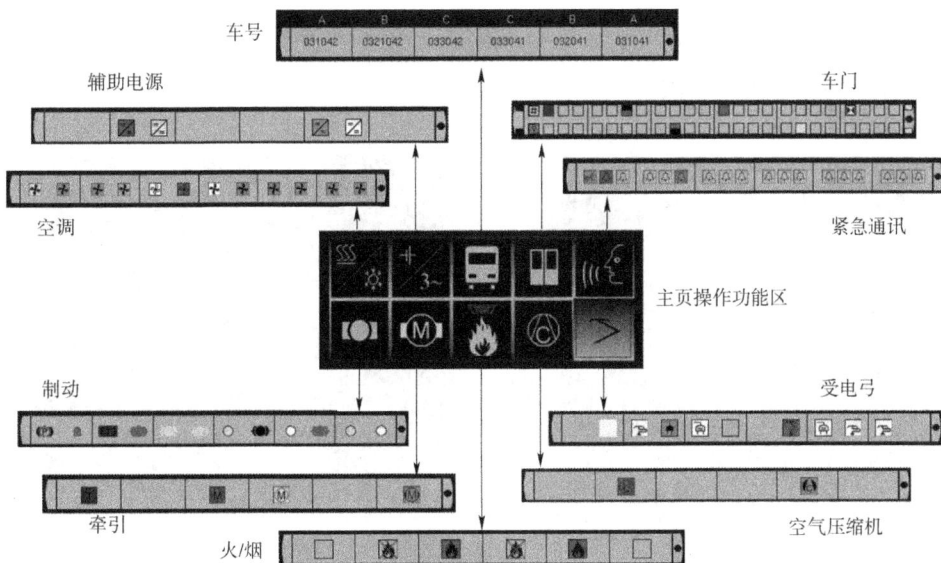

图 11-1-3　主页操作功能区各分界面及功能说明

2. 事件记录界面

主界面最下面一排有三个二级界面入口，分别是事件记录、设置和维护，点击进去，可进入各自的二级界面。

事件记录界面如图11-1-4所示，通过该界面可进行故障查询。

3. 设置界面

设置界面如图11-1-5所示，可在此界面进行线路的选择、空调设置、广播设置、紧急广播设置、轮径设置、制动系统压力值设置及屏幕亮度/声音的设置。

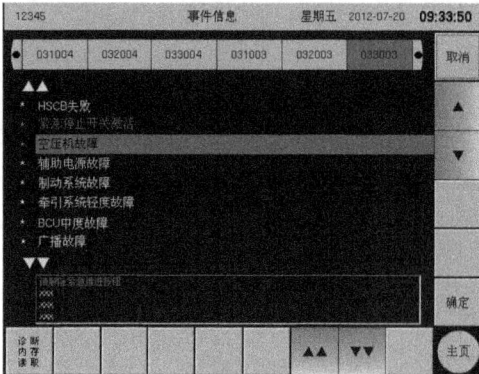

图11-1-4 事件记录界面

图11-1-5 设置界面

4. 维护界面

维护界面如图11-1-6所示。只有专业维护人员凭密码才能进入此界面。在此界面可进行故障记录查询、软件版本查询、软件升级等工作。

5. 临时状态信息界面

临时状态信息界面是当发生某种重大故障时，自动弹出的界面，当故障消失后会自动退出。图11-1-7为超速警告界面。

图11-1-6 维护界面

图11-1-7 临时状态信息界面

要点总结

城轨车辆全车由列车控制系统 TCMS 进行统一管理和监控,它接收司机指令,采集各设备或系统的状态信息,通过 MVB 总线等方式实现与牵引控制系统、空气制动控制系统、辅助供电系统、信号系统、车门系统、广播和视频监控系统及受电弓等设备的监控系统等部件的数据交换,从而实现对各设备的监控和管理,如图 11-1-8 所示。

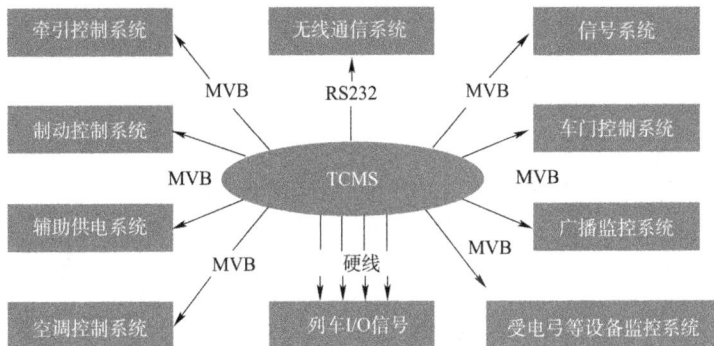

图 11-1-8　城轨车辆 TCMS 及各子系统控制系统关系图

能力拓展

请根据本节内容,利用智慧职教城市轨道交通、铁道机车等专业教学资源库、MOOC 学院《机车车辆电气设备的检查与调试》在线课程等数字化资源及公共网站等途径,完成下面的任务。

任务 1:请收集城轨车辆列车控制系统 TCMS 及其相关设备的图片,制作 PPT,课上分享。

PPT 课件要求:不少于 10 页,图片清晰,配备必要的文字说明。

其他要求:能理解本人制作的 PPT 内容,能进行流利的讲解。

任务 2:随着轨道交通行业技术的发展,目前不仅城轨车辆能够完成对车上电气设备状态的智能监控和管理,整个城市轨道交通运营系统已逐渐实现智能运维,将逐步实现人员管理、设备管理、物资管理、维修策略管理、现场维修、离线维修、后勤保障、应急管理等各方面的智能管理。请查阅"城市轨道交通智能运维"方面的论文和资料,了解目前各地铁公司智能运维的建设情况,总结已实现的功能、待实现的功能、面临的难题等,制作 PPT,进行课上分享。

任务 3:请收集城轨车辆网络控制系统、高速动车组网络控制系统和电力机车网络控制系统的有关资料,完成下面的表格。

类型	城轨车辆	高速动车组	电力机车
系统框图			
总线情况			
系统功能相同点			
系统功能不同点			

11-2 学习任务 受电弓监控系统

知识分享

目前,城轨车辆对受电弓的监控有两种方式:一种是通过降弓位置指示器等信号采集装置采集信号,反馈给列车控制系统,系统根据各反馈信息进行逻辑运算,分析受电弓状态,并将其在 HMI 屏上显示。另一种是近几年出厂的城轨车辆,采用专用的受电弓状态视频监控装置进行接触网状态、弓网燃弧情况及受电弓状态等多种信息的全面检测和视频录制,并将其传输给列车控制系统,在 HMI 屏上显示。

下面重点介绍一下受电弓状态视频监控装置。

受电弓状态视频监控装置是集接触网几何参数检测、弓网燃弧检测、受电弓状态检测、接触网温度检测于一体的动态检测装置。该装置由车顶设备、车内设备及车底设备三部分构成,如图 11-2-1 所示。

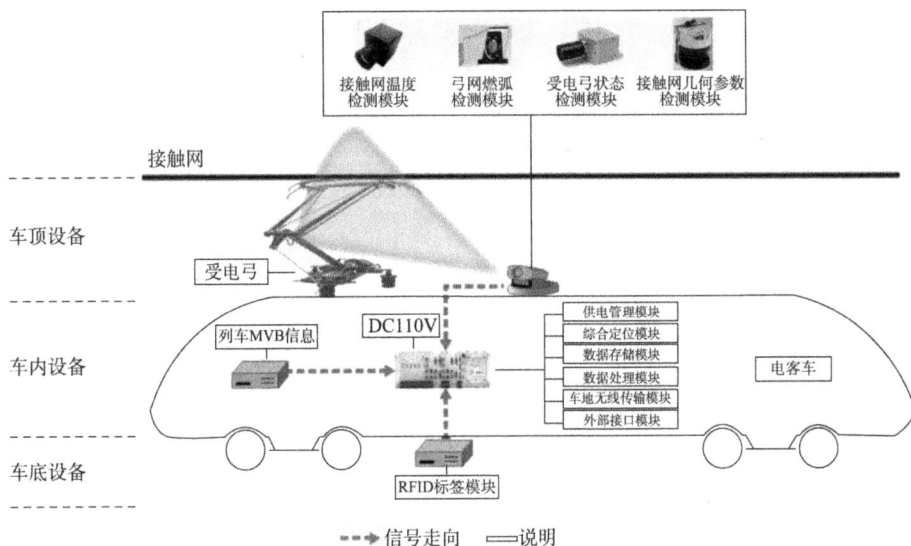

图 11-2-1 受电弓状态视频监控装置结构功能框图

车顶一体式监测模块由接触网几何参数检测模块、弓网燃弧检测模块、接触网温度检测模块、受电弓状态检测模块等组成,能够自动实现架空接触网几何参数、弓网燃弧、受电弓与接触网的接触状态、受电弓状态、接触网温度的实时、动态检测,可快速有效地发现接触网或受电弓异常状态。

车内设备由供电管理模块、数据处理模块、数据存储模块、外部接口模块等组成,能够自动进行数据处理、存储及交换,提供视频的回看和下载功能。

光纤惯性导航装置安装于车下,用于采集车辆位置信息。

　　车顶各检测设备模块将采集到的目标信息进行预处理,并将预处理结果通过以太网传输至车内数据处理模块;数据处理模块对信号进行多重调制滤波、分析计算,并对各处理模块与综合定位信息数据进行实时融合,把得到的拉出值、导线高度等接触网几何参数、弓网燃弧、受电弓与接触网的接触状态、受电弓状态视频及接触网温度等数据同步实时存储至数据管理存储模块,同步的数据处理模块将分析本次检测的报警信息。最后,报警信息及视频等信息将发送至列车控制系统 TCMS 及运营维护部门管理中心,实现车内和地面实时获取受电弓及接触网工作状态的功能。

　　受电弓工作状态在 HMI 上的显示界面如图 11-2-2 所示。

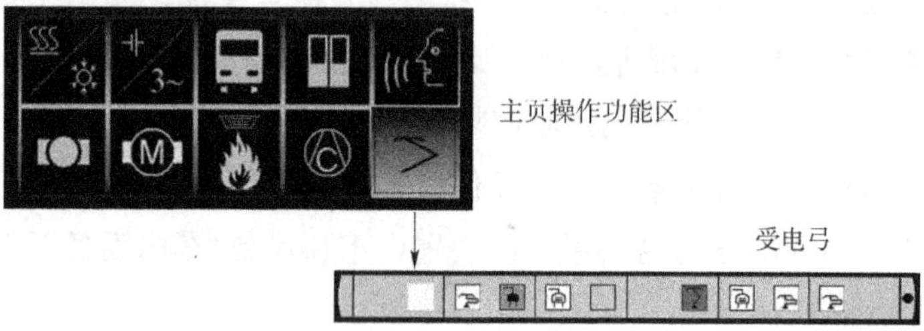

图 11-2-2　HMI 上受电弓状态显示界面

学习笔记

要点总结

受电弓状态视频监控装置是城轨车辆上专用的受电弓监控系统,它是集接触网几何参数检测、弓网燃弧检测、受电弓状态检测、接触网温度检测于一体的动态检测装置,其采集到的视频等信息将发送至列车控制系统 TCMS 及运营维护部门管理中心,实现车内和地面实时获取受电弓及接触网工作状态的功能。

相当长的一段时间里,城轨车辆对受电弓的监控是通过降弓位置指示器等信号采集装置采集信号,反馈给列车控制系统,系统根据各反馈信息进行逻辑运算,分析受电弓状态,并将其在 HMI 屏上显示。

目前,这两种监控方式都在使用。

能力拓展

请根据本节内容,利用智慧职教城市轨道交通、铁道机车等专业教学资源库、MOOC 学院《机车车辆电气设备的检查与调试》在线课程等数字化资源及公共网站等途径,完成下面的任务。

任务 1:请收集受电弓状态视频监控装置或其他受电弓监控装置的相关资料和图片,制作 PPT,课上分享。

PPT 课件要求:不少于 5 页,图片清晰,配备必要的文字说明。

其他要求:能理解本人制作的 PPT 内容,能进行流利的讲解。

任务 2:请查阅不同城市地铁线路所用城轨车辆受电弓监控装置方面的论文和资料,了解目前各地铁公司所采用的受电弓监控装置有哪些形式,这些监控装置已实现的功能、待实现的功能、面临的难题有哪些,请制作 PPT,进行课上分享。

任务 3:请收集城轨车辆、高速动车组和电力机车对受电弓的监控和管理系统的有关资料,完成下面的表格。

类型	城轨车辆	高速动车组	电力机车
系统框图			

续上表

已实现的 功能			
待实现的 功能			
面临的 难题			

11-3 学习任务   高速断路器监控系统

知识分享

目前,城轨车辆对高速断路器状态的监控大部分是通过高速断路器状态信息的采集,反馈给列车控制系统,再通过逻辑运算,在高速断路器分、合闸控制按钮自带的指示灯上进行指示,在 HMI 屏上也有相应图标显示。

高速断路器监控系统的布局

1. 高速断路器合闸状态指示

HSCB 合闸状态通过设置在司机台上带灯的自复位按钮(= 21-S04)指示,并且在 HMI 上也有相应的符号表示 HSCB 的状态。

如果 HSCB 合请求信号为高电平,VCU 将送一个一秒宽的脉冲信号给 SKS 输出,HSCB 合的自复位按钮(= 21-S04)将被点亮1s。

如果所有的 HSCB 合的反馈信号送给 VCU,VCU 将输出一个持续的电平信号给 SKS,HSCB 合的自复位按钮(= 21-S04)将被持续点亮,逻辑图如图 11-3-1 所示。

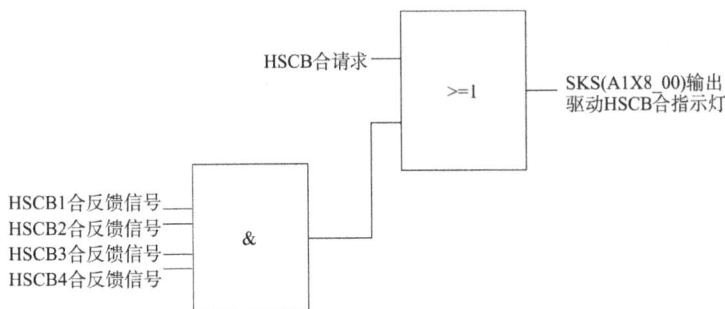

图 11-3-1　高速断路器合闸状态显示逻辑图

2. 高速断路器分闸状态指示

高速断路器分闸状态指示逻辑同合闸逻辑,不再赘述。其分闸状态通过设置在司机台上带灯的自复位按钮(= 21-S03)指示,并且在 HMI 上也有相应的符号用来表示 HSCB 的状态,逻辑图如图 11-3-2 所示。

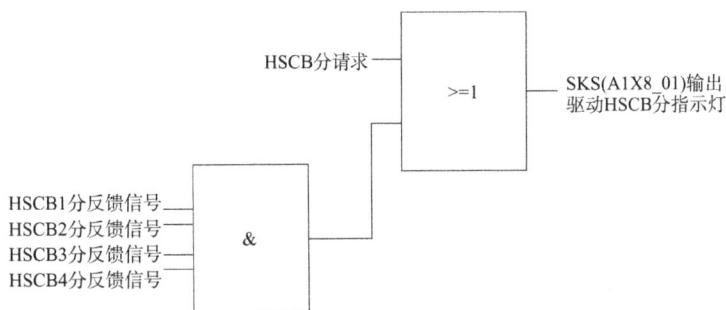

图 11-3-2　高速断路器分闸状态显示逻辑图

带指示灯的高速断路器按钮如图 11-3-3 所示。

图 11-3-3　指示灯按钮指示高速断路器的状态

思政课堂

智能调度的新篇章——轨道交通指挥中心

我国最早的轨道交通指挥中心是北京市轨道交通指挥中心（简称"轨指中心"），成立于 2007 年 3 月 22 日，主要承担北京市轨道交通线网运营协调与应急处置、票款清分清算与一票通卡发行管理、运营信息汇总与统计分析、运营评估评审、网络化运营设备设施系统标准化管控工作，以及研究提出有关票制票价调整意见等工作。

2008 年，轨指中心正式投入运营，标志着北京轨道交通迈入网络化运营的新阶段，同时也开启了路网调度指挥模式的新篇章。

轨指中心的成立，构建了路网调度指挥体系，实现集中统一指挥。轨指中心通过对轨道交通线路控制中心的物理集中，完成运行控制中心（Operating Control Center，OCC）建设模式从"一线一中心"到全网同厅同台的转变，对各线路的行车组织、电力控制、环境控制等专业系统资源进行系统整合，建设路网调度指挥与应急处置管理平台（Television Control Center，TCC），为实现路网日常运营统一指挥、突发事件时快速反应创造条件。

学习笔记

要点总结

目前,城轨车辆对高速断路器状态的监控大部分是通过高速断路器状态信息的采集,反馈给列车控制系统,再通过逻辑运算,在高速断路器分、合闸控制按钮自带的指示灯上进行指示,在 HMI 屏上也有相应图标显示。

能力拓展

请根据本节内容,利用智慧职教城市轨道交通、铁道机车等专业教学资源库、MOOC 学院《机车车辆电气设备的检查与调试》在线课程等数字化资源及公共网站等途径,完成下面的任务。

任务1:请查阅资料,了解城轨车辆对高速断路器的监控是否还有其他方式,收集相关视频、图片、文字等资料,制作 PPT,课上分享。

PPT 课件要求:不少于5页,图片清晰,配备必要的文字说明。

其他要求:能理解本人制作的 PPT 内容,能进行流利的讲解。

任务2:请查阅不同城市地铁线路所用城轨车辆高速断路器监控装置方面的论文和资料,了解目前各地铁公司所采用的高速断路器监控装置已实现的功能、待实现的功能、面临的难题等,制作 PPT,进行课上分享。

任务3:请收集城轨车辆、高速动车组和电力机车对高速断路器/主断路器的监控和管理系统的有关资料,完成下面的表格。

类型	城轨车辆	高速动车组	电力机车
系统框图			

续上表

已实现的功能			
待实现的功能			
面临的难题			

11-4 学习任务　逆变器和空调监控系统

知识分享

城轨车辆对牵引逆变器、辅助逆变器的监控大部分是通过列车控制系统完成的,状态信息可通过 HMI 进行查询。

空调机组采用微机控制器 KPC 进行控制和监控,KPC 将空调机组的信息上报给 TCMS,并接收 TCMS 的控制。空调机组的状态可在 HMI 上进行查询。

1. 牵引逆变器的监控

四动两拖六编组列车,每节动车配备一套牵引逆变器来驱动四台电机,每套牵引逆变器由一个逆变控制单元 ICU 控制。ICU 能实现牵引设备所有部件的交互接口,包括电压、电流、功率等测量模拟信号的输入,速度信号的输入,触发功率半导体的脉冲信号输出及接触器的控制等。同时,所有 ICU 将各自所在车辆牵引 〔列车监控系统〕 设备的实际牵引特性值(如线电流、DC 电压、速度信号等)和状态信息(如线路接触器控制、反馈信号、牵引和制动命令等)等信息上报给列车控制单元 VCU,同时接受 VCU 的控制。

整列车所有牵引系统的状态可在 HMI 上进行查询,显示界面如图 11-4-1 所示。

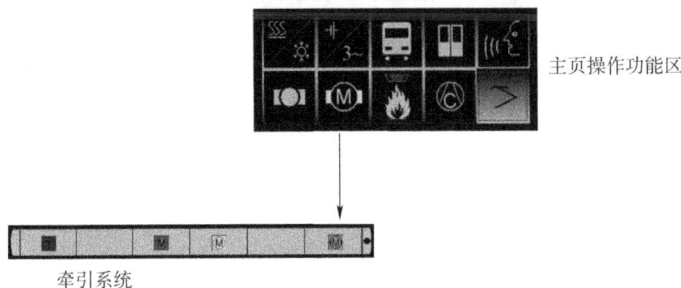

图 11-4-1　HMI 上牵引系统状态显示界面

城轨车辆辅助系统的状态显示界面如图 11-4-2 所示。

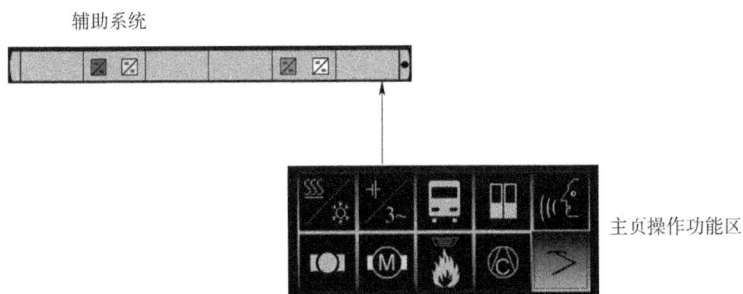

图 11-4-2　HMI 上辅助系统状态显示界面

2. 空调控制系统

空调机组采用微机控制器 KPC 进行控制和监控。每台空调机组在送风口和新风口车体回风风道处设置 NTC 型温度传感器检测送风温度和新风温度,在车上布 NTC 型温度传感器检测回风温度,分别取两回风温度平均值作为客室温度和两新风温度平均值作为室外温度。将客室温度或室外温度与 KPC 内部设定的温度比较后,自动进入通风、制冷、制热等工作状态,使乘客拥有一个舒适的乘车环境。

KPC 可实现如下功能。

(1)经接触器指挥各部件工作。

(2)空调机组各部件的保护功能。

(3)通过 MVB 总线与列车网络通信。

(4)提供故障诊断功能,并能经数据交换接口提供数据下载和检测。

KPC 将空调机组的信息及时上报给 TCMS,并接收 TCMS 的控制。空调机组的状态可在 HMI 上进行查询,显示界面如图 11-4-3 所示。

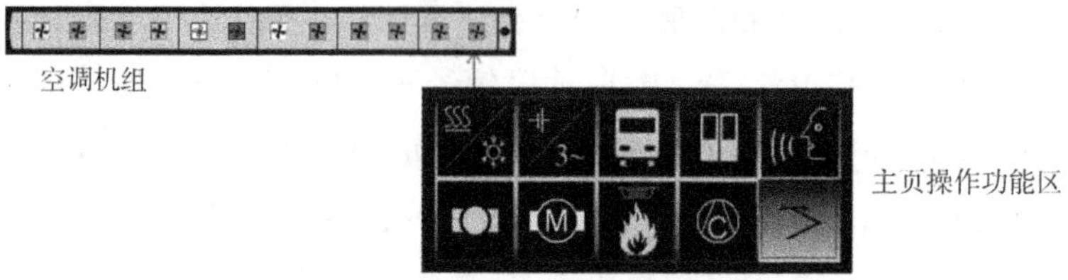

图 11-4-3　HMI 上空调机组状态显示界面

学习笔记

要点总结

城轨车辆对牵引逆变器、辅助逆变器的监控大部分是通过列车控制系统完成的,状态信息可通过 HMI 进行查询。

空调机组采用微机控制器 KPC 进行控制和监控,KPC 将空调机组的信息上报给 TCMS,并接收 TCMS 的控制。空调机组的状态可在 HMI 上进行查询。

能力拓展

请根据本节内容,利用智慧职教城市轨道交通、铁道机车等专业教学资源库、MOOC 学院《机车车辆电气设备的检查与调试》在线课程等数字化资源及公共网站等途径,完成下面的任务。

任务1:请收集牵引逆变器、辅助逆变器监控装置及其相关设备的图片,了解目前系统已实现的功能、待实现的功能及面临的难题,制作 PPT,课上分享。

PPT 课件要求:不少于 5 页,图片清晰,配备必要的文字说明。

其他要求:能理解本人制作的 PPT 内容,能进行流利的讲解。

任务2:请收集各地铁线路所用城轨车辆采用的空调系统的监控方式有哪些,请收集相关的视频和图片,了解目前系统已实现的功能、待实现的功能及面临的难题,制作 PPT,课上分享。

PPT 课件要求:不少于 5 页,图片清晰,配备必要的文字说明。

其他要求:能理解本人制作的 PPT 内容,能进行流利的讲解。

任务3:请收集城轨车辆、高速动车组和电力机车的牵引逆变器、辅助逆变器的监控装置的有关资料,完成下面的表格。

类型	城轨车辆	高速动车组	电力机车
系统框图			

续上表

已实现的功能			
待实现的功能			
面临的难题			

11-5 知识拓展   列车控制与监控系统 TCMS

列车控制与监控系统(TCMS)采用分布式控制技术,划分为两级:列车控制级、车辆控制级。列车控制级总线和车辆控制级总线均采用 EMD 电器中距离介质 MVB 多功能车辆总线。中继模块 REP 作为列车级总线和车辆级总线的网关,实现列车级总线到车辆级总线的数据转发功能。

TCMS 主要包含四类功能,分别为:控制功能、故障检测、监视功能和诊断功能。

1. 控制功能

综合车辆运行工况及各设备的工作状态,对车辆进行控制是 TCMS 的主要功能之一,其主要完成的控制功能如下:

(1)模式控制;

(2)驾驶室激活控制;

(3)方向控制;

(4)紧急牵引控制;

(5)高压使能控制;

(6)高压继电器闭合控制;

(7)牵引变流器充电使能控制;

(8)牵引变流器启动使能控制;

(9)三相辅助总线控制;

(10)空电联合制动控制;

(11)安全联锁控制;

(12)空调启动控制;

(13)并网供电控制;

(14)限速控制;

(15)短路检测控制;

(16)低速空电混合制动控制。

2. 检测功能

TCMS 的检测功能如下:

(1)指令不一致检测;

(2)显示器设置参数错误检测;

(3)通信状态检测。

3. 监视功能

车辆的监视功能由智能显示器 HMI 完成。

HMI 提供两种用户模式：运行模式和检修模式，对司机和检修人员提供其所需的必要信息。

4. 诊断功能

车载故障诊断系统是 TCMS 的一个重要组成部分，完成车载各部件故障数据的采集、分析、转储和显示功能。故障信息在司机台上通过 HMI 显示，并且通过 PTU 上传到地面维修和服务系统中，供长期的储存和深入的地面分析。

TCMS 的诊断功能可以协助司机和检修人员进行工作。当故障发生时，协助司机采取适当的操作，并使维护人员更容易地查找并解决故障。

如果列车发生故障，将以纯文本信息在 HMI 上显示给司机。每条纯文本信息都分配有故障代码，根据不同的故障类别进行故障评估。故障类别和纯文本信息显示在显示器的界面上。此外，司机可以从 HMI 上获得他所必须实施的操作的指导说明。

思政课堂

国内首条自主研发全自动运行线——燕房线

燕房线是国内首条采用自主化全自动运行技术的线路，是全自动运行系统自主创新示范工程。该线路以 UTO 标准完成建设，并以 DTO 模式开通初期运营，是国内第一条以 DTO 模式开通载客运营的线路。

相比传统线路，燕房线全自动运行系统以行车指挥为核心进行综合监控，提供更全面的列车监控、乘客服务、综合维修调度和辅助决策功能，解决了多专业高效协同作业的问题。

燕房线作为国内首条自主研发的全自动运行示范线路，代表了世界领先水平，填补了国内空白。对抓住人工智能发展的重大战略机遇，构筑中国人工智能发展的先发优势，加快建设交通强国具有重要意义，标志着我国轨道交通全自动运行技术不再依赖进口，其技术探索和宝贵经验将为后续线路发挥样板作用。

学习笔记

参 考 文 献

[1] 李建国.城市轨道交通系统概论[M].北京:机械工业出版社,2009.

[2] 上海申通地铁集团有限公司.城市轨道交通概论[M].北京:中国铁道出版社,2009.

[3] 何霖.城市轨道交通车辆架大修管理[M].北京:中国劳动社会保障出版社,2014.

[4] 王艳荣.城市轨道交通车辆电气检修[M].3版.上海:上海科学技术出版社,2020.

[5] 黄凯林.城市轨道交通车辆维护与检修[M].北京:中国劳动社会保障出版社,2020.

[6] 华平.城市轨道交通车辆电气控制[M].2版.北京:机械工业出版社,2018.

[7] 旷利平,黄艺娜.城市轨道交通车辆构造与运用[M].成都:西南交通大学出版社,2019.

[8] 雷晓娟.城市轨道交通车辆构造[M].北京:人民交通出版社股份有限公司,2020.

[9] 张伟,王华.城市轨道交通车辆空调系统原理与维修[M].北京:中国铁道出版社,2017.

[10] 陈莉.低压电器[M].北京:中国电力出版社,2019.

[11] 胡向东.传感器与检测技术[M].2版.北京:机械工业出版社,2013.

[12] 严新平.中国科技之路交通卷:交通先行[M].北京:人民交通出版社股份有限公司,2021.